Lourdes Miquel
Neus Sans

Curso intensivo de español

RÁPIDO, RÁPIDO

difusión

Autoras:
Lourdes Miquel
Neus Sans

Coordinación editorial y redacción:
Eduard Sancho

Redacción y corrección:
Roberto Castón, Pablo Garrido

Revisión pedagógica:
Nuria Sánchez

Actividades de fonética:
Dolors Poch

Examen DELE:
Rosa Escudero y Ana Esteban

Diseño y dirección de arte:
Estudio Ivan Margot

Maquetación:
Eva Bermejo

Ilustración:
Monse Fransoy, Javier Andrada

Fotografías:
Adela Ruosi, Archivo fotográfico del Servicio de Turismo del Gobierno de Navarra, Arquivo Histórico Provincial de Lugo, Bernardo Guerra (Turismo Andaluz, S.A.), Consulado de Brasil en España, Corporación de Turismo de Venezuela, Corporación Nacional de Turismo de Colombia, Embajada de Argentina en España, Embajada de Colombia en España, Embajada de Venezuela en España, Ersilia Viola, Fotoformat, Iberdiapo, Juan Francisco Macías, Kobal Collection, Nacho Calonge, Nelson Souto, Oficina de Turismo de la República Dominicana, Paolo Tiengo (Turismo Andaluz, S.A.), Photodisc, Phovoir, Promperú, Secretaría de Turismo de la Nación (República Argentina).
Examen DELE: Anna Tatti, Arturo Limon/Dreamstime, Delphine Mayeur/Dreamstime, Dusan Zidar/Dreamstime, Eileen/Dreamstime, Frank Kalero, Franz Pfluegel/Dreamstime, Kirsty Pargeter/Dreamstime, Luminis/Dreamstime, Paul Cowan/Dreamstime, Pavol Kmeto/Fotolia, Radu Razvan/Dreamstime.

Textos:
© Antonio Machado, fragmentos de "Proverbios y Cantares", "Canciones a Guiomar" y "Apuntes, Parábolas, Proverbios y Cantares", Cátedra.
© Gloria Fuertes, "Tengo, tengo, tengo... Tú no tienes nada...", de *Historia de Gloria*, Cátedra.

Agradecimientos:
Andreu Planas, Armand Mercier, Azucena Carrasco, Begoña Montmany, Carolina Hernández, Carles Torres, Didac Aparicio, Editorial Cátedra, Elisabet Maseras, El Tablao de Carmen, Enric París, Francisco Gavilán, Gerard Freixa, Gil Durante, Jaime Corpas, Jordi Sancho, Marc Reig, María Encabo, María Soledad Gómez, María Encabo, Maria Teresa Camí, Marina Puig, Montse Belver, Montse Martínez, Noelia Salido, Nuria París, Nuria Sánchez, Patricia Jancke, Pol Wagner, Raúl Romero, Ricardo Belver, Roberto Castón, Rogerio de Andrade Brasil, Tono Vañó

Este libro está dedicado a Friedhelm Schulte-Nölle, que tanto aportó a este proyecto.

Reimpresión: octubre 2007

© Las autoras y Difusión, S.L. Barcelona 2002
ISBN: 978-84-8443-065-0 (edición internacional)

Depósito legal: B-46251-07

Impreso en España por Novoprint

difusión
Centro de Investigación y Publicaciones de Idiomas, S. L

C/ Trafalgar, 10, entlo. 1ª
08010 Barcelona
Tel. (+34) 93 268 03 00
Fax (+34) 93 310 33 40
editorial@difusion.com

www.difusion.com

Introducción

CONCEPCIÓN

Rápido, rápido es la nueva versión revisada del curso intensivo **Rápido**. Por una parte, se ha renovado el tratamiento gráfico y se han mejorado y modernizado aspectos formales, de modo que resulten más actuales, más atractivos o más claros en su presentación. En cuanto a los contenidos, las aportaciones de profesores que han utilizado el manual estos últimos años nos han permitido mejorar y completar las propuestas didácticas que lo componen, manteniéndonos fieles a los objetivos del curso, esto es, ofrecer un material para aquellos alumnos que, partiendo de un nivel de principiantes o de falsos principiantes, quieran en un solo curso superar un nivel intermedio, sea porque sus hábitos de aprendizaje o condiciones de estudio les permiten una progresión muy acelerada, sea porque desean profundizar en poco tiempo en el conocimiento del español. El desarrollo de estrategias de aprendizaje y de la autonomía del aprendiz así como la motivación (proporcionar temas interesantes, abordarlos desde dinámicas de aula motivadoras, etc.) siguen siendo cuestiones clave en el diseño de las propuestas.

Por otra parte, seguimos fieles al convencimiento de que entender la lengua como una herramienta de comunicación y su uso comunicativo en el aula como el camino esencial del aprendizaje es perfectamente articulable con un trabajo sistemático de los aspectos gramaticales. En el plano del componente cultural, cabe señalar que los países de América Latina, junto con España, están presentes de manera muy especial en este manual: en las audiciones se reflejan diferentes variantes del español, y los textos y las imágenes aportan mucha información sobre las múltiples facetas de los países en los que se habla español, al mismo tiempo que se potencia un trabajo de reflexión intercultural indisociable de la enseñanza-aprendizaje de un idioma.

LAS UNIDADES Y SU ORGANIZACIÓN

Cada una de las 18 unidades del *Libro del alumno* se organiza en cinco partes:

1. Al comienzo de cada unidad se presentan los OBJETIVOS, definidos en términos de comunicación, y se especifican los contenidos lingüísticos que se abordarán para alcanzarlos. En la *Guía del profesor*, una serie de sugerencias de "precalentamiento" concretan modos de animar en el aula esta toma de conciencia.

2. En TEXTOS se pone en contacto al alumno con muestras de lengua (oral y escrita) que plantean nuevos contenidos y presentan una amplia tipología de textos: conversaciones, debates, programas radiofónicos, informes, artículos de opinión, anuncios, etc. Todos ellos van acompañados de actividades de observación del funcionamiento discursivo de la lengua y de inferencia de reglas morfosintácticas y nociofuncionales.

3. En GRAMÁTICA se presenta un resumen gramatical y nociofuncional de la unidad (con numerosos ejemplos de uso que facilitan la comprensión de los esquemas), concebido como material de soporte del trabajo formal en el aula y también como material de consulta que gestiona el propio alumno.

4. En ACTIVIDADES el alumno se entrena en el manejo de aspectos gramaticales o léxicos concretos, se enfrenta a nuevos textos y se ejercita en las diferentes destrezas. Para ello debe movilizar los recursos presentados en la unidad interactuando con sus compañeros. Muchas actividades tienen un componente lúdico y se ha pretendido que todas resulten motivadoras sin que se descuide un trabajo de consolidación de los aspectos formales. También se incluye en cada lección un material específico de sensibilización sobre aspectos del sistema fonético del español que permite al alumno hacer un diagnóstico de sus principales dificultades en este ámbito a la vez que le ayuda a superarlas.

5. Al final de cada unidad los alumnos abordan una TAREA FINAL que integra todos los contenidos practicados y las diferentes destrezas. Estas tareas se enmarcan en el contexto de la redacción de una emisora radiofónica para la cual los alumnos, en pequeños grupos, deben preparar una serie de guiones y grabarlos posteriormente, si así lo desean. Durante el curso, se irán coleccionando una serie de documentos escritos (o incluso grabados), a modo de portafolio, con los que el profesor y ellos mismos podrán ir evaluando sus progresos.

LOS COMPONENTES

Rápido, rápido consta de un *Libro del alumno*, un *Cuaderno de ejercicios* y una *Guía del profesor*. El *Cuaderno de ejercicios* incluye, como novedad para esta nueva edición, una novela cuya trama se desarrolla paralelamente a la progresión funcional y léxica de las unidades del libro. La nueva *Guía del profesor*, por su parte, incluye sugerencias de precalentamiento a partir de las imágenes de la portada de cada unidad, pequeñas actividades de introducción y contextualización de cada actividad, instrucciones detalladas de cada uno de los apartados de las actividades, sugerencias finales para asentar los contenidos explicados y practicados en cada ejercicio, un test al final de cada unidad con el que los alumnos podrán comprobar sus conocimientos, las transcripciones de las audiciones y las soluciones de las actividades del *Cuaderno de ejercicios*. El método se complementa con las audiciones (en formato casete y CD), que recogen las grabaciones de las actividades de fonética y de comprensión auditiva del *Libro del alumno*.

Índice

Unidad 1 — pág. 7
- Expresar finalidad: **para** + Infinitivo
- Preguntar por la pronunciación, la ortografía y el significado: **¿Cómo se dice/pronuncia/escribe?**, **¿Qué significa...?**
- Abecedario: deletrear
- Las tres conjugaciones: Infinitivo
- Correspondencia entre escritura y pronunciación
- Fonética: entonación de las oraciones interrogativas

Unidad 2 — pág. 17
- Hablar de nuestra relación con los idiomas: **Hablo bastante bien...**
- Coordinar elementos: **y**, **pero**, **o**
- Preguntas sin partícula interrogativa y respuestas **sí/no**
- El pronombre sujeto. Presencia/ausencia
- Artículos determinados y artículos indeterminados: **el/la/los/las, un/una/unos/unas**
- Los numerales
- Presente de Indicativo: verbos regulares e irregulares
- Fonética: la sílaba tónica

Unidad 3 — pág. 27
- Hablar de las relaciones de parentesco e identificar personas por su nombre, profesión o nacionalidad
- Identificar y clasificar objetos
- Género y número del sustantivo y del adjetivo calificativo
- Los artículos, los demostrativos y los posesivos
- Las oraciones de relativo: sustantivo + **que/donde** + frase
- La preposición **de**
- **¿Qué/Quién/Quiénes?**
- Usos de **ser**: indentificar, definir, clasificar
- Fonética: **r/rr**

Unidad 4 — pág. 41
- Dar y pedir información sobre el nombre, la profesión, la nacionalidad y la edad
- Describir el carácter de las personas
- Referirse a un conjunto o a una parte de un conjunto de personas: **todos / la mayoría / algunos...**
- Verbos y pronombres reflexivos
- Gentilicios
- Artículos y profesiones
- Profesiones: formación del femenino
- Los numerales: del 20 al 100
- Usos de **tú** y **usted**
- Fonética: **c/z**

Unidad 5 — pág. 53
- Realizar descripciones geográficas
- Situar un elemento respecto a otro: **detrás (de), delante (de), enfrente (de)...**
- Preguntar por la cantidad: **¿Cuánto(s)/Cuánta(s)...?**
- Pedir información en la ciudad y entender rutas: **¿Para ir a...?, ¿Hay un/una ... cerca?**
- **Hay** y **estar**
- Verbos de movimiento y preposiciones: **ir a/hasta/por/de ... a**
- Artículos, adjetivos y pronombres indefinidos: **un/uno, ningún/ninguno, algún/alguno...**
- Usos de las preposiciones **a** y **en**
- El Gerundio. **Estar** + Gerundio
- Presente de Indicativo: 1ª persona irregular
- Fonética: **b/v, d/g**

Unidad 6 — pág. 67
- Comparar: **igual (que), lo mismo, más/menos ... que, mejor/peor que**
- Preguntar por la preferencia y expresar preferencia: **¿Cuál/cuáles prefieres?**
- Dar y pedir información sobre precios y cantidades: **¿Cuánto cuesta/n...?**
- Hablar del material y del funcionamiento de las cosas
- Contrastar informaciones: **también, tampoco**
- Numerales
- Presentes irregulares: **e-ie, o-ue, e-i, u-ue**
- Preguntas con **qué, cuál/cuáles**
- Fonética: la entonación

Índice

Unidad 7 — pág. 79
- Identificar por medio de la forma, la marca, el color, el lugar...
- Describir y comparar personas por el aspecto, el carácter y la edad
- Adjetivos posesivos: **mi/s**, **tu/s**, **su/s**, **nuestro/a/os/as**, **vuestro/a/os/as**, **su/s**
- Pronombres posesivos: **(el) mío, (el) tuyo, (el) suyo, (el) nuestro, (el) vuestro, (el) suyo...**
- Pronombres demostrativos: **éste, ése, aquél...**
- **Ser/Estar**
- Superlativo en **-ísimo**
- Presentes irregulares: **-acer, -ecer, -ocer, -ucir**
- Fonética: **c/qu/k**

Unidad 8 — pág. 91
- Valorar una experiencia
- Hablar de planes o intenciones: **ir a** + Infinitivo, **pensar** + Infinitivo
- Las horas, las partes del día y los saludos
- Días de la semana, meses y estaciones del año
- Los pronombres átonos (OD y OI)
- Marcadores temporales: **hoy, últimamente, el ... que viene, dentro de...**
- Marcadores de frecuencia: **muchas veces, alguna vez, nunca...**
- Pretérito Perfecto: morfología y usos
- Fonética: **j/g**

Unidad 9 — pág. 105
- Reaccionar ante algo: **¡Qué ...!, ¡Qué ... tan ...!**
- Hablar de gustos e intereses: **gustar, interesar, encantar** y **apetecer**
- Expresar acuerdo y desacuerdo
- Valorar: **encontrar**
- Resaltar un elemento: **el/la/lo/los/las que más/menos me gusta/n...**
- Proponer una actividad: **¿Quieres...?, ¿Por qué no...?**
- Ofrecer, aceptar y rechazar
- Pedir en un restaurante: **Yo, de primero, ...**
- Usos de **pues**
- Fonética: el sistema vocálico

Unidad 10 — pág. 119
- Referir y relacionar acontecimientos pasados
- Referirse a una fecha
- Reconstruir una fecha: **hace** + cantidad de tiempo
- Relacionar dos momentos del pasado: **al cabo de, después**
- Referirse al inicio de una actividad: **desde, desde hace**
- Marcadores temporales: **ayer, anteayer, anoche, el/la … pasado/a, en** + mes/año…
- Oraciones temporales con **cuando**
- La voz pasiva
- Pretérito Indefinido: morfología y usos
- Contraste Pretérito Perfecto / Pretérito Indefinido
- Fonética: las consonantes finales

Unidad 11 — pág. 133
- Expresar opiniones: **Me parece bien/mal/fantástico... que** + Subjuntivo / **Está muy bien/mal... que** + Subjuntivo
- Reaccionar ante opiniones: **(No) Es cierto/evidente/verdad que... / ¡Qué bien/horror/injusto...!**
- Comparar: **mientras que**
- Hablar de las causas y de las consecuencias de algo: **porque, como, lo que pasa es que, por eso**
- Contrastar informaciones: **pero, aunque**
- Presente de Subjuntivo: verbos regulares e irregulares
- Fonética: entonación y sintaxis

Unidad 12 — pág. 147
- Dar instrucciones
- Pedir y conceder permiso
- Dar consejos
- Pedir algo, ofrecer algo y ofrecerse para hacer algo
- Introducir una justificación: **es que...**
- **Tener que** + Infinitivo
- **Hay que** + Infinitivo
- **Hasta / hasta que / cuando**
- Imperativo: afirmativo y negativo (regulares e irregulares)
- Fonética: la entonación del Imperativo

Índice

Unidad 13 — pág. 161
- Relatar historias complejas y cuentos
- Reaccionar ante un relato: compartir la alegría o la pena, manifestar sorpresa, pedir más información o más detalles, etc.
- **Estar** + Gerundio
- Contraste Pretérito Perfecto / Pretérito Indefinido / Pretérito Imperfecto
- Pretérito Imperfecto de Indicativo: morfología y usos
- Fonética: **ñ/ch/ll/y**

Unidad 14 — pág. 175
- Hablar de hábitos y de costumbres
- Hablar de la frecuencia: **(casi) nunca, de vez en cuando, a veces, a menudo, siempre...**
- Hablar de las características de un determinado momento del pasado
- Referirnos a un momento del pasado: **antes, en aquella época, en aquel tiempo, entonces**
- Referirnos al inicio, interrupción o repetición de una acción: **empezar a / volver a / dejar de** + Infinitivo, **ya no** + verbo conjugado
- Referirnos a las personas en general: **la gente / todo el mundo**
- Encabezamientos y despedidas en cartas
- Fonética: **s**

Unidad 15 — pág. 187
- Hablar de acciones y sucesos futuros
- Formular hipótesis: **quizá/s / tal vez** + Indicativo/Subjuntivo, **a lo mejor / seguro (que) / seguramente / igual** + Indicativo
- **Suponer que** + Indicativo, **Esperar que / No creer que** + Subjuntivo
- **Cuando** + Indicativo/Subjuntivo
- Futuro de Indicativo: morfología y usos
- Futuro Perfecto de Indicativo: morfología y usos
- Fonética: unión de vocales

Unidad 16 — pág. 199
- Expresar condiciones: **si** + Presente de Indicativo, **si** + Imperfecto de Subjuntivo
- Formular y rechazar propuestas: **¿Por qué no...?, ¿Y si...? / Me gustaría/encantaría, pero...**
- Expresar deseos: **me gustaría** + Infinitivo, **me gustaría que** + Imperfecto de Subjuntivo
- Oraciones de relativo: Indicativo/Subjuntivo
- Condicional: morfología y usos
- Pretérito Imperfecto de Subjuntivo: morfología y usos
- Fonética: la entonación de las oraciones condicionales

Unidad 17 — pág. 211
- Transmitir palabras de otros: **comentar, explicar, preguntar si/qué/quién/cuándo/dónde..., proponer** + Subjuntivo, **responder, pedir/ordenar** + Subjuntivo, **aconsejar/recomendar** + Subjuntivo
- Reaccionar ante una información: **Sí, ya lo sabía / No lo sabía / No tenía ni idea / No me acordaba /... Creía/Pensaba que...** + Imperfecto/Pluscuamperfecto
- Correspondencia de tiempos verbales en el estilo indirecto
- Pretérito Pluscuamperfecto de Indicativo: morfología y usos
- Fonética: la entonación del estilo indirecto

Unidad 18 — pág. 225
- Expresar finalidad: **para** + Infinitivo, **para que** + Subjuntivo
- Preguntar la opinión: **¿Qué opinas de** + tema?, **¿Crees que** + opinión?
- Expresar acuerdo y desacuerdo
- Controlar la comunicación
- Usos del Subjuntivo: frases subordinadas sustantivas
- **Aunque** + Subjuntivo/Indicativo
- **Sino (que)**
- Construcciones con **lo**: **lo de** + sustantivo, **lo** + adjetivo + **es que**
- Fonética: las pausas

Unidad 1

Aprenderemos...

- a deletrear

- a hacer preguntas para controlar la comunicación

- las reglas de correspondencia entre escritura y pronunciación

- el Infinitivo de las tres conjugaciones

- a expresar finalidad

Unidad 1 Textos

1 Lee las siguientes frases y marca lo que crees que vamos a aprender en este curso. Luego, en parejas, discutid vuestras opiniones y comentadlas con toda la clase.

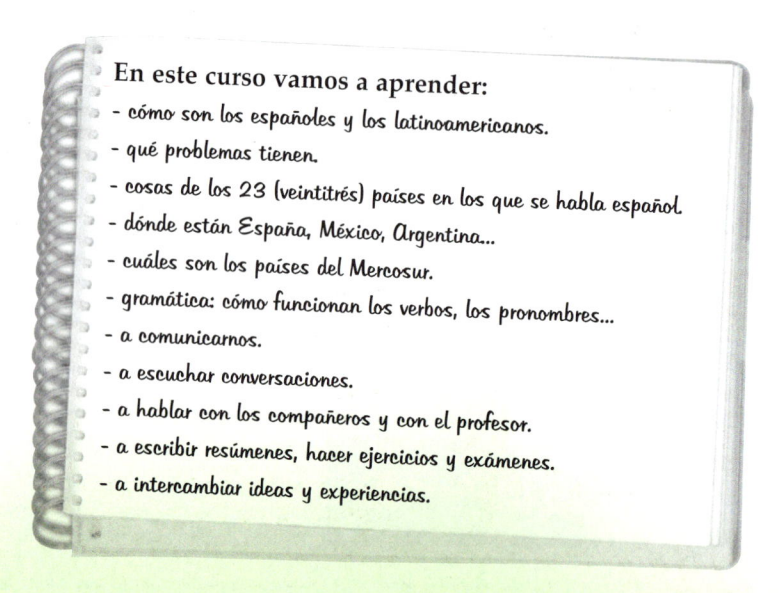

En este curso vamos a aprender:
- cómo son los españoles y los latinoamericanos.
- qué problemas tienen.
- cosas de los 23 (veintitrés) países en los que se habla español.
- dónde están España, México, Argentina...
- cuáles son los países del Mercosur.
- gramática: cómo funcionan los verbos, los pronombres...
- a comunicarnos.
- a escuchar conversaciones.
- a hablar con los compañeros y con el profesor.
- a escribir resúmenes, hacer ejercicios y exámenes.
- a intercambiar ideas y experiencias.

● Vamos a aprender cómo son los españoles y los latinoamericanos.

● ¿Cómo se llama esto en español?

○ Diccionario.

En parejas, escribid tres o más palabras que ya sabéis en español. Después, comparadlas con las de vuestros compañeros.

8 ◼ ocho

Textos **Unidad 1**

Escucha los diálogos. Vas a oír algunas preguntas muy útiles, que te pueden ayudar en la comunicación.

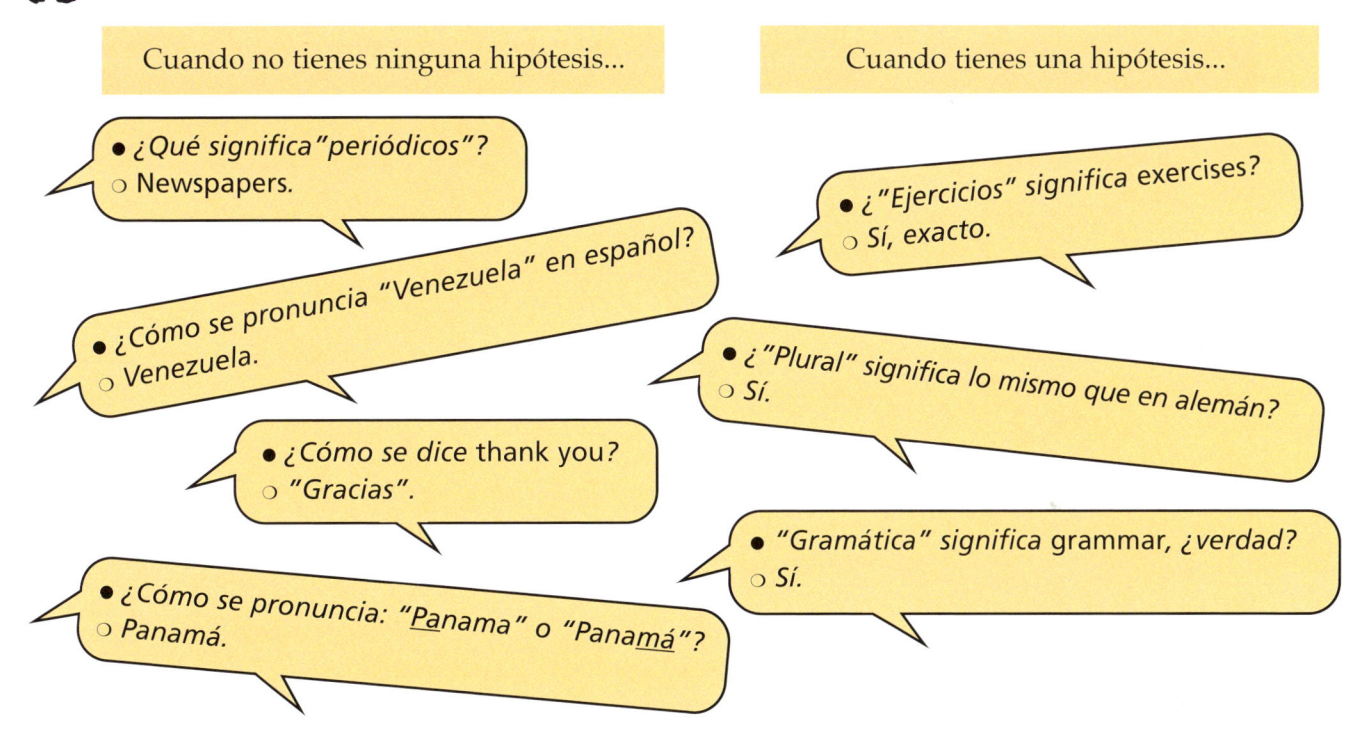

Cuando no tienes ninguna hipótesis...

- ¿Qué significa "periódicos"?
- Newspapers.

- ¿Cómo se pronuncia "Venezuela" en español?
- Venezuela.

- ¿Cómo se dice thank you?
- "Gracias".

- ¿Cómo se pronuncia: "Panama" o "Panamá"?
- Panamá.

Cuando tienes una hipótesis...

- ¿"Ejercicios" significa exercises?
- Sí, exacto.

- ¿"Plural" significa lo mismo que en alemán?
- Sí.

- "Gramática" significa grammar, ¿verdad?
- Sí.

Piensa ahora en tres acciones y en tres cosas que son importantes en tu vida. Haz preguntas a tu profesor para saber cómo se dicen en español.

- ¿Cómo se dice OK en español?
- ¿Cómo se pronuncia: "dormir" o "dormir"?

2 Señala en el texto para qué cosas te va a servir a ti el español.

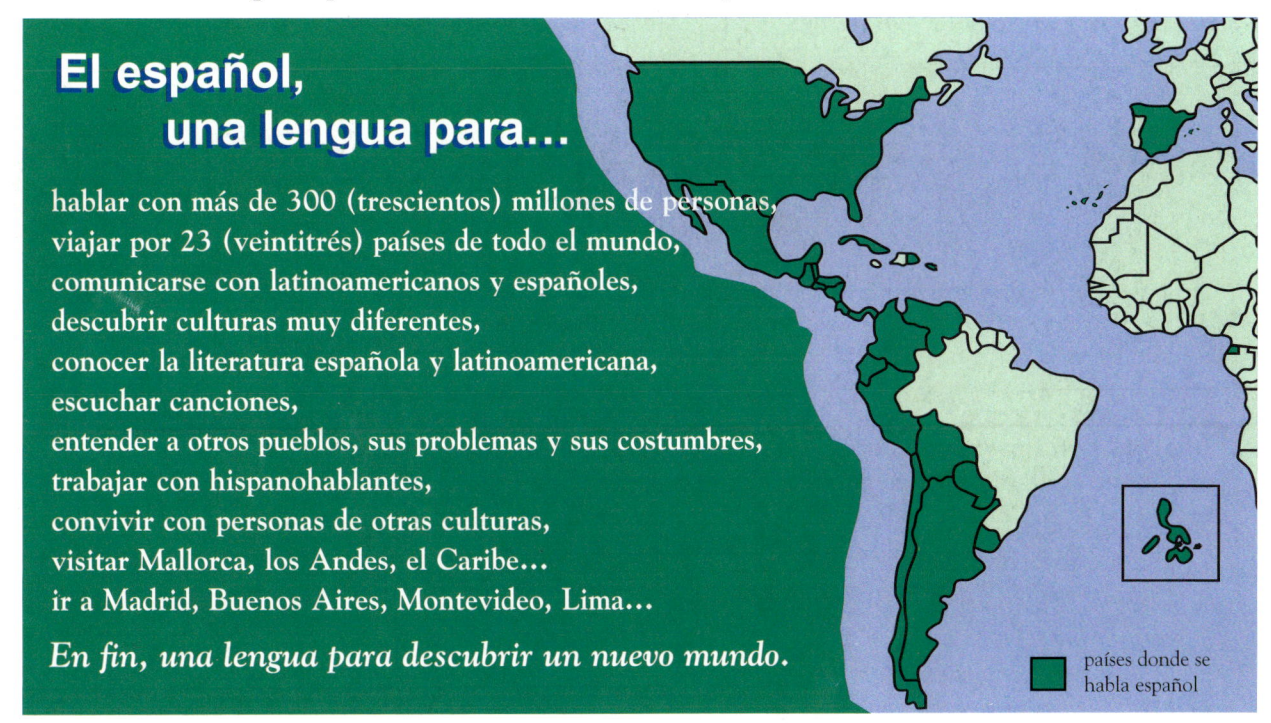

El español, una lengua para...

hablar con más de 300 (trescientos) millones de personas,
viajar por 23 (veintitrés) países de todo el mundo,
comunicarse con latinoamericanos y españoles,
descubrir culturas muy diferentes,
conocer la literatura española y latinoamericana,
escuchar canciones,
entender a otros pueblos, sus problemas y sus costumbres,
trabajar con hispanohablantes,
convivir con personas de otras culturas,
visitar Mallorca, los Andes, el Caribe...
ir a Madrid, Buenos Aires, Montevideo, Lima...

En fin, una lengua para descubrir un nuevo mundo.

países donde se habla español

nueve **9**

Unidad 1 Textos

Intenta adivinar qué palabras del texto son verbos. Observa la terminación de las palabras. ¿Puedes clasificar los verbos en grupos?

Verbos que terminan en ☐	Verbos que terminan en ☐	Verbos que terminan en ☐
hablar		

3 En español hay bastante correspondencia entre la escritura y la pronunciación. Vamos a escuchar unas palabras y a ver cómo se escriben.

| escribir | Nicaragua | política | literatura |
| problemas | plural | mundo | Panamá |

Ahora escucha estas otras palabras. ¿Qué diferencias observas entre la escritura y la pronunciación?

r / rr	Roma / perro
r	Paraguay / periódico
ch	Chile / escuchar
ll	Mallorca / millones
c / qu / k	Colombia / cultura / queso / Quito / kilo

h	almohada / hablar / historia
c / z	canciones / conocer / Venezuela
b / v	Cuba / Bolivia / televisión / vivo
g / j	Argentina / geografía / trabajar
g / gu	gato / Guernica
ñ	compañera / español

4 Escucha la cinta y observa las curvas que representan la entonación de las preguntas.

¿Cómo se escribe?
¿Qué significa "diccionario"?
¿Cómo se llama esto en español?

¿Se escribe con be o con uve?
¿Se pronuncia Panama o Panamá?

"Ejercicios" significa *exercises*, ¿verdad?
"Hablar" significa *to speak*, ¿verdad?

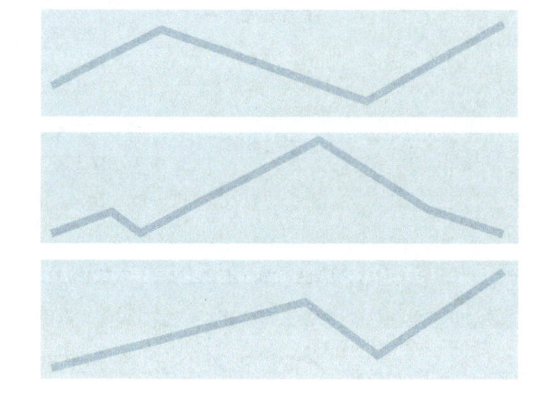

Gramática **Unidad 1**

■ Las tres conjugaciones
■ En español hay tres grupos de verbos según su terminación.

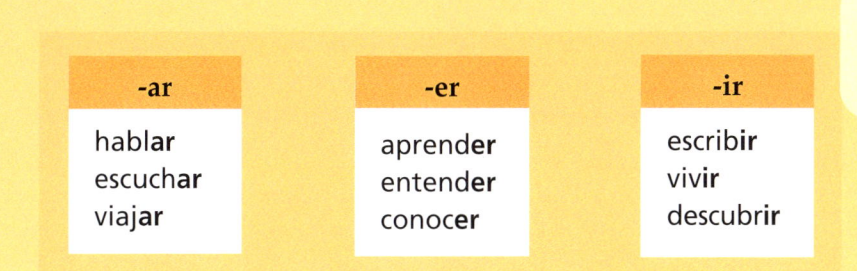

-ar	-er	-ir
hablar	aprender	escribir
escuchar	entender	vivir
viajar	conocer	descubrir

Las formas del Presente están en la lección 2. Aquí todavía no necesitamos usarlas.

■ Los tres grupos tienen conjugaciones diferentes, pero las de los verbos terminados en **-er/-ir** son casi iguales en la mayoría de los tiempos.

■ La preposición **para**
■ **Para** + Infinitivo sirve para hablar de la finalidad que tiene algo o con la que se hace algo.

Rápido es un libro para aprender español.

• Estudio **para conocer** culturas diferentes.

■ Preguntar por la pronunciación, la ortografía y el significado

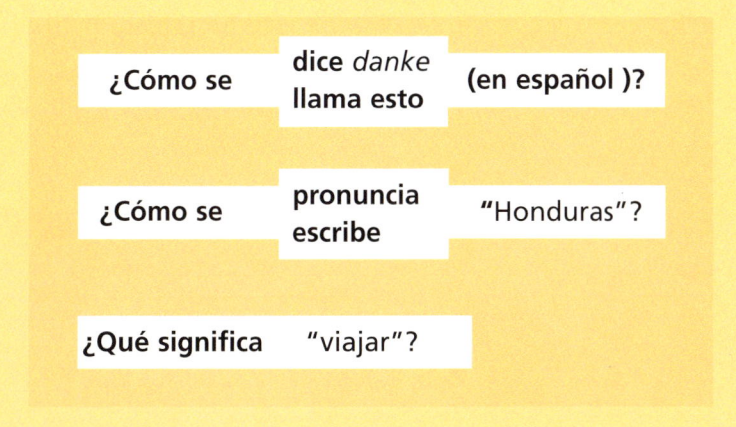

¿Cómo se **dice** *danke* (en español)?
¿Cómo se **llama esto** (en español)?

¿Cómo se **pronuncia** "Honduras"?
¿Cómo se **escribe** "Honduras"?

¿Qué significa "viajar"?

once ■ 11

Unidad 1 Gramática

■ **Abecedario: deletrear**

a	A, a	**A**lemania
be / be larga*	B, b	**B**uenos Aires
ce	C, c	**c**ono**c**er, **C**olombia
ce hache / che	Ch, ch	**Ch**ile
de	D, d	**d**iccionario
e	E, e	**e**ntender
efe	F, f	**F**ilipinas
ge	G, g	**G**uatemala, Ar**g**entina
hache	H, h	**h**istoria
i	I, i	**i**dea
jota	J, j	via**j**ar
ca	K, k	**k**ilómetro
ele	L, l	**L**ima
elle	Ll, ll	Ma**ll**orca
eme	M, m	**m**undo
ene	N, n	**N**icaragua
eñe	Ñ, ñ	espa**ñ**ol
o	O, o	p**o**lítica
pe	P, p	**P**anamá
cu	Q, q	**q**ue
ere	r	Pe**r**ú, vivi**r**
erre	R, rr	**R**usia, sie**rr**a
ese	S, s	**s**ingular
te	T, t	**t**extos
u	U, u	**U**ruguay
uve / be corta*	V, v	**v**ivir
uve doble / doble be*	W, w	**W**ashington
equis	X, x	ta**x**i
i griega	Y, y	Paragua**y**
zeta	Z, z	Vene**z**uela

* variante latinoamericana

¿Cómo se escribe "vivir"?

Con uve. Uve, i, uve, i, ere.

¿"Escuchar" se escribe con hache?

No, sin hache.

12 ■ doce

Gramática Unidad 1

■ **Pronunciación y escritura**

B/V	Se pronuncian igual, [b]: **Cu**b**a, v**i**v**ir			

C	Se pronuncia	[k] delante de	**a:** **c**an**c**iones **o:** **c**omuni**c**ar **u:** **c**ultura consonante: **c**ruz, **C**lara	
		[θ]	delante de **e:** **C**e**c**ilia delante de **i:** **c**ine	
		Esto sucede en el centro y en el norte de España, pero en el sur, en las Islas Canarias y en Latinoamérica se pronuncia como s sorda [s].		

CH	Se pronuncia [tʃ], como *ciao*, en italiano: **Ch**ile

G	Se pronuncia	[x]	delante de **e:** **G**erona delante de **i:** **G**inebra
		[g] delante de	**a:** **g**anar **o:** **g**ol **u:** **g**ustar **ue:** **g**uernica **ui:** **g**uitarra consonante: **g**racias
	Los sonidos [gwe], [gwi] se escriben **güe, güi**: ci**güe**ña, pin**güi**no		

H	No se pronuncia: **H**onduras
J	Se pronuncia [x] delante de vocal: **j**amón, **j**efe
LL	Se pronuncia [ʎ] en España y en gran parte de América Latina: mi**ll**ones
Ñ	Se pronuncia [ɲ], como en francés e italiano *gn*: ni**ñ**o, Espa**ñ**a
QU	Se pronuncia siempre [k]. La **u** no se pronuncia. Solo se combina con **e** o con **i**: **qu**erer, **qu**izá
R	A principio de palabra y detrás de algunas consonantes tiene sonido fuerte: **R**usia, Is**r**ael Entre vocales tiene sonido débil: Pe**r**ú
RR	Siempre tiene sonido fuerte y solo va entre vocales: sie**rr**a
Y	Se pronuncia [y], de forma parecida a la *y* en inglés: ma**y**o
Z	Aparece delante de **a, o** y **u** y a final de sílaba. Se pronuncia [θ], como en inglés *think*, en el centro y norte de España. En los demás lugares, se pronuncia como [s]: **z**apato, lu**z**

Unidad 1 Actividades

5 Andreas estudia español para…

… ir a Barcelona.

…leer literatura latinoamericana.

¿Y tú? ¿Para qué estudias español? Responde a esta encuesta.

Para...

leer
- periódicos
- novelas
- páginas web
- revistas
- poesía
- comics
- folletos
- OTROS

comunicarme con hablantes de español
- en mi país
- en su país
- OTROS

ir a
- Cuba
- Chile
- España
- Uruguay
- Venezuela
- OTROS

escuchar
- música latina
- la radio en español
- conversaciones entre hablantes de español
- OTROS

ver
- películas españolas
- películas latinoamericanas
- la televisión
- OTROS

escribir
- correos electrónicos
- cartas
- poesía
- OTROS

trabajar en
- México
- Argentina
- Colombia
- España
- Paraguay
- OTROS

hablar con
- amigos
- conocidos
- familiares
- compañeros de trabajo
- OTROS

Actividades **Unidad 1**

Vamos a investigar cuáles son los intereses de la mayoría de la clase. Un secretario apuntará en la pizarra los resultados.

> leer periódicos x x x x x x x
>
> ir a España x x x x

Ahora, comenta los resultados.

La mayoría quiere...
Muchos estudian español para...
Nadie quiere...

6 Vas a escuchar a unas personas que te hacen una serie de preguntas. Responde.

7 A ver quién sabe más palabras en español. Tienes tres minutos para escribir todas la palabras que sabes con estas características.

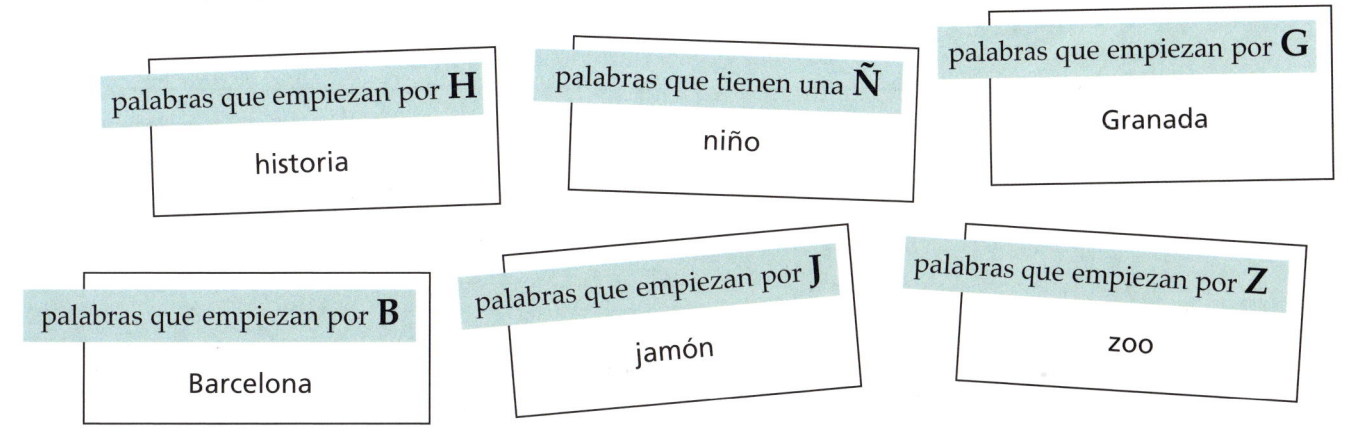

palabras que empiezan por **H**
historia

palabras que tienen una **Ñ**
niño

palabras que empiezan por **G**
Granada

palabras que empiezan por **B**
Barcelona

palabras que empiezan por **J**
jamón

palabras que empiezan por **Z**
zoo

quince ■ 15

Unidad 1 Actividades

8 Seguro que conoces algunas de estas cosas. ¿Sabes cómo se llaman en español? Si quieres, puedes preguntárselo a tu profesor o a tus compañeros.

Ahora vamos a confeccionar nuestra colección de palabras. ¿Sabéis ya muchas palabras? Podéis escribir las más útiles en carteles y colgarlas en las paredes del aula.

Para usar todo lo que hemos aprendido en esta unidad...

Vamos a crear una emisora de radio en español y durante el curso escribiremos guiones de programas y los grabaremos.
Ahora tenéis que decidir muchas cosas:
- un nombre,
- una música que identifique la emisora,
- un eslogan,
- algunos personajes invitados.

De momento, podéis discutir, en grupos, en vuestra lengua. Después, vais a explicar vuestra propuesta a los otros compañeros y vais a votar la mejor.

16 ■ dieciséis

Unidad 2

Aprenderemos...

- a hablar de nuestra relación con los idiomas

- a hacer preguntas y a responder afirmativa o negativamente

- a coordinar elementos

- los numerales y los artículos

- el Presente de Indicativo

Unidad 2 Textos

1 Lee este texto y comprueba si coincide con lo que has marcado en el ejercicio 1 de la primera unidad.

En este curso vamos a...

En este curso vamos a aprender cómo son los españoles y los latinoamericanos, cómo viven, qué costumbres y qué problemas tienen…; vamos a aprender cosas de los 23 (veintitrés) países en los que se habla español: España, Cuba, República Dominicana, Puerto Rico, México, Guatemala, El Salvador, Honduras, Nicaragua, Costa Rica, Panamá, Venezuela, Colombia, Ecuador, Perú, Bolivia, Chile, Paraguay, Argentina, Uruguay, Filipinas, Estados Unidos y Guinea Ecuatorial; también vamos a estudiar aspectos del folclore, de la historia, de la cultura, de la geografía, de la economía, de la política. Además, vamos a aprender gramática: cómo funcionan los verbos, los pronombres, los artículos, los sustantivos, el singular y el plural… Vamos a escuchar conversaciones, la radio, la televisión, canciones…, vamos a leer textos: artículos de periódicos, cartas, literatura… También vamos a hablar con los compañeros y con el profesor o profesora en español, escribir textos cortos, resúmenes, ensayos, tomar notas, intercambiar ideas y experiencias, y hacer ejercicios y exámenes.

Si hay palabras que no conoces, puedes:
- intentar deducirlas,
- preguntarle a un compañero,
- buscarlas en el diccionario,
- preguntarle a tu profesor.

Pero lo importante no es entender el significado de todas las palabras sino el sentido general del texto.

En este texto aparecen todos los nombres de los países en los que se habla español.
¿Puedes deducir cómo se pronuncian los nuevos?
Léelos en voz alta y coméntalo con tus compañeros.

● ¿Cómo se pronuncia "México"?

○ Como "jardín".

En todo texto hay verbos, sustantivos y artículos, además de otras palabras. Señala cinco verbos, cinco sustantivos (pero no nombres de países) y lo que tú crees que son artículos. ¿Qué palabras te imaginas que están en plural? ¿Por qué?
Señala también qué sustantivos llevan el y cuáles la. ¿Puedes sacar conclusiones?

Textos **Unidad 2**

2 En los cursos de verano de la escuela universitaria San Martín hay estudiantes de muchas nacionalidades. Una cadena de televisión realiza una encuesta para saber qué idiomas hablan.

- ¿Tú hablas alemán?
○ No, español y francés. ¿Y tú?
■ Yo estudio italiano.

- Nosotros hablamos español, francés y un poco de alemán.

- ¿Qué idiomas habláis?

- Yo solo hablo español.

○ Yo hablo un poco de inglés, español y un poco de ruso.

- Yo hablo chino.
○ ¿Chino?
- Sí, pero no muy bien.

- ¿Idiomas?
○ Bueno, hablo inglés y francés y estudio español.

En los diálogos se usan verbos en Presente. Son verbos que en Infinitivo terminan en -ar. ¿Puedes detectarlos? ¿Qué observas? ¿Qué hay delante de los verbos? ¿En todos los casos? Fíjate en qué pasa cuando:
- una persona sola da información, como en la entrevista de trabajo,
- dos o más personas dan el mismo tipo de información, como en la piscina.

diecinueve **19**

Unidad 2 Textos

3 Lee este texto sobre la relación de los españoles con los idiomas.

Los españoles y los idiomas

Bastantes españoles tienen una necesidad urgente: hablar idiomas. Para leer, para trabajar, para estudiar en la Universidad o para viajar, necesitan hablar, leer o escribir en alemán, en francés y, especialmente, en inglés.

En las escuelas se estudia un idioma o dos. Aproximadamente el 75% (setenta y cinco por ciento) de los estudiantes escoge inglés. El 10% (diez por ciento) estudia alemán, y algunos francés, italiano u otras lenguas.

Por otra parte, en algunas regiones (Cataluña, Galicia, País Vasco…), el idioma extranjero es el tercer idioma: los estudiantes estudian español y catalán o gallego o euskera. En las clases de lengua extranjera se estudia gramática, se leen textos, se escuchan canciones, y cada vez se practica más la comunicación, pero llegar a usar bien un idioma en la vida real no es fácil.

Muchos españoles ven películas en inglés, navegan por Internet, compran libros, vídeos, CD-ROM, casetes, DVD, CD y diccionarios para estudiar en casa, pero no siempre funciona. Por eso, en vacaciones, algunos (con suerte o con dinero) estudian en Inglaterra, en Irlanda, Estados Unidos, Alemania, Francia… Pero en 15 días no se aprende un idioma, ¿verdad?

¿Y en tu país?
¿La gente de tu país habla idiomas? ¿Cuáles?
¿Se aprenden bien las lenguas en las escuelas de tu país?
¿Crees que es difícil aprender un idioma extranjero?

20 veinte

Gramática **Unidad 2**

■ Conjugación de los verbos
■ Se sustituyen las terminaciones **-ar**, **-er** e **-ir** por las de cada tiempo.

■ Presente de Indicativo
■ Verbos regulares

		hablar	aprender	vivir
singular	1. yo 2. tú 3. él, ella, usted	hablo hablas habla	aprendo aprendes aprende	vivo vives vive
plural	1. nosotros/as 2. vosotros/as 3. ellos, ellas, ustedes	hablamos habláis hablan	aprendemos aprendéis aprenden	vivimos vivís viven

En algunos países de Latinoamérica no se usa la forma **vosotros/as**. En su lugar se usa **ustedes**. En Argentina, Uruguay y en zonas de otros países de Latinoamérica, no se usa **tú** sino **vos**, con formas verbales diferentes: **hablás**, **aprendés**, **vivís**...

■ Algunos verbos irregulares

*Los verbos que, como **querer** y **tener**, tienen irregularidades vocálicas o consonánticas, siempre tienen la primera y la segunda persona del plural regulares.*

		ser	ir	querer	tener
singular	1. yo 2. tú 3. él, ella, usted	soy eres es	voy vas va	quiero quieres quiere	tengo tienes tiene
plural	1. nosotros/as 2. vosotros/as 3. ellos, ellas, ustedes	somos sois son	vamos vais van	queremos queréis quieren	tenemos tenéis tienen

■ Pronombres sujeto
■ A diferencia de otras lenguas, en español, normalmente no se usa el pronombre sujeto. Las terminaciones del verbo señalan de qué persona gramatical se trata.

● **Vivo** en Alcalá y **trabajo** en Madrid.

■ Sin embargo, cuando se contrastan informaciones, opiniones, etc., la presencia de los pronombres es obligatoria.

● Estudio español para ir a México.
○ **Yo** para trabajar.

● ¿Qué idiomas habláis?
○ **Ella** habla francés y **yo** hablo alemán.

veintiuno ■ 21

Unidad 2 Gramática

■ El artículo

	indeterminado		determinado	
	masculino	femenino	masculino	femenino
singular	un	una	el	la
plural	unos	unas	los	las

■ Utilizamos el artículo indeterminado cuando mencionamos algo por primera vez, cuando no sabemos si existe, o si nos referimos a un ejemplar de una categoría.

- Marta es **una** estudiante muy buena.
- ¿Tienes **un** diccionario?
- Estudian en **una** escuela.

■ Utilizamos el artículo determinado cuando hablamos de algo que sabemos que existe, que es único, o que ya ha sido mencionado.

- Santiago es **la** capital de Chile.
- ¿Me pasas **el** diccionario?
- Estudian en **la** Universidad.

■ Preguntas sin partícula interrogativa y respuestas sí/no

■ Las preguntas sin partícula interrogativa se construyen igual que las frases afirmativas o negativas. Solo cambia la entonación.

- ¿Hablas español?
  ○ **Sí**, un poco.
  No, nada.

- ¿No hablas español?
  ○ **No**, no hablo español.
  Sí, un poco.

Se repite la negación en la respuesta.

■ Coordinación de las frases afirmativas: y/pero/o

Elementos que se añaden o se unen:	y	• Estudiamos español **y** francés.
Elementos que se oponen o se contradicen:	pero	• Estudio español **pero** no lo hablo muy bien.
Elementos entre los que se elige:	o	• ¿Vives en Francia **o** en Alemania?

Gramática **Unidad 2**

Los numerales

0	cero
1	uno
2	dos
3	tres
4	cuatro
5	cinco
6	seis
7	siete
8	ocho
9	nueve
10	diez

11	once
12	doce
13	trece
14	catorce
15	quince
16	dieciséis
17	diecisiete
18	dieciocho
19	diecinueve
20	veinte

30	treinta
40	cuarenta
50	cincuenta
60	sesenta
70	setenta
80	ochenta
90	noventa
100	cien

Pero: **ciento uno, ciento dos, ciento veinte, ciento treinta...**

200	doscientos/as
300	trescientos/as
400	cuatrocientos/as
500	**quinientos/as**
600	seiscientos/as
700	**sete**cientos/as
800	ochocientos/as
900	**nove**cientos/as

1000	mil
3000	tres mil
4000	cuatro mil
100 000	cien mil

1 000 000	un millón
2 000 000	dos millones
20 000 000	veinte millones

Las centenas, excepto **cien/ciento**, concuerdan con el sustantivo al que acompañan en género y número: cient**o** cincuenta y tres person**as**, doscien**tas** cincuenta y cuatro cas**as**, doscient**os** eur**os**, cuatrocien**tas** person**as**...

Treinta personas, trescientas personas, tres mil personas... Pero: tres millones **de** personas

veintitrés ■ 23

Unidad 2 Actividades

4 Reflexiona un momento sobre tu conocimiento de lenguas. Luego, pregunta a un compañero y, después, informa oralmente al resto de la clase. Aquí tienes todo lo necesario para realizar esta actividad.

• Marie estudia griego y habla bastante bien inglés.

¿Hablas...?
¿Estudias...?

Hablo bastante bien...
Sí, pero no muy bien.
Sí, hablo un poco de...
No, no hablo...

español   árabe   holandés   portugués   alemán
francés   griego   ruso   italiano   inglés   OTROS

5 Ahora ya sabes que en español hay dos tipos de artículos: determinados e indeterminados. A partir del artículo se puede deducir el género y el número del sustantivo. Lee de nuevo los textos de los ejercicios 1 y 3 y completa el cuadro. ¿Cuántos sustantivos de cada clase puedes encontrar en los textos? A ver quién es capaz de hacer la lista más larga en cinco minutos.

masculino singular	femenino singular	masculino plural	femenino plural
idioma	geografía	españoles	costumbres

Además del vocabulario del texto, coloca otras palabras que sabes en español y haz hipótesis de cómo son en plural, o de cómo son en masculino/femenino...

6 ¿Sabes cuántos...? ¿Por qué no lo dices en español?

Más de ▬ (de) personas hablan mi lengua en el mundo.
Los estudiantes españoles estudian ▬ idioma extranjero o ▬.
Los estudiantes de mi país estudian ▬ o ▬ idiomas extranjeros.
El español se habla en ▬ países.
En España se hablan ▬ lenguas: español, catalán, euskera y gallego.
Mi lengua se habla en ▬ países.
En clase de español somos ▬ estudiantes.
Más de ▬ de personas hablan español en el mundo.

7 Escucha estas palabras y trata de observar y señalar cuál es la sílaba fuerte.

La puedes señalar así:

A R G E N T<u>I</u> N A

pronunciar   trabaja
películas   habláis
idiomas   millón
escuchamos   español

dieciséis   universidad
problema   periódico
gramática   exámenes
tienen   televisión

El lugar del acento en español es libre, es decir, puede estar en cualquiera de las sílabas de una palabra. En muchas palabras la sílaba fuerte es la penúltima.

24 ■ veinticuatro

Actividades **Unidad** 2

8 ¿Te gusta hacer rompecabezas? Combina lógicamente estos elementos para formar frases con sentido.

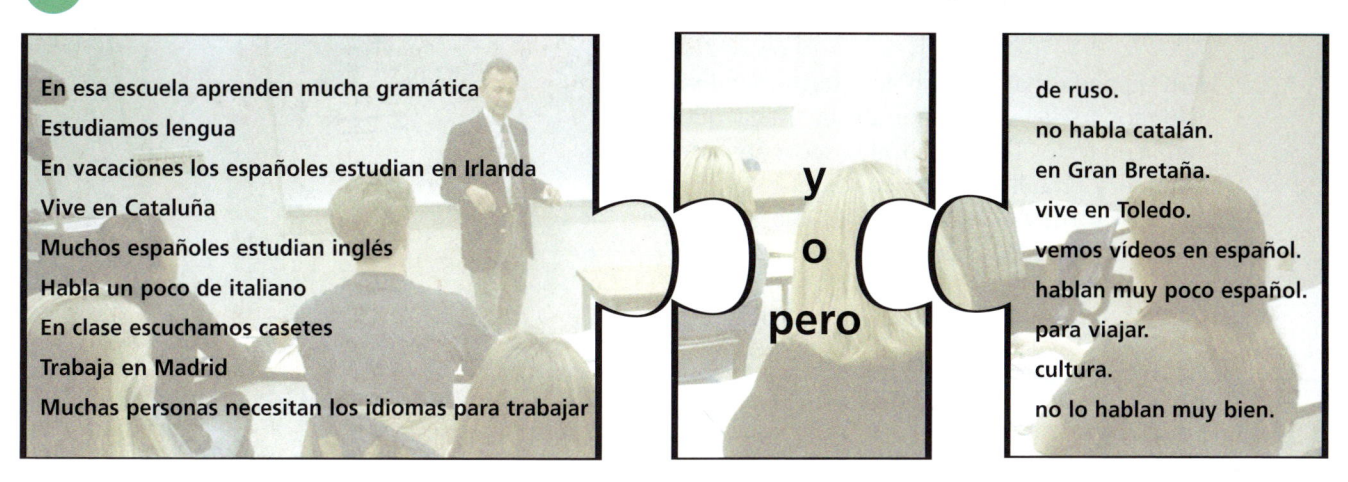

En esa escuela aprenden mucha gramática		de ruso.
Estudiamos lengua		no habla catalán.
En vacaciones los españoles estudian en Irlanda		en Gran Bretaña.
Vive en Cataluña	y	vive en Toledo.
Muchos españoles estudian inglés	o	vemos vídeos en español.
Habla un poco de italiano	pero	hablan muy poco español.
En clase escuchamos casetes		para viajar.
Trabaja en Madrid		cultura.
Muchas personas necesitan los idiomas para trabajar		no lo hablan muy bien.

9 Aquí tienes una serie de números. Subraya los que va a leer tu profesor.

1000   3 000 000   50
15   6   11   500
7000   90
100   4 000 000   8000
17   60
10 000   900   14   400

Ahora, escribe uno de estos números en un papel. Tu compañero va a intentar adivinarlo.

● ¿Quince?
○ No.
● ¿Quinientos?
○ No.

10 Reacciona con información sobre ti mismo, tu clase, tu familia… Fíjate en que cuando tienes una hipótesis, para confirmarla usas **¿no?** o **¿verdad?**

1. ● Eres canadiense, ¿verdad?
2. ● Vives en Mallorca, ¿no?
3. ● En tu clase de español sois veinte, ¿no?
4. ● Hablas japonés, ¿no?
5. ● Tus padres viven en Argentina, ¿verdad?
6. ● Lees periódicos en español, ¿no?
7. ● Escribes muy bien en español…
8. ● ¿Vas de vacaciones a México?
9. ● Yo hablo español e italiano.
10. ● ¿Tienes hermanos?
11. ● Tú y tus compañeros ya habláis muy bien español, ¿no?
12. ● ¿Trabajáis con ordenador en clase?

Unidad 2 Actividades

11. Aquí tienes un pequeño texto sobre las lenguas en España. Léelo.

En España hay cuatro lenguas oficiales: el español o castellano, que es la única que se habla en todo el territorio, el vasco o euskera, el catalán y el gallego. El español, el catalán y el gallego son lenguas románicas. No se conoce con seguridad el origen del vasco.

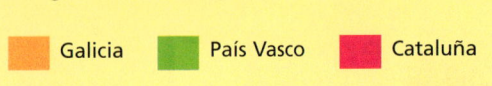

- Galicia
- País Vasco
- Cataluña

Ahora escucha a unos españoles que explican más cosas sobre este tema. ¿Qué otras informaciones tienes ahora? Comenta con tus compañeros lo que tú has entendido.

12. Haz una entrevista a varios compañeros sobre el aprendizaje de idiomas en sus países. Luego, escribe un pequeño texto sobre la situación en uno de estos países. Puedes buscar las estructuras y el léxico necesarios en los ejercicios 3 y 11 de esta unidad.

nombre:
país:
lenguas que se hablan:
lenguas que se estudian:
lenguas oficiales:

Para usar todo lo que hemos aprendido hasta ahora...

Una escuela quiere poner un anuncio en vuestra emisora de radio. Reúnete con tus compañeros y elaborad uno. Tenéis que decidir:
- el nombre de la academia,
- las lenguas,
- el número de estudiantes en clase,
- los tipos de curso que ofrece,
- el precio,
- un buen eslogan, etc.

Después, leed el anuncio en voz alta para que lo oigan vuestros compañeros.

En vuestra emisora de radio vais a emitir un programa sobre una lengua, que antes tenéis que elegir. En grupos, como buenos periodistas, tenéis que:
- buscar información: cuánta gente la habla, en qué países, cuánta gente la estudia, qué problemas tiene...

Después, escribid el guión y presentadlo a la clase. Y no os olvidéis de grabarlo...

Unidad 3

Aprenderemos...

- a identificar personas por su nombre, su profesión o su nacionalidad

- el funcionamiento de los nombres de las personas en español

- a hablar de las relaciones de parentesco

- a identificar y clasificar objetos

- a usar posesivos, demostrativos y artículos

Unidad 3 Textos

1 Liliana y Marcelo enseñan las fotos de su viaje por España a unos amigos. Escucha lo que dicen.

1
● Esto es la Giralda. Está en Sevilla, una ciudad preciosa. Es el edificio más conocido. 

2 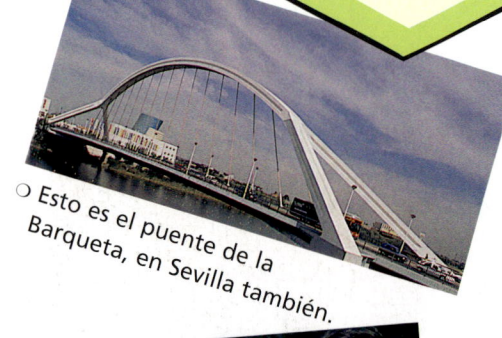
○ Esto es el puente de la Barqueta, en Sevilla también.

3 
● Éste es un amigo nuestro, Paco, un chico chileno que vive en Cádiz.

4 
○ Esto es una paella. Es un plato típico español, que se come en toda España. Es arroz con pescado o marisco, carne y verduras...

5 
● Y éstos son los señores Peña, los padres de Paco.

6
○ Esto es una calle muy importante de Madrid, la Gran Vía.

7 
● Éstos somos nosotros en Cadaqués, un pueblo muy bonito de la Costa Brava.

8 
□ ¿Y esto qué es?
● Un porrón. Es una cosa que sirve para beber vino.
○ Y cerveza, también.

9 
○ Y esto es el Camp Nou, el estadio del Barça.
■ ¡Qué grande!

10 
EL TABLAO DE CARMEN
■ ¿Qué es un "tablao"?
○ Es un sitio donde se canta y se baila flamenco.

28 ■ veintiocho

Textos **Unidad 3**

Después de escuchar el diálogo, seguro que vas a poder contestar a estas preguntas.

¿Qué es la Giralda?   ¿Qué es Cadaqués?   ¿Qué es el Camp Nou?
¿Qué es la paella?   ¿Qué es un porrón? ¿Quién es Paco?
¿Qué es la Gran Vía? ¿Qué es un tablao? ¿Quiénes son los señores Peña?

Escribe, ahora, el nombre de una comida de tu país, o de un edificio, o de un lugar, o de un conocido tuyo... Un compañero te preguntará quién es o qué es.

Ponte Vecchio

- ¿Qué es el Ponte Vecchio?
- Es un puente muy famoso de Florencia.

2 Lee este texto de información general sobre el Perú. Después, escucha a Patricia, una chica peruana que explica cómo ve ella su país.

El Perú

Geográfica y humanamente, el Perú es un país muy variado: la naturaleza y las costumbres son muy diferentes en la costa, en la sierra o en la selva.

Es un país muy rico en recursos naturales. La minería, la pesca, el cultivo del algodón y del azúcar son las principales fuentes de la economía peruana. Además, una nueva fuente importante de divisas es la artesanía, especialmente la artesanía textil y los trabajos con la plata.

La capital del Perú es Lima, una bonita ciudad que tiene más de siete millones de habitantes, aproximadamente un 30% de la población peruana.

Un 40% de los peruanos son indios, un 40% son mestizos y el 20% restante son blancos de origen europeo, orientales y negros. Como consecuencia de esta mezcla de razas y culturas, es muy difícil definir el carácter y las costumbres de los peruanos.

En la actualidad, los principales problemas de los peruanos son: la desigualdad social, el analfabetismo y la inflación.

veintinueve **29**

Unidad 3 Textos

- La naturaleza es muy rica y muy variada también: tenemos la costa, la sierra y la selva... Pero la mayoría de la gente vive en la costa.

- La capital es Lima. Es una ciudad muy, muy grande, enorme.

- El Perú es un país muy variado. Es una mezcla de razas, de culturas.

- ¿Qué otras cosas son importantes para los peruanos? Pues, por ejemplo, la política es muy importante. En el Perú se habla mucho de política. Y la comida, la música, bailar, o sea, divertirse...

- Pero el país tiene bastantes problemas, problemas sociales, políticos, económicos...

- Es difícil hablar del Perú o hablar de los peruanos.

Después de leer el texto y oír a Patricia, escribe cinco o seis informaciones que ahora recuerdas sobre el Perú.

Busca en el texto sobre el Perú cuatro artículos determinados, cuatro indeterminados, cuatro sustantivos y cuatro adjetivos, y anótalos en el cuadro.

	artículo determinado	artículo indeterminado	sustantivo	adjetivo
masculino singular				
femenino singular				
masculino plural				
femenino plural				

Mira, ahora, la transcripción, que te dará tu profesor, de la conversación con Patricia para ver las diferencias entre la información oral y la escrita. Fíjate en lo siguiente:
- ¿Organiza la información de la misma manera que el texto?
- ¿Utiliza más o menos palabras que el texto?
- ¿Tienes las mismas sensaciones cuando lees el texto que cuando oyes a Patricia? ¿Por qué?

Gramática **Unidad** 3

■ El grupo nominal

■ En español el grupo nominal (GN) puede estar compuesto por:

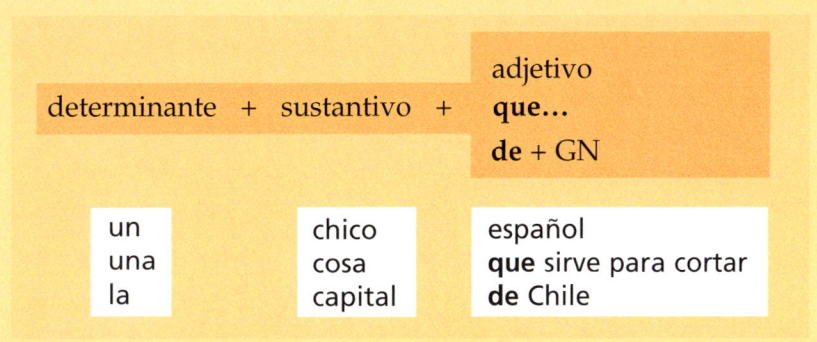

determinante + sustantivo + adjetivo / **que**... / **de** + GN

| un / una / la | chico / cosa / capital | español / **que** sirve para cortar / **de** Chile |

■ El sustantivo

■ Los sustantivos en español pueden ser de género masculino o femenino:

un profesor   **el** gato   **unos** libros   **los** periódicos
una alumna   **la** vaca   **unas** libretas   **las** revistas

Cuando se trata de seres no sexuados, normalmente las terminaciones nos indican el género:

Si terminan en **-o**, suelen ser masculinos. Hay, sin embargo, numerosas excepciones.

un edifici**o**   **un** diccionari**o**
una mot**o**   **una** man**o**

Si terminan en **-a**, suelen ser femeninos. Hay, también, numerosas excepciones.

una cas**a**   **una** palabr**a**   **una** plaz**a**
un sof**á**   **un** idiom**a**

Hay sustantivos que terminan en **-a** que son tanto femeninos como masculinos.

un/una economista   **un/una** belga

Los sustantivos que terminan en **-dad**, **-tad**, **-ción** y **-sión** son femeninos.

la ciu**dad**   **la** liber**tad**
una can**ción**   **una** expre**sión**

Los sustantivos que terminan en **-ema** son masculinos.

un probl**ema**   **el** sist**ema**   **un** t**ema**

■ El plural se forma:

| Vocal átona -á, -é, -ó tónicas | + s | cama-cama**s** / hombre-hombre**s** / amigo-amigo**s** / papá-papá**s** |

| consonante -í, -ú tónicas | + es + s/es | país-país**es** / canción-cancion**es** / español-español**es** / ciudad-ciudad**es** / iraní-iraní**s**/iraní**es** |

■ Hay sustantivos contables (**ciudad**, **coche**...) y sustantivos no contables (**arroz**, **dinero**...).

● Quito es **una ciudad** muy interesante.   ● No tenemos **dinero**.

treinta y uno ■ 31

Unidad 3 Gramática

■ Los artículos

artículo	+ sustantivo + adjetivo/**que...**/**de** + GN

un/una **unos/unas**	Sirven para indicar que es la primera vez que nombramos un sustantivo.	• Tengo **un** amigo en Costa Rica.
el/la **los/las**	Se utilizan cuando ya hemos nombrado el sustantivo o presuponemos que el interlocutor sabe que existe.	• **El** amigo que tengo en Costa Rica se llama Mauricio. • **La** capital de Colombia es Bogotá.
Ø	No usamos artículo cuando nos referimos a una categoría y con sustantivos no contables.	• ¿Tienes coche? • Esto es arroz.

■ Los demostrativos

demostrativo	+ sustantivo + adjetivo/**que...**/**de** + GN

este/esta **estos/estas**	Sirven para señalar algo situándolo respecto al emisor.	• **Este** chico es un amigo mío. • **Éstos** son los Martínez.
esto	Sirve para señalar algo desconocido o que no queremos nombrar.	• ¿Qué es **esto**?

Este/esta/estos/estas pueden llevar acento cuando son pronombres, es decir, cuando en la oración sustituyen al nombre: *Éste es el mío.*

■ Los posesivos

■ Sirven para referirse a la propiedad.

posesivo	+ sustantivo

mi	mis
tu	tus
su	sus
nuestro/a	nuestros/as
vuestro/a	vuestros/as
su	sus

Los adjetivos posesivos se utilizan para hablar de relaciones únicas: mi padre, tu mujer, o que ya han sido mencionadas o que se presuponen: Tengo dos primos. Mi primo Fernando es...

artículo	+ sustantivo +	posesivo

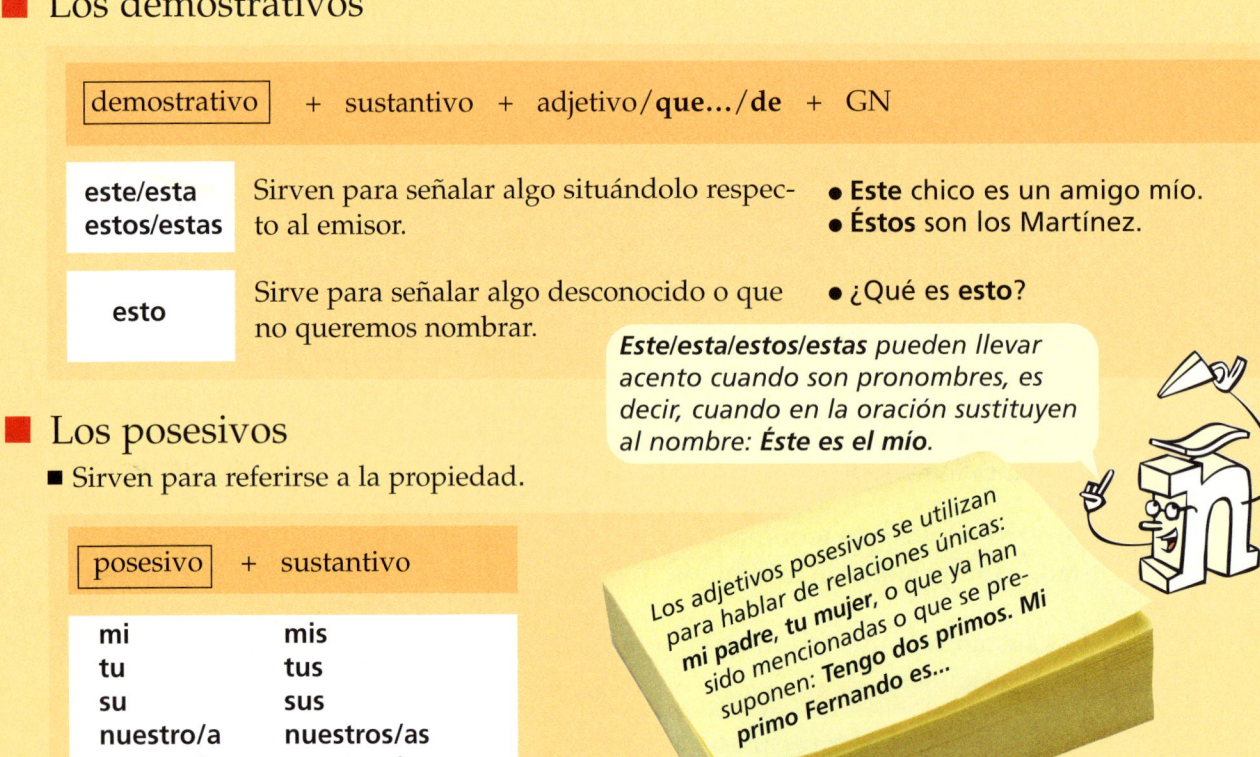

un/una **unos/unas**	+ sustantivo +	mío/a nuestro/a	tuyo/a vuestro/a	suyo/a suyo/a
		míos/as nuestros/as	tuyos/as vuestros/as	suyos/as suyos/as

Estas formas se refieren a elementos de una categoría: **un** amigo **mío** / **unos** conocidos **suyos**

Gramática Unidad 3

- La tercera persona (**su/suyo**…) se refiere a: **él**, **ella**, **usted**, **ellos**, **ellas** y **ustedes**.

- En español, el posesivo concuerda con el sustantivo al que acompaña en género y número. Nunca concuerda con el poseedor.

Éstos son nuestros libros.

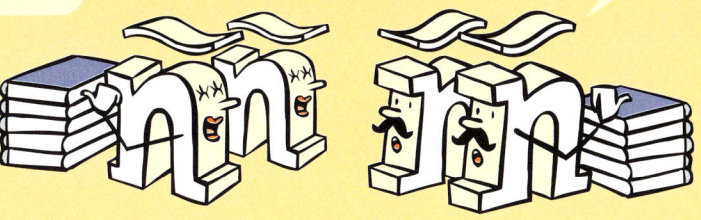

Y éstos son los nuestros.

El adjetivo

- El adjetivo concuerda con el sustantivo en género y número. Hay adjetivos que tienen una forma masculina y otra femenina, y hay adjetivos invariables: los que terminan en consonante y los que terminan en **-e**.

Forma masculina: en **-o**	Forma femenina: en **-a**
bonit**o**, simpátic**o**, ric**o**	bonit**a**, simpátic**a**, ric**a**

Formas invariables: en **-e**/consonante (varían solo en número)
interesant**e**, feli**z**, difíci**l**

- Los adjetivos referidos a la nacionalidad siguen reglas especiales.

A los terminados en consonante se les añade una **-a** para formar el femenino
español-español**a**   inglés-ingles**a**   francés-frances**a**

Algunos son invariables en género: **iraquí**, **iraní**, **belga**.

Los demás siguen las reglas del género:

masculino en **-o**	femenino en **-a**
italian**o**, bolivian**o**, brasileñ**o**	italian**a**, bolivian**a**, brasileñ**a**

género invariable en **-e**
nicaragüens**e**, estadounidens**e**

- La formación del plural sigue las reglas del sustantivo.

- La posición más frecuente del adjetivo es después del sustantivo.

determinante + sustantivo + adjetivo
una persona feliz

treinta y tres 33

Unidad 3 Gramática

■ Las oraciones de relativo

■ A veces para dar más información o ayudar a identificar un sustantivo usamos:

| sustantivo + **que** + frase | un amigo **que** vive en Montevideo
una bebida **que** se toma en toda España |

■ Cuando el sustantivo es un lugar, utilizamos:

| sustantivo + **donde** + frase | la ciudad **donde** viven mis padres
la universidad **donde** estudio |

■ La preposición **de**

■ Las preposiciones sirven para relacionar dos elementos.

elemento A + preposición + elemento B

■ **De** es una de las preposiciones más utilizadas en español. Sirve para especificar algo del elemento A.

Origen o procedencia	un edificio **de** Barcelona
Tema, materia y composición	un plato **de** arroz un libro **de** Matemáticas
Si B es una persona, la preposición señala una relación o la pertenencia de algo	un amigo **de** mis padres el diccionario **de** Carmen

■ ¿Qué? / ¿Quién? / ¿Quiénes?

¿Qué es esto?   ¿Quién es?   ¿Quiénes son?

■ Usos de **ser**: identificar, definir, clasificar

| ser + | **un/a** + sustantivo contable
el/la + sustantivo
nombre propio
sustantivo no contable
adjetivo | Clara **es una** amiga mía.
La Paz **es la** capital de Bolivia.
Éstos **son** Pedro y Laura.
Esto **es** arroz, ¿no?
Esto **es** (muy) fácil. |

Actividades **Unidad 3**

3 Mira estas fotos. Con lo que sabes de España y de Latinoamérica, ¿puedes deducir a qué ciudad corresponde cada una? Discútelo con tu compañero. Si no estás seguro, puedes usar **Yo creo que…**

- Yo creo que esto es Buenos Aires.
- ¿Buenos Aires? No, esto es Barcelona.

- La foto número 1 es Sevilla, creo.
- Sí, es Sevilla.

- Yo no sé qué es esto. ¿Y tú?
- Yo creo que es Cancún.

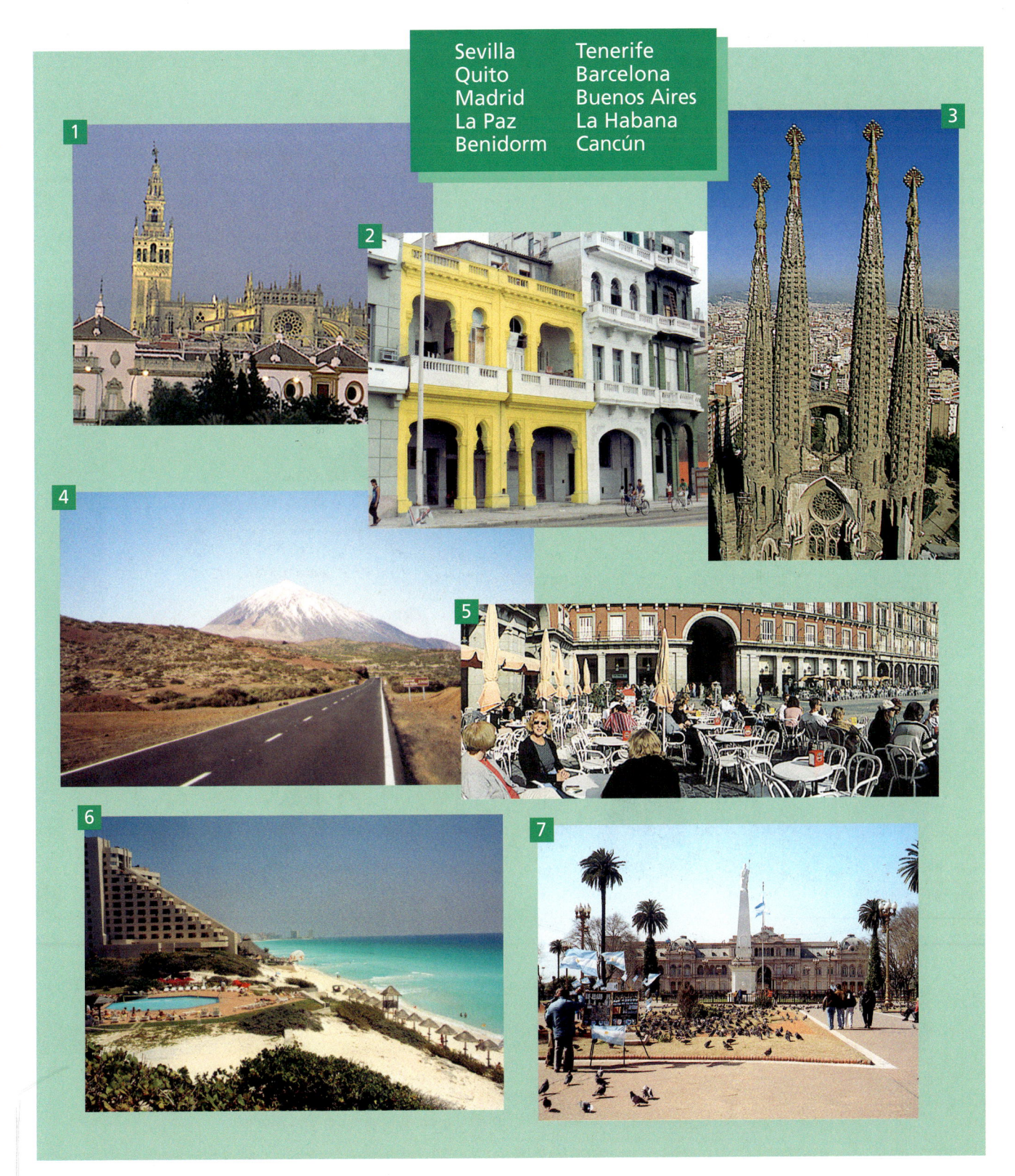

Sevilla	Tenerife
Quito	Barcelona
Madrid	Buenos Aires
La Paz	La Habana
Benidorm	Cancún

treinta y cinco **35**

Unidad 3 Actividades

4 Aquí tienes los nombres de algunas empresas importantes. ¿Qué crees que es cada una? Discútelo con un compañero.

Iberia	una cadena española de establecimientos de comida rápida (bocadillos)
Zara	una cadena de televisión mexicana
Conaprole	una empresa uruguaya de productos lácteos
Terra	una compañía aérea española
Galavisión	una cadena española de tiendas de ropa
Pans&Company	un portal español de Internet

5 Éstos son los Varela, una familia española. Formula sus relaciones utilizando los términos de la lista que tienes abajo.

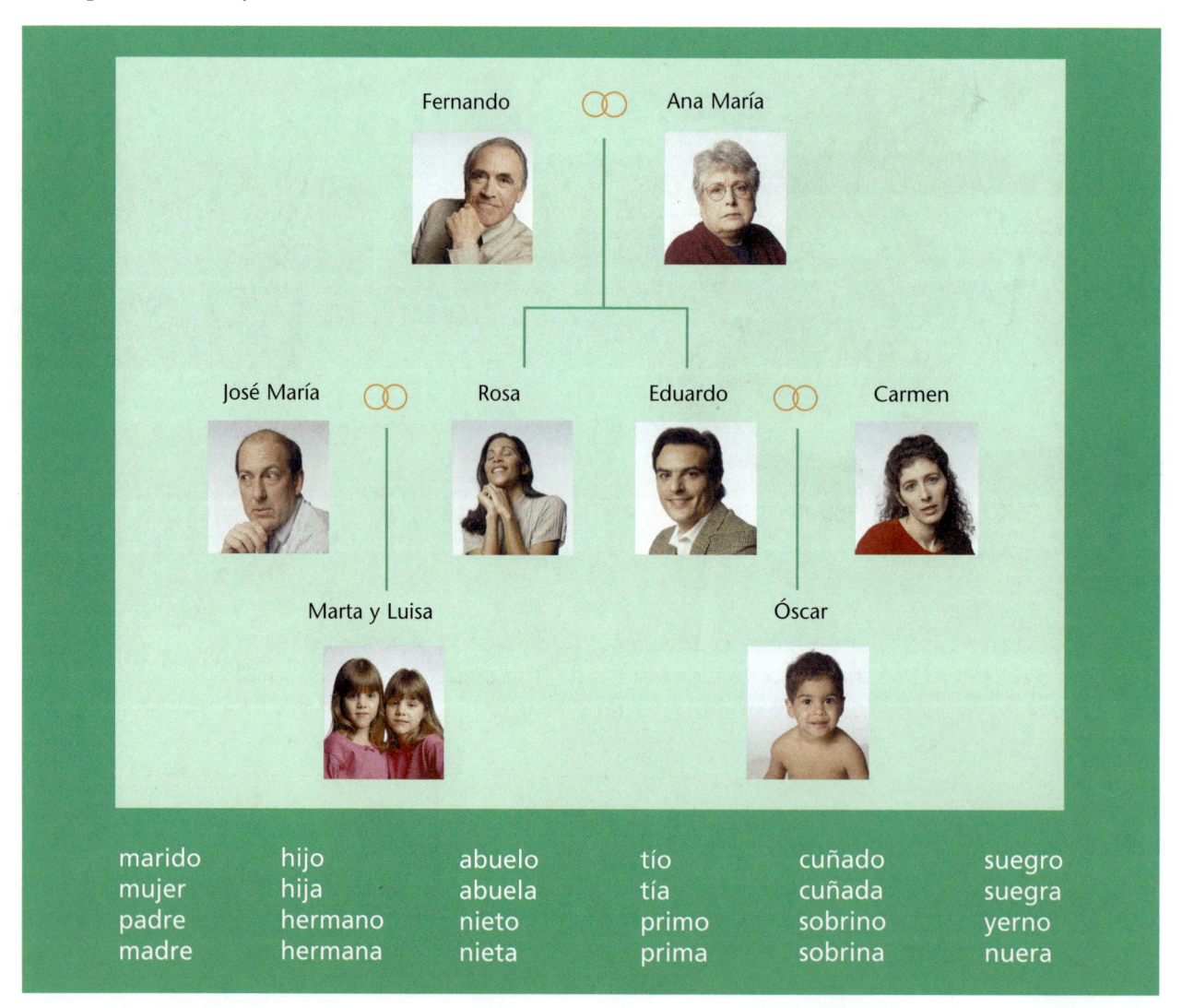

Fernando ⚭ Ana María

José María ⚭ Rosa   Eduardo ⚭ Carmen

Marta y Luisa   Óscar

marido	hijo	abuelo	tío	cuñado	suegro
mujer	hija	abuela	tía	cuñada	suegra
padre	hermano	nieto	primo	sobrino	yerno
madre	hermana	nieta	prima	sobrina	nuera

● Ana María es la abuela de Óscar.
○ Y Carmen, la mujer de Eduardo, es la nuera de Ana María.

Actividades **Unidad 3**

6 Fíjate ahora en estas dos fichas.

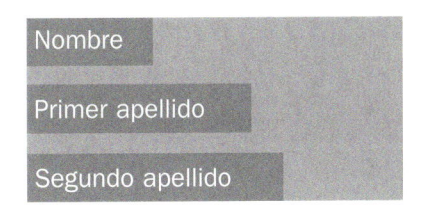

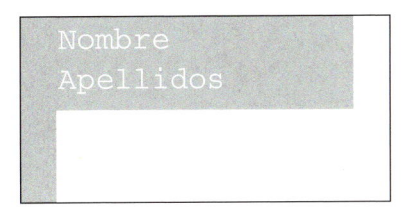

| Nombre |
| Primer apellido |
| Segundo apellido |

| Nombre |
| Apellidos |

¿Observas algo que te sorprenda, algo distinto de lo que ocurre en tu país? ¿Quieres saber cómo funcionan los apellidos en español? Descúbrelo tú mismo. Mira atentamente las páginas de este Libro de Familia.

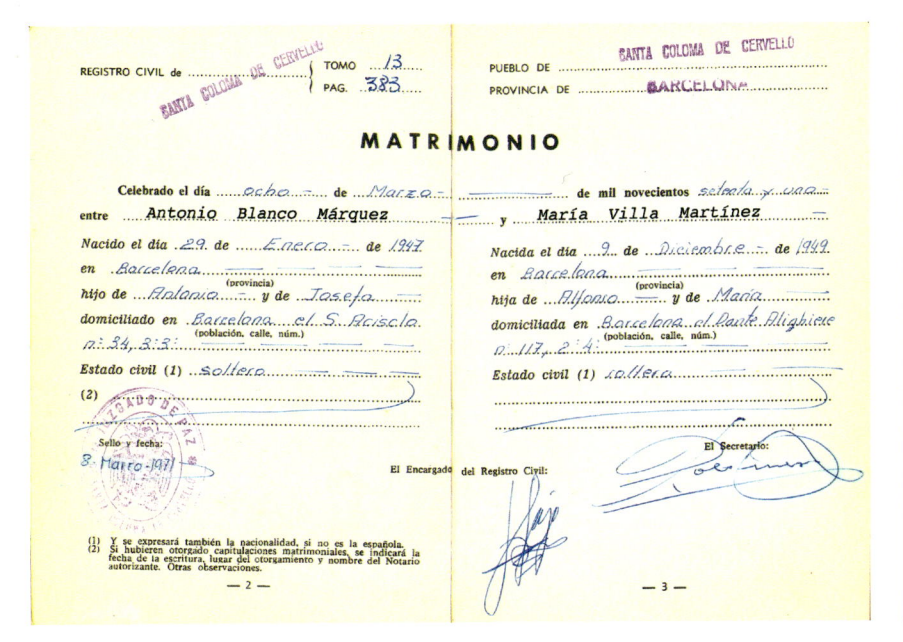

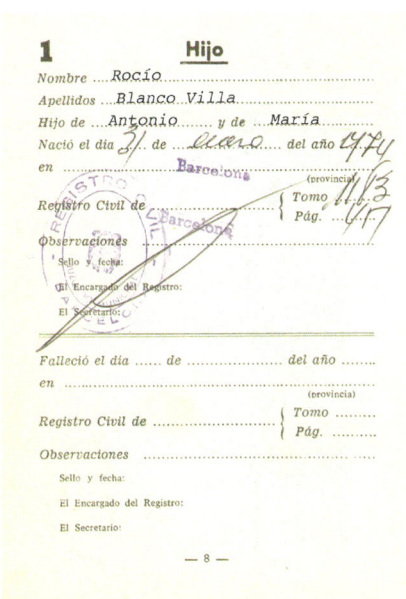

MATRIMONIO

REGISTRO CIVIL de Santa Coloma de Cervelló — TOMO 13, PÁG. 383
PUEBLO DE Santa Coloma de Cervelló
PROVINCIA DE Barcelona

Celebrado el día ocho de Marzo de mil novecientos setenta y una entre Antonio Blanco Márquez y María Villa Martínez

Nacido el día 29 de Enero de 1947 en Barcelona (provincia), hijo de Antonio y de Josefa, domiciliado en Barcelona, c/ S. Acisclo n.º 24, 3.º 3.ª
Estado civil (1) soltero

Nacida el día 9 de Diciembre de 1949 en Barcelona (provincia), hija de Alfonso y de María, domiciliada en Barcelona, c/ Dante Alighieri n.º 117, 2.º 4.ª
Estado civil (1) soltera

Sello y fecha: 8 Marzo 1971

1 Hijo
Nombre: Rocío
Apellidos: Blanco Villa
Hija de Antonio y de María
Nació el día 31 de Enero del año 1974 en Barcelona (provincia)
Registro Civil de Barcelona

¿De quién es el primer apellido de la hija? ¿De quién es el segundo?
¿Cuál es el primer apellido de los abuelos de Rocío? ¿Y el de las abuelas?
Hace unos meses la madre de Rocío rellenó estos papeles. Fíjate especialmente en los apellidos.

Nombre: María
Apellidos: Villa Martínez

¿Puedes deducir qué pasa con los apellidos de las mujeres casadas en España?
¿Pasa lo mismo en tu país?

Unidad 3   Actividades

Ahora lee el texto siguiente y compara la información con lo que sucede en tu país.

Nombres y Apellidos en España

En España, cuando se habla de un matrimonio se dice: **los señores** + apellido del marido (**los señores Blanco**, por ejemplo) o **los** + apellido del marido (**los Blanco**). Pero las mujeres, en su trabajo y en todos los asuntos burocráticos, no pierden su propio apellido. Por ejemplo, María es siempre María Villa, y Rocío, Rocío Blanco. Sin embargo, las personas que conocen más al marido, cuando hablan del matrimonio, utilizan el apellido del marido y dicen: **la señora** + apellido del marido o **la señora** + **de** + apellido del marido. Pero las personas que conocen más a la mujer no utilizan nunca el apellido de ésta cuando hablan del matrimonio.

El día de nuestra boda

7 Escribe en un papel seis nombres de personas que conoces (familiares, amigos, vecinos, compañeros de clase o de trabajo, etc.) y pásaselo a un compañero, que te hará preguntas para saber quiénes son.

Irene
Pablo
Mar
Nicolás
Diego
Eva

● ¿Y Mar quién es?
○ Es una amiga mía colombiana que vive en Bilbao.

Actividades **Unidad 3**

8 Zas Zas, S.L. es una empresa española que fabrica y vende camisetas. Éstos son algunos de sus empleados. Tu profesor va a preguntarte quién es cada uno o qué cargo tiene. Fíjate en el organigrama.

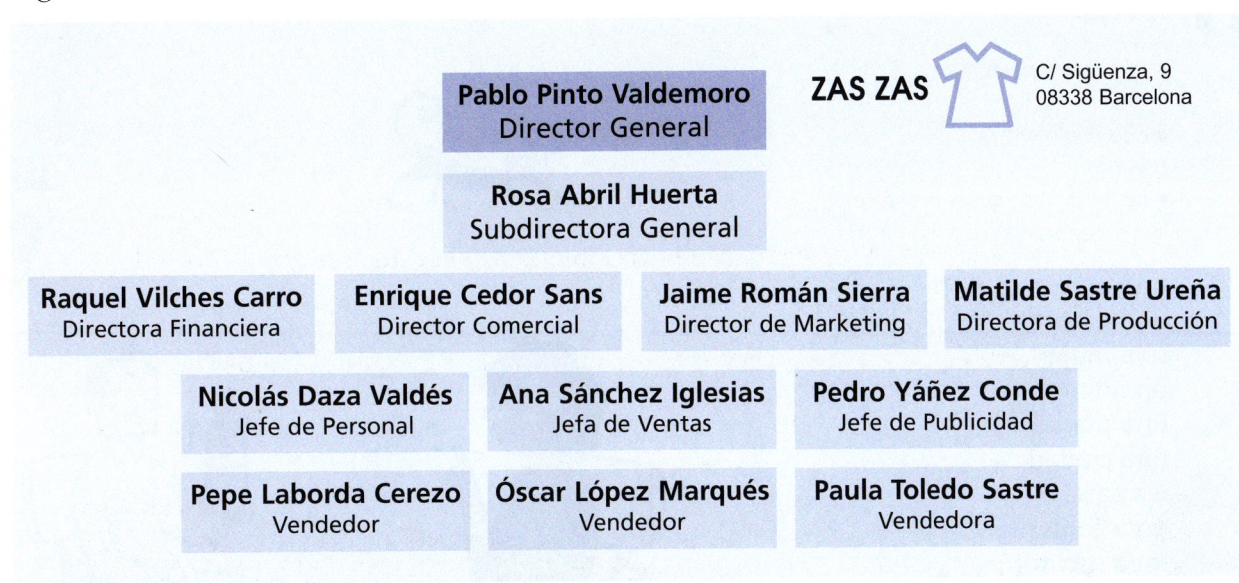

ZAS ZAS C/ Sigüenza, 9
08338 Barcelona

Pablo Pinto Valdemoro
Director General

Rosa Abril Huerta
Subdirectora General

Raquel Vilches Carro	Enrique Cedor Sans	Jaime Román Sierra	Matilde Sastre Ureña
Directora Financiera	Director Comercial	Director de Marketing	Directora de Producción

Nicolás Daza Valdés	Ana Sánchez Iglesias	Pedro Yáñez Conde
Jefe de Personal	Jefa de Ventas	Jefe de Publicidad

Pepe Laborda Cerezo	Óscar López Marqués	Paula Toledo Sastre
Vendedor	Vendedor	Vendedora

● ¿Quién es Pablo Pinto?
○ Es el Director General.
● ¿Y quién es la Jefa de Ventas?
○ Ana Sánchez.

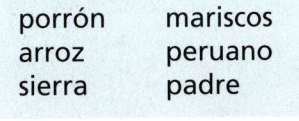

9 Las letras **r** y **rr** representan dos sonidos distintos en español. Escucha estas palabras y obsérvalo.

porrón   mariscos
arroz   peruano
sierra   padre

Muchas veces en español la letra **r** puede representar el sonido que, entre vocales, se escribe **rr**.

rica   deporte
Roma   Enrique
bailar   marketing

Observa que los dos sonidos son muy diferentes del sonido indicado por la letra **r** en otras lenguas (francés, alemán, inglés…). Para pronunciarlos en español, la lengua vibra, una vez o varias veces, en la parte anterior de la boca, apoyándose detrás de los dientes.

Trata ahora de observar qué sonido representan las letras **r** y **rr** en cada una de estas palabras.

Madrid   variado   importante
usar   vendedor   director
Argentina   riqueza   María
Berlín   hablar   azúcar
Perú   diferente   verde
carretera   Umberto   origen

Unidad 3 Actividades

10. ¿Jugamos a las adivinanzas? En grupos de tres, uno piensa en algo cuyo nombre en español todos podáis conocer o en alguien muy conocido por todos. Los demás tenéis que adivinarlo con preguntas. Atención: solo se puede responder **sí** o **no**. Pero primero escuchad cómo lo hacen en la cinta.

- ¿Es una persona?
- No.
- ¿Es una planta?
- No.
- ¿Es una cosa que sirve para...?
- ...

una persona
un hombre
una mujer
un animal
una planta
una ciudad
un país
un/a cantante
un/a escritor/a
un/a deportista
alemán/español/inglés/japonés...
un país de Europa/América...
un objeto de la clase
empieza con vocal/consonante/pe/ce...
tiene 4/5/7... letras

Para usar todo lo que hemos aprendido hasta ahora...

Hoy vamos a grabar un concurso sobre cosas y personas famosas de todo el mundo.

Formad tres grupos. Un grupo tiene que decidir las cosas o personas que va a definir. Para cada persona o cosa, este grupo dará tres informaciones.

Los otros dos grupos tienen que adivinar qué o quién es.

1 respuesta acertada con 1 pista = 100 euros
1 respuesta acertada con 2 pistas = 75 euros
1 respuesta acertada con 3 pistas = 50 euros
1 respuesta falsa = − 50 euros

Ejemplo:
- Es un futbolista.
- Es brasileño.
- Vive en España.

cuarenta

Unidad 4

Aprenderemos...

- a dar y a pedir información sobre nombres y apellidos

- a hablar de la procedencia, de la edad y de la profesión

- a describir el carácter de las personas

- los números del 20 al 100

- los verbos reflexivos

Unidad 4 Textos

1 Aquí tienes una serie de famosos españoles, con algunas informaciones sobre ellos. Escucha los diálogos con atención.

1 Álex Crivillé
Fecha de nacimiento: 1970
Lugar: Seva (Barcelona)
Profesión: motociclista
Aficiones: el Barça y descansar

2 Manuel Vázquez Montalbán
Fecha de nacimiento: 1939
Lugar: Barcelona
Profesión: escritor y periodista
Aficiones: la gastronomía

3 Joaquín Cortés
Fecha de nacimiento: 1969
Lugar: Córdoba
Profesión: bailarín
Aficiones: el cine

4 Penélope Cruz
Fecha de nacimiento: 1974
Lugar: Madrid
Profesión: actriz
Aficiones: el ballet

5 Lucía Etxebarría
Fecha de nacimiento: 1966
Lugar: Bermeo (Vizcaya)
Profesión: escritora y periodista
Aficiones: Internet

6 Enrique Iglesias
Fecha de nacimiento: 1975
Lugar: Madrid
Profesión: cantante
Aficiones: la comida cubana y conducir

7 Pedro Almodóvar
Fecha de nacimiento: 1949
Lugar: Calzada de Calatrava (Ciudad Real)
Profesión: director de cine
Aficiones: coleccionar discos antiguos

8 Miquel Barceló
Fecha de nacimiento: 1957
Lugar: Felanitx (Mallorca)
Profesión: pintor
Aficiones: el ajedrez

9 Montserrat Caballé
Fecha de nacimiento: 1933
Lugar: Barcelona
Profesión: cantante de ópera
Aficiones: la pintura

10 Antonio Banderas
Fecha de nacimiento: 1960
Lugar: Málaga
Profesión: actor
Aficiones: el fútbol y estar con la familia

11 Príncipe Felipe
Fecha de nacimiento: 1968
Lugar: Madrid
Licenciado en Derecho y Economía
Aficiones: la vela

42 ■ cuarenta y dos

Textos **Unidad 4**

¿Qué temas se tratan en los diálogos?
¿Cuáles crees que son algunos de los objetivos de esta unidad?

Hazle preguntas a un compañero para hacer una ficha como las de la página anterior. Pregunta a tu profesor o busca en el diccionario si no sabes algunas palabras.

2 Aquí tienes un artículo de una revista española donde se comentan las opiniones de los jóvenes españoles sobre la política, la economía, los derechos humanos, la libertad, el sistema educativo, la solidaridad, etc. Formula hipótesis sobre qué crees que opinan los jóvenes españoles de estos temas. Luego, léelo.

Los jóvenes en España

En primer lugar, hay que señalar que para los 1500 jóvenes españoles encuestados, las relaciones personales (el amor, los amigos), la salud, la paz y el dinero son las cosas más importantes.

Los padres son, para la mayoría, importantes también **porque** significan bienestar y cariño. Solo algunos jóvenes (el 14%) dicen que tienen problemas sociales.

En cuanto a la injusticia social, piensan que es un mal inevitable del progreso. **Sin embargo**, consideran que la economía es lo más importante de un país.

En general, la política no es importante para los jóvenes. Muchos creen que los políticos solo quieren votos y poder personal.

Respecto a los siguientes temas, la mayoría opina que:
- La Monarquía española es importante para el país.
- El sistema educativo español es malo, **así como** la sanidad.

- El ejército tiene que ser profesional.
- La paz y los derechos humanos son más importantes que la libertad.
- El amor a la naturaleza es más importante que el amor a la patria o a la religión.
- La solidaridad es un valor muy importante **aunque** la sociedad actual es cada vez más individualista.
- La fidelidad sexual es fundamental, **sobre todo a causa del** SIDA.
- La sociedad no hace mucho por los jóvenes.

Por último, hay que señalar que casi todos los encuestados (el 85%) dicen que son felices y el 50% dice que su vida es bastante buena y cómoda.

¿Tus hipótesis eran correctas?
¿Qué sabes ahora de los jóvenes españoles? Coméntalo con tus compañeros.

En este texto hay palabras que aún no conoces. Pero seguro que puedes deducir el significado de muchas a partir de otro idioma que sepas o del contexto en el que se encuentran. Haz una lista de diez palabras nuevas de las que deduces su significado.

Ahora vamos a analizar un poco de lengua. Mira la lista de palabras de la derecha. ¿Cuáles son sustantivos y cuáles, adjetivos? Luego di qué género y número tienen los sustantivos y con qué palabra o palabras concuerdan los adjetivos.

*importantes   educativo   sociedad
bienestar   ejército   fidelidad
sociales   amor   felices
sistema   solidaridad   cómoda*

Fíjate en las expresiones marcadas del texto. ¿Para qué crees que sirven?

cuarenta y tres ■ **43**

Unidad 4 Gramática

■ Verbos reflexivos

■ Algunos verbos se utilizan con unos pronombres llamados reflexivos: **me/te/se/nos/os/se**. Es el caso de **llamarse** y **dedicarse**. El pronombre y la terminación se refieren a la misma persona.

yo	**me**	llam**o**
tú	**te**	llam**as**
él, ella, usted	**se**	llam**a**
nosotros/as	**nos**	llam**amos**
vosotros/as	**os**	llam**áis**
ellos, ellas, ustedes	**se**	llam**an**

● ¿Cómo **os llamáis**?
○ Yo, Rosa.
■ Yo, Juan.

*En los diccionarios estos verbos llevan **-se** detrás del Infinitivo: **sentarse, levantarse**...*

■ Gentilicios

■ Los gentilicios pueden clasificarse en los siguientes grupos:

-ano/-ana	-ense	-eño/-eña	-és/esa	-í
colombiano/a	nicaragüense	panameño/a	holandés/esa	iraquí
peruano/a	canadiense	salvadoreño/a	escocés/esa	iraní
venezolano/a	estadounidense	hondureño/a	danés/esa	marroquí
ecuatoriano/a	costarricense	brasileño/a	francés/esa	paquistaní
italiano/a				
guineano/a				
mexicano/a				

■ Muchos, sin embargo, no pueden clasificarse:

sueco/a   austríaco/a   griego/a   belga
alemán/ana   suizo/a   chino/a   turco/a

■ Artículos y profesiones

■ En español, a diferencia de otras lenguas, normalmente no usamos el artículo cuando damos información sobre la profesión.

● ¿A qué se dedican?
○ Laura es cantante y Luis es mecánico.

■ Solo usamos el artículo cuando identificamos a alguien por su profesión.

● ¿Quién es Ángeles Mastretta?
○ Es **una** escritora mexicana muy buena.

■ Profesiones: formación del femenino

Algunos nombres de profesiones se emplean todavía en masculino para referirse a mujeres, pero con el artículo femenino.

la médico
la abogado
la juez

Sin embargo, se emplean cada vez más las formas en **-a** de nombres de profesiones tradicionalmente terminados en **-o**.

médic**a**
arquitect**a**
abogad**a**

También es cada vez más frecuente para los nombres de profesiones terminados en **-e** o en consonante la forma en **-a** para el femenino.

jefe	jef**a**
juez	juez**a**
presidente	president**a**

44 ■ cuarenta y cuatro

Gramática **Unidad 4**

■ Dar y pedir información personal

- ¿Cómo te llamas / se llama usted?
- Óscar Daza León.

- ¿A qué te dedicas / se dedica usted?
- **Soy** médico/estudiante/camarero…
  Trabajo en un banco / una tienda / una oficina…
  Estudio en la universidad / una escuela…

- ¿Cuántos años tienes / tiene usted?
- Veinte / Treinta y uno…

- ¿De dónde eres/es?
- **Soy** español/argentino…
  De Barcelona/Lima…

Nombre: Óscar
Apellidos: Daza León
Edad: … años
Lugar y año de nacimiento: Madrid, 1989
Nacionalidad: española
Profesión: estudiante
Domicilio: c/ Marsella, 24 - 4º C

*Fíjate en que en español para hablar de la edad usamos el verbo **tener**.*

Para nacionalidades que se presuponen conocidas, usamos el gentilicio:

inglesa, alemán, francesa…

Pero para pueblos o ciudades, o bien, para países poco conocidos en nuestra cultura solemos usar la construcción **de** + lugar de origen:

de Guadalajara
de San Sebastián
de Sierra Leona

■ Referirse a un conjunto o a una parte de un conjunto de personas

Todos/as los/las
La mayoría de los/las
Casi todos/as los/las
Muchos/as
Algunos/as
No muchos/as

peruanos/as
europeos/as
argentinos/as

- **La mayoría de los** jóvenes españoles está en contra de la globalización económica.

■ Los números compuestos: del 20 al 100

■ Solo la serie de veinte tiene una palabra específica para cada número. Las demás se forman con la construcción: decenas + **y** + unidades.

21	**veinti**uno/a	26	**veinti**séis
22	**veinti**dós	27	**veinti**siete
23	**veinti**trés	28	**veinti**ocho
24	**veinti**cuatro	29	**veinti**nueve
25	**veinti**cinco		

31	treinta **y** uno/a
42	cuarenta **y** dos
53	cincuenta **y** tres
64	sesenta **y** cuatro
75	setenta **y** cinco
87	ochenta **y** siete
98	noventa **y** ocho

2 335 743 = dos millones ~~y~~ trescientos/as treinta **y** cinco mil ~~y~~ setecientos/as cuarenta **y** tres

Unidad 4 Actividades

3 ¿Qué son y de dónde son estas personas y cosas? A ver quién sabe más.

• Elíades Ochoa es un músico cubano.

Coliseo

Elíades Ochoa

Corcovado

La Sirenita

Notre-Dame

4 Uno de vosotros va a dar información sobre una de las personas famosas del ejercicio 1, sin decir su nombre. Los demás, con los libros cerrados, vais a tratar de adivinar de quién está hablando.

• Es actriz, tiene ... años y es de Madrid.

Elige, ahora, a tres personajes famosos que te gustan o te interesan, reales o imaginarios, y haz fichas con sus datos, parecidas a las del ejercicio 1. Tus compañeros van a hacerte preguntas hasta adivinar quiénes son tus personajes.

un hombre
una mujer
un/a señor/a mayor
un/a chico/a joven
un/a anciano/a
un/a niño/a

• ¿Es un personaje real?
• ¿Cuántos años tiene?
• ¿De dónde es?

○ No sé, ocho o nueve. Es una niña.
○ No...
○ Es argentina.

46 ■ cuarenta y seis

Actividades **Unidad 4**

5 Después de leer el texto del ejercicio 2, podéis reuniros en pequeños grupos, de tres o cuatro estudiantes del mismo país, para estudiar cada tema del artículo y poneros de acuerdo sobre cuáles creéis vosotros que serían los resultados en una encuesta entre los jóvenes de vuestro país: ¿se parecerían?, ¿qué cambiaría?

- Yo creo que los alemanes...
- Yo estoy de acuerdo con Oliver.
- No, yo creo que no.
- Sí, eso es verdad.
- No, eso no es verdad.
- Exacto.

Luego, con las conclusiones, puedes escribir un texto como el del ejercicio 2, pero referido a los jóvenes de tu país. Te resultará práctico utilizar los recursos marcados, característicos de este tipo de texto escrito, que te ayudarán a organizar y a presentar los resultados.

6 Vas a escuchar a dos personas que hablan de los nombres y apellidos en los países de habla hispana. Trata de apuntar el mayor número posible de...

- nombres
- nombres familiares
- apellidos
- apellidos con **de**
- apellidos compuestos

cuarenta y siete ■ **47**

Unidad 4 Actividades

7 Lee el texto siguiente que trata sobre las formas de tratamiento **tú** y **usted**.

Tú y Usted

En español, como en otras lenguas, existen dos formas de tratamiento: **tú** y **usted**.

Usted se utiliza con los verbos y los pronombres en tercera persona del singular y **ustedes** con la tercera persona del plural. En español la forma de tratamiento **usted** se utiliza menos que en otras lenguas. El plural de **usted** es **ustedes** y el de **tú**, **vosotros**. Pero en Latinoamérica no se usa la forma **vosotros**: se usa **ustedes**. Además, en muchas regiones del Cono Sur y de Centroamérica, para la segunda persona del singular, se usa **vos**.

En España, en el mundo del trabajo, por ejemplo, entre colegas de igual o similar categoría, normalmente se utiliza **tú**. Entre personas jóvenes siempre se utiliza **tú** y muchas personas mayores se dirigen a los jóvenes hablándoles de **tú**, pero los jóvenes tienen que utilizar en muchos casos la forma **usted** (con médicos, policías, funcionarios, personas mayores...). En las escuelas y en las universidades, los profesores generalmente tutean a los estudiantes y la mayoría de profesores acepta el tuteo por parte de los estudiantes.

Imagina que estás en España. ¿Cómo tratarías a estas personas en una conversación? ¿De **tú** o de **usted**?

- Una amiga española de tu misma edad
- La abuela de un amigo tuyo español
- Un taxista
- Un médico en un hospital
- Una compañera de trabajo
- Un señor mayor (desconocido) en la calle
- Una profesora española de la universidad de 35 años

48 cuarenta y ocho

Actividades **Unidad 4**

8 Lee este artículo sobre los españoles.

Nosotros somos..., ellos son

De todos los países y pueblos hay una imagen más o menos tópica, más o menos real. Se dice, por ejemplo, que los españoles son apasionados, un poco perezosos y bastante desorganizados. Se dice también que son simpáticos, amables, demasiado habladores y un poquito dramáticos.

El irlandés Ian Gibson (hispanista que vive en España y tiene nacionalidad española), en su libro *Fuego en la sangre: la nueva España*, dice, además, que los españoles son ruidosos, sensuales, vitalistas e incapaces de escuchar durante mucho tiempo al interlocutor.

Por otra parte, los estereotipos sobre España han cambiado bastante en el extranjero. España, sin embargo, significa todavía, para algunos, playas y sol, flamenco y toros. Para otros, España se asocia todavía a una imagen arcaica y rural, heredada de la Guerra Civil (1936-1939) y de la dictadura franquista. De todas formas, la verdad es que cada vez más personas conocen la España de hoy: un país contradictorio y variado, tradicional y moderno, un país turístico pero también un país europeo, industrial y dinámico.

A lo mejor conocéis a algún español o habéis estado alguna vez en España. Discutid qué cosas del texto son verdaderas y cuáles son exageradas, inexactas o parciales.

cuarenta y nueve ■ **49**

Unidad 4 Actividades

Sobre todas las nacionalidades pesan muchos tópicos. Mira la siguiente lista de adjetivos y discute con tus compañeros sobre lo que se dice en tu país de: los franceses, los italianos, los ingleses, los alemanes, los argentinos, los estadounidenses, etc.

trabajadores/vagos
disciplinados/indisciplinados
progresistas/conservadores
falsos/honestos

racistas/no racistas
simpáticos/antipáticos
organizados/desorganizados
apasionados/fríos

abiertos/cerrados
solidarios/insolidarios
serios/divertidos
formales/informales

Puedes matizar tus puntos de vista utilizando las siguientes estructuras:

Algunos...
No todos los...
Muchos...
La mayoría (de los)...
Casi todos los...
Todos (los)...

muy
bastante
un poco
demasiado

- Yo creo que la mayoría de los franceses son muy trabajadores.
- Sí, es verdad.

*Atención: **un poco** solo se usa para cosas negativas.*

Es un poco complicado...

Ahora, con un compañero de la misma nacionalidad, discutid cómo creéis que os ven en el exterior.

Actividades Unidad 4

9 Estas siete personas se parecen bastante. Un compañero va a identificarse con uno de ellos y los demás tenéis que tratar de averiguar quién es, con el menor número de preguntas posible.

● ¿Cómo te llamas?
○ Raúl.
● ¿Y de apellido?

Raúl Fernández Sanz
24 años
fotógrafo
argentino
aficionado al tenis

Raúl Fernandes Sans
26 años
fotógrafo
argentino
aficionado al tenis

Raúl Fernández Sans
28 años
fotógrafo
chileno
aficionado al tenis

Raúl Fernandes Sanz
24 años
periodista
argentino
aficionado al fútbol

Raúl Fernandes Sanz
28 años
fotógrafo
chileno
aficionado al tenis

Raúl Fernandes Sanz
24 años
estudiante
chileno
aficionado al fútbol

Raúl Fernández Sans
24 años
fotógrafo
chileno
aficionado al tenis

10 La letra **c** junto a las vocales **e**, **i** y la letra **z** junto a las vocales **a**, **o** y **u**, y en final de palabra o de sílaba, representan el mismo sonido en español. Escucha estas palabras y obsérvalo.

príncipe	analizar	Sánchez
canciones	Venezuela	Vázquez
escocés	perezosos	arroz
policía	cabeza	paz

Fíjate en que este sonido no existe en algunas lenguas europeas (francés, alemán, italiano…) y en que lo más importante para su pronunciación es colocar la lengua entre los dientes. Muchos hispanohablantes (latinoamericanos y españoles del sur y de las Canarias), sin embargo, no realizan este sonido, ya que para ellos, las letras **c** y **z** en estas combinaciones representan el sonido que corresponde a la **s**. Es un fenómeno conocido como "seseo".

Unidad 4 Actividades

11 Observa este cartel. ¿Conoces todos los adjetivos?

Educación sexista

fuerte
activo
agresivo
inteligente
independiente
seguro
egoísta
duro

débil
pasiva
sensible
intuitiva
dependiente
insegura
generosa
tierna

♀♂
Igualdad entre los sexos en la educación

desarrollo parcial

¿Cómo eres tú? Explícalo al resto de la clase.
Escribe, ahora, un pequeño informe sobre cómo piensa la sociedad del siglo XXI que son las mujeres y cómo piensa que son los hombres. Puedes utilizar los recursos que ya conoces y los del texto del ejercicio 8 de esta unidad. Luego, podéis debatirlo entre toda la clase.

Para usar todo lo que hemos aprendido hasta ahora...

Para vuestra emisora vais a preparar hoy un programa de "Contactos".

Cada uno de vosotros rellena una de estas fichas y la entrega a los presentadores del programa. Los presentadores las leen y los demás anotan si hay algún anuncio que les interesa.

¿Quién ha encontrado a la persona que busca?

No os olvidéis de grabarlo.

PSEUDÓNIMO...
EDAD...
AFICIONES...
PROFESIÓN SOÑADA...
CARÁCTER...

Busca ☐ hombre
      ☐ mujer

☐ para viajar a...
☐ para trabajar en...
☐ para mantener amistad.
☐ para relación seria.
☐ para...

52 ■ cincuenta y dos

Unidad 5

Aprenderemos...

- a hablar de dónde están las cosas y las personas

- a pedir información en la ciudad y a entender rutas

- a entender y a realizar descripciones geográficas

- a dar y a pedir información sobre cantidades

- las partes de la casa y los muebles

Unidad 5 Textos

1 Este texto te va a servir para situar geográficamente España y algunas de sus regiones. Al leerlo, puedes ir identificando en el mapa la información que falta.

PENÍNSULA IBÉRICA

Tema 5

España es una península que está situada al sur de Francia y al norte de África. Al este está el mar Mediterráneo y al oeste, Portugal y el océano Atlántico. Al norte, entre Francia y España, están los Pirineos y el mar Cantábrico. España comprende, además, las Islas Baleares, en el Mediterráneo, y las Islas Canarias, en el Atlántico.

➡ El archipiélago canario está situado en el Atlántico Norte, a unos 1500 kilómetros al suroeste de la costa peninsular, enfrente de la costa sahariana, al borde del Trópico.
➡ Las Islas Baleares están situadas en el Mediterráneo, a unos 240 kilómetros al este de la Comunidad Valenciana.
➡ La Comunidad Autónoma de Madrid está en el centro de la Península Ibérica. Limita al norte y al oeste con Castilla y León y, al sur y al este, con Castilla-La Mancha. En esta comunidad está la ciudad de Madrid, la capital de España, situada, aproximadamente, en el centro de la comunidad. En el centro de Madrid, en la Puerta del Sol, está el kilómetro cero de todas las carreteras españolas.
➡ Cataluña está situada al noreste de la Península Ibérica. Esta comunidad consta de cuatro provincias: Barcelona, Tarragona, Girona y Lleida. Esta última provincia es la única que no está en la costa.
➡ Andalucía está en el sur de España. Al norte limita con Castilla-La Mancha y Extremadura, al este con Murcia, al oeste con Portugal y al sur, en su parte oriental, con el Mediterráneo, y en su parte occidental, con el Atlántico.

-28-

**Anota todas las expresiones que crees que sirven para situar un lugar geográficamente.
¿Cuál es el verbo que más se usa en este texto? ¿Para qué crees que sirve?
¿Puedes escribir todo el vocabulario referido a la geografía que hay en este texto?
¿Puedes anotar las expresiones que sirven para indicar distancia aproximada?**

¿Puedes situar las Islas Baleares, las Islas Canarias, Madrid, Andalucía, Castilla-La Mancha y Castilla y León?

Intenta explicar, ahora, dónde está situado tu país, tu región o tu ciudad.

Textos **Unidad** 5

2 Karl está pasando unos días en España y tiene que trabajar de repartidor de pizzas. La expedición a los Picos de Europa le ha pedido unas pizzas y él las tiene que llevar. Le han dado un plano y unas instrucciones. ¿A qué campamento tiene que ir? ¿Al 1, al 2 o al 3? En parejas, uno lee las instrucciones y el otro marca el recorrido.

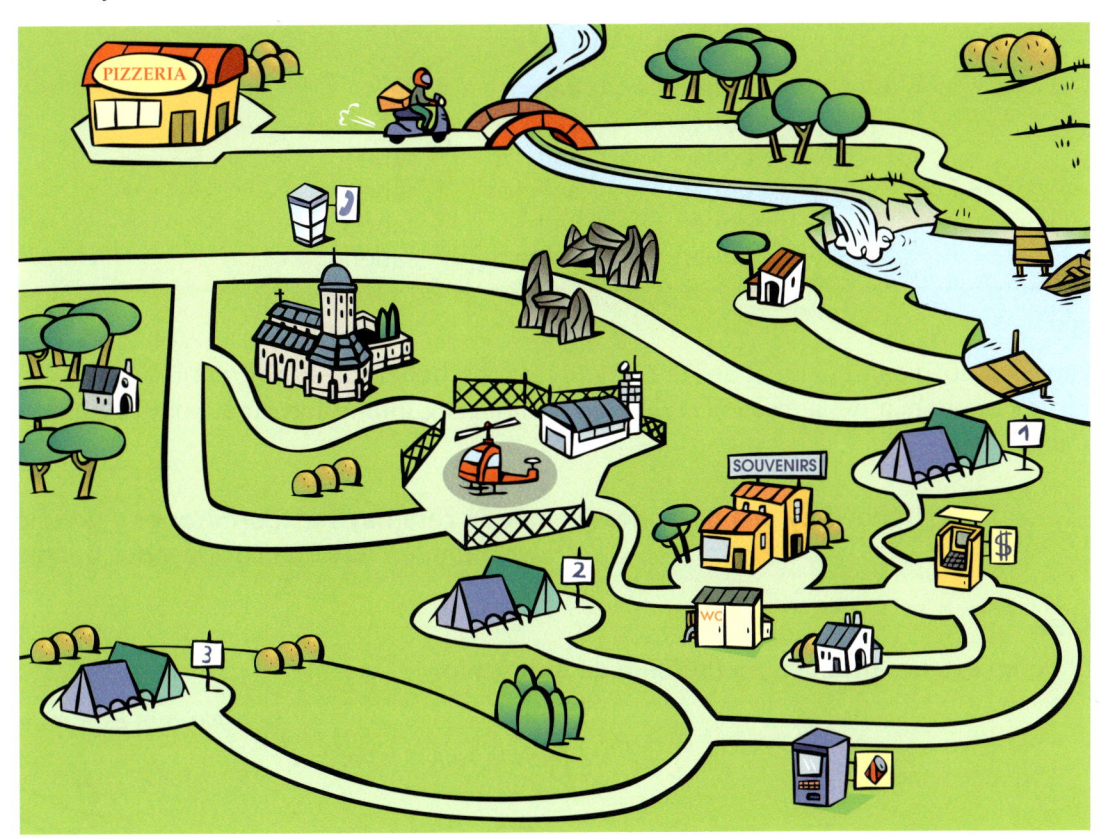

Sales de la pizzería y sigues **todo recto hasta** llegar al puente rojo. Cruzas el puente y, **pasado** el puente, sigues **todo recto**. Hay unos árboles. Pasas **entre** los árboles. **Después de** unas curvas, llegas a un lago. **A la derecha** hay una cascada. Cruzas el lago en barca. **Al otro lado** del lago hay dos caminos: uno **a la derecha** y otro **a la izquierda**. Tomas el camino de la izquierda y sigues **todo recto**. A un **kilómetro** aproximadamente, hay unas enormes rocas. Pasas **entre** las rocas y sigues **todo recto hasta** una cabina de teléfonos. **Pasada** la cabina, giras **a la izquierda**. Allí tienes dos posibilidades: 1) o tomas el primer camino **a la izquierda**, pasas **al lado de** un monasterio y, **pasado el** monasterio, sigues **todo recto hasta** la base de los helicópteros... 2) o **sigues recto** y vas directamente a la base de los helicópteros. Saliendo de la base, hay un camino que pasa por **delante de** una tienda de "souvenirs" que **enfrente** tiene unos lavabos. Pasas **entre** la tienda y los lavabos y sigues por ese camino **todo recto**. Llegas a un cajero automático. Allí hay tres caminos. Tienes que tomar el de **en medio**. Sigues por ese camino y **después de** la curva, **a quinientos metros**, hay una máquina de bebidas. **Pasada** la máquina, hay dos caminos: uno **a la izquierda** y uno **a la derecha**. Giras **a la izquierda** y, **al final**, **a un kilómetro** está el campamento.

¿Cuáles son los verbos más usados? ¿En qué tiempo están los verbos? ¿Para qué sirven? ¿Para qué crees que sirve el Presente del verbo haber? ¿Y el de tener que? Haz una lista de todas las expresiones que sirven para dar instrucciones.

cincuenta y cinco ■ 55

Unidad 5 Gramática

■ Presente de Indicativo: verbos irregulares

■ Algunos verbos, como **poner**, **salir** o **saber**, solo tienen irregular la primera persona del singular.

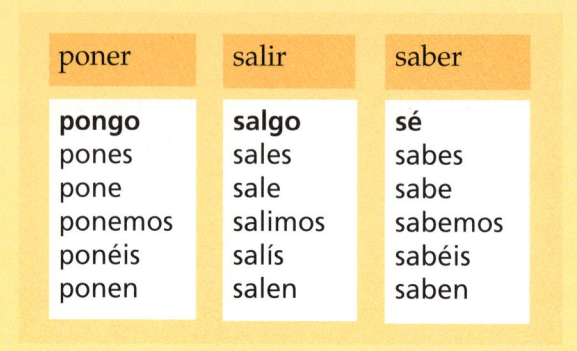

poner	salir	saber
pongo	**salgo**	**sé**
pones	sales	sabes
pone	sale	sabe
ponemos	salimos	sabemos
ponéis	salís	sabéis
ponen	salen	saben

■ Hay

■ **Hay** es la forma impersonal del Presente del verbo **haber**. Es una forma única y no tiene plural. Sirve para hablar de la existencia de algo y para preguntar o informar sobre algo que no se ha mencionado.

- ¿Dónde **hay** una gasolinera?
- En casa **hay** tres dormitorios y un salón. También **hay** una cocina y dos baños.

■ Estar

■ El verbo **estar** es irregular en Presente de Indicativo.

estar
estoy
estás
está
estamos
estáis
están

¿Está lejos la calle Mayor?

No, no. Está muy cerca.

■ Uno de los usos más frecuentes del verbo **estar** es situar en el espacio algo que se presupone que existe, que se conoce o que ya ha sido mencionado.

- ¿Dónde **está** la Plaza Mayor?
- ¿Hay un banco por aquí?
○ Mire, el Banconesto **está** a unos doscientos metros.

■ Verbos de movimiento y preposiciones

ir	a/hasta/en/por/de...a
pasar	por
viajar	en/por/hasta

- Para **ir de** Lisboa a Madrid, **pasas por** Badajoz.

Gramática Unidad 5

■ Artículos, adjetivos y pronombres indefinidos

artículos	adjetivos
un / una / unos / unas + sustantivo	ningún / ninguna + sustantivo algún / alguna / algunos / algunas + sustantivo otro / otra / otros / otras + sustantivo

- Mira, allí hay **un** bar.
- No hay **ningún** colegio por aquí.
- ¿Hay **alguna** iglesia en este barrio?

■ Cuando el nombre ya se ha mencionado o está claramente presente en el contexto, no lo repetimos y utilizamos el pronombre.

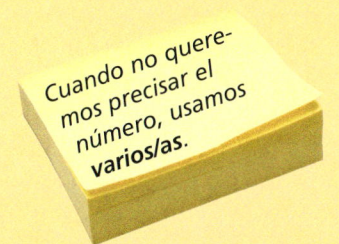

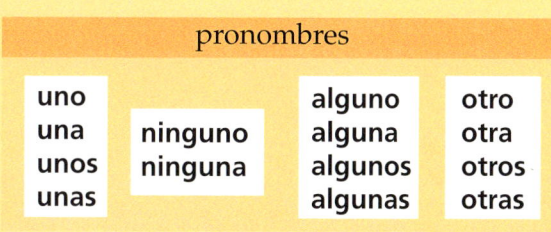

Cuando no queremos precisar el número, usamos varios/as.

pronombres

uno / una / unos / unas   ninguno / ninguna   alguno / alguna / algunos / algunas   otro / otra / otros / otras

Otro/a/os/as nunca se utilizan con el artículo indeterminado: ~~un~~ *otro*

- ¿Hay **algún** banco por aquí?
  ○ Sí, hay **varios**: **uno** en la esquina y **otro** cruzando la plaza.
- ¿Tienes un bolígrafo?
  ○ Pues no, no tengo **ninguno**.

■ La preposición **a**

■ Se convierte en **al** cuando está junto al artículo **el**: a + el = al

■ En muchos de sus usos la preposición **a** relaciona un elemento con otro (el que va detrás de la preposición), que se toma como punto de referencia espacial.

- Francia está **al** norte de España.

■ Sirve, también, para introducir la distancia respecto a un punto de referencia determinado.

- La panadería está **a** unos cien metros de aquí.

■ Otro de sus usos es introducir la idea de destino.

- Quiero ir **a** la Plaza de Colón. ¿Está lejos?

■ La preposición **en**

■ Sirve para indicar el lugar donde se encuentra algo.

- El diccionario está **en** mi habitación.
- El bolígrafo está **en** el cajón.
- Bilbao está **en** el norte de España.
- ¿Pones esto **en** el armario, por favor?

■ También la utilizamos para referirnos al medio de transporte.

| **en** tren | **en** avión | **en** coche | **en** barco |
| **en** metro | **en** bicicleta | **en** autobús | **en** moto |

Yo siempre voy a pie.

En cambio, se dice: **a** pie   **a** caballo

cincuenta y siete ■ 57

Unidad 5 Gramática

■ El Gerundio

■ Formación del Gerundio:

verbos en **-ar**	verbos en **-er/-ir**
-ando	**-iendo** Vocal + **-yendo**
llegar – lleg**ando** situar – situ**ando** dar – d**ando**	salir – sal**iendo** comer – com**iendo** leer – le**yendo**

Hay algunas excepciones: dormir - durmiendo, decir - diciendo...

■ Uno de los usos del Gerundio es dar instrucciones en rutas con verbos de movimiento.

● **Subiendo** por aquí está la catedral.
○ ¿Y la Plaza Mayor?
● ¿La Plaza Mayor? **Bajando** esta calle, a la derecha.

■ **Estar** + Gerundio

■ Un recurso para explicar dónde está una persona en un determinado momento es referirse a la actividad que está realizando. Para ello se usa la construcción **estar** + Gerundio.

● ¿Y los niños?
○ Juan **está estudiando** y María **está bañándose**.

■ Situar un elemento respecto a otro

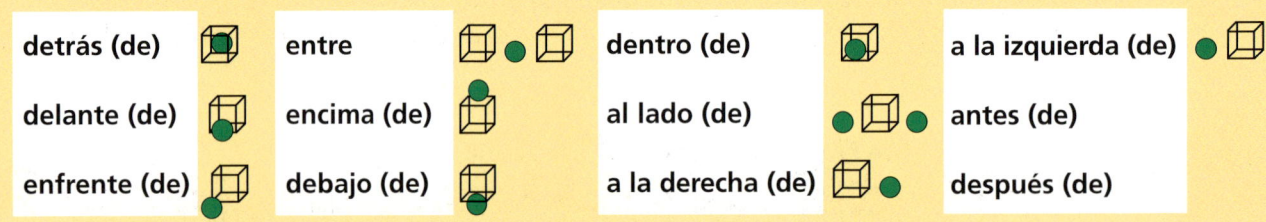

detrás (de)	entre	dentro (de)	a la izquierda (de)
delante (de)	encima (de)	al lado (de)	antes (de)
enfrente (de)	debajo (de)	a la derecha (de)	después (de)

■ Preguntar por la cantidad: ¿**Cuántos/Cuántas**…?

¿**Cuántas** cas**as** hay?

¿**Cuántos** árbol**es** hay?

Para sustantivos incontables, usamos cuánto/a: ¿Cuánto café quieres?

■ Pedir información

Para dirigirnos a alguien y llamar su atención, utilizamos:	Perdona/Perdone, Oye/Oiga	● **Perdona**, ¿el Banco BCN?
Para preguntar por una dirección o por un lugar:	¿Para ir a…?	● Perdone, ¿**para ir** al centro?
Y para preguntar por la existencia de algo:	¿Hay un/una… cerca?	● ¿**Hay una** farmacia **cerca**?
Cuando buscamos algo que sabemos que existe:	¿El/la…?	● ¿El Bar Paco, por favor?

58 ■ cincuenta y ocho

Actividades **Unidad 5**

3 Éste es un mapa de Centroamérica y parte de Sudamérica y Norteamérica. Míralo detenidamente. Luego, el profesor describe la situación de una ciudad y vosotros tenéis que adivinar cuál es.

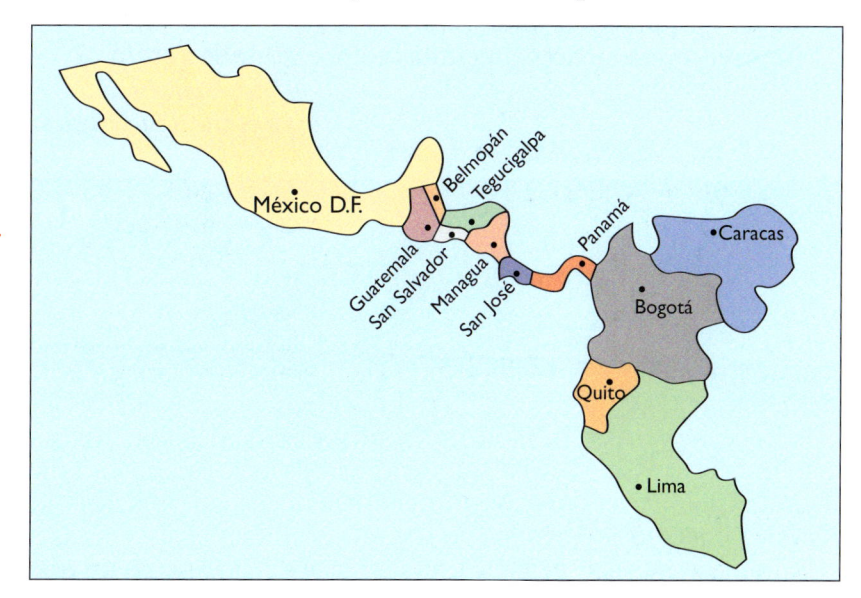

● Está entre Managua y Panamá.
○ San José.

Ahora, el profesor pregunta la situación de uno de los lugares y uno de vosotros responde.

● ¿Dónde está Bogotá?
○ Bogotá está al este de Panamá y al norte de Quito.

4 Éste es el mapa de una región imaginaria. Fíjate en las palabras que aparecen. Luego, un compañero, sin el libro, va a dibujar la región en la pizarra. Los demás debéis ayudarle dándole indicaciones.

● Debajo de la cordillera hay un lago. A la derecha del lago hay...

Ahora, en parejas, vais a hacer lo mismo con alguna región que conozcáis bien.

Unidad 5   Actividades

5 Tú y tu compañero estáis buscando información sobre algunos lugares de interés de México. Habéis conseguido unos cuantos folletos y estáis interesados en saber dónde están algunos lugares y qué hay en cada sitio.

Tu profesor va a hacer preguntas como: ¿Dónde está/n...?
¿Qué hay en...?
¿Dónde hay un/una/Ø...?

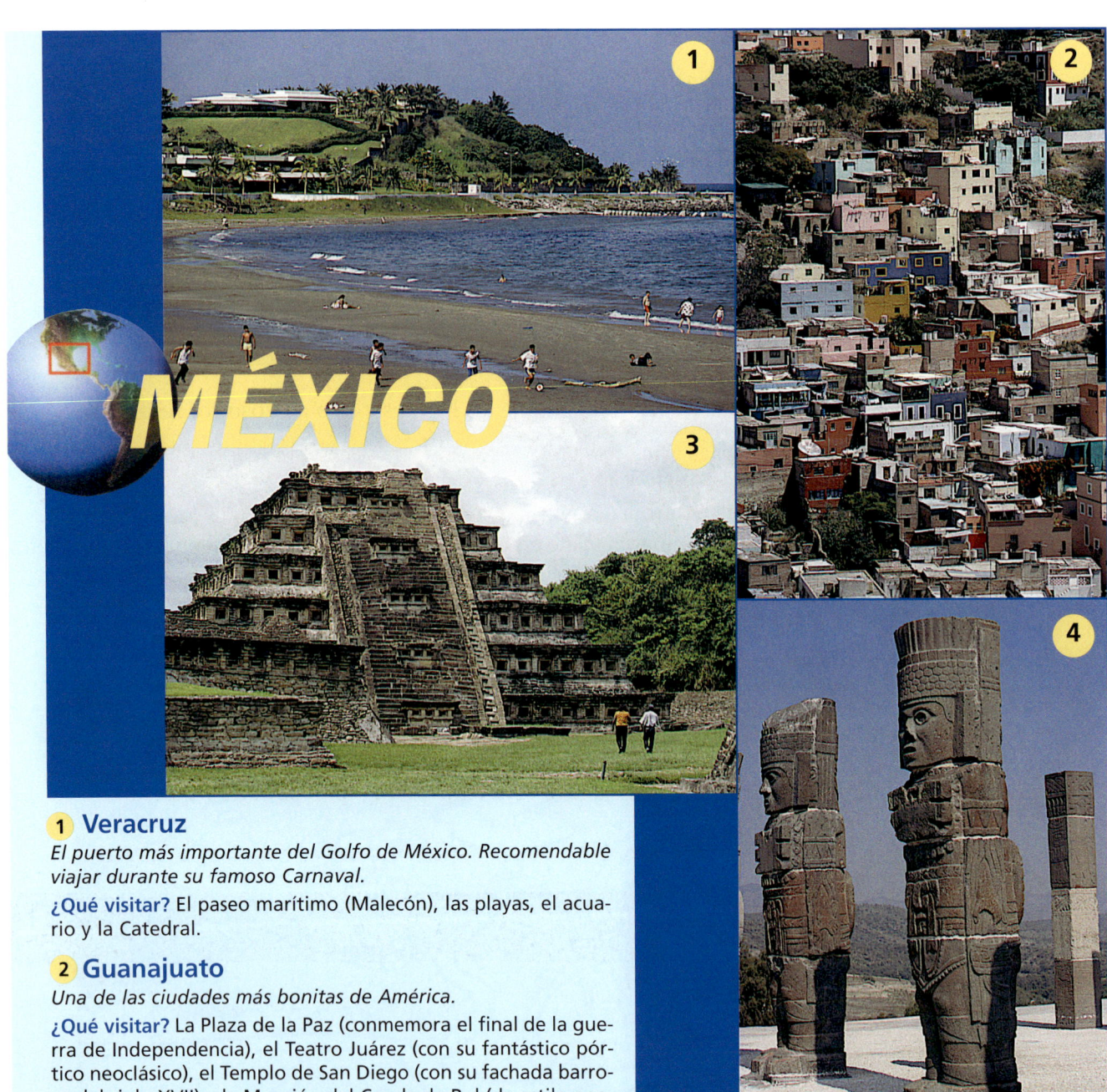

MÉXICO

① Veracruz
El puerto más importante del Golfo de México. Recomendable viajar durante su famoso Carnaval.
¿Qué visitar? El paseo marítimo (Malecón), las playas, el acuario y la Catedral.

② Guanajuato
Una de las ciudades más bonitas de América.
¿Qué visitar? La Plaza de la Paz (conmemora el final de la guerra de Independencia), el Teatro Juárez (con su fantástico pórtico neoclásico), el Templo de San Diego (con su fachada barroca del siglo XVII) y la Mansión del Conde de Rul (de estilo neoclásico).

③ El Tajín
Antigua ciudad prehispánica del estado de Veracruz.
¿Qué visitar? Pirámides y templos con relieves, tableros, frisos y pinturas murales. Destaca la Pirámide de los Nichos (foto) con 365 nichos, el número de días del año solar.

④ Tula
Zona arqueológica del estado de Hidalgo.
¿Qué visitar? Destaca la pirámide de cinco terrazas con columnas con forma de guerreros, conocidas como los "Atlantes de Tula" (foto).

Actividades **Unidad 5**

6 A ver qué tal haces deducciones… ¿Dónde crees que se compran estas cosas?

pan	una droguería
perfumes y cosméticos	una pastelería
carne	una papelería
pasteles y dulces	una carnicería
periódicos	una panadería
papel y bolígrafos	una frutería
medicamentos	una perfumería
gasolina	una gasolinera
productos de limpieza	una farmacia
fruta	una librería
libros	un quiosco
tabaco	un estanco

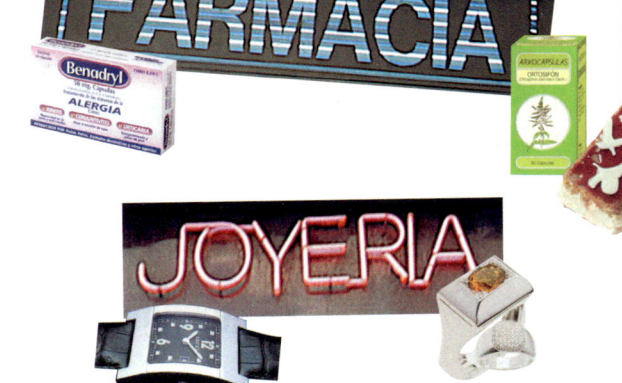

• El pan se compra en la panadería.

¿Cómo crees que se llaman las tiendas donde venden joyas? ¿Y pescado? ¿Y zapatos?

Ahora, lee este texto sobre los nombres de tiendas en diferentes países del mundo hispano.

Tiendas…

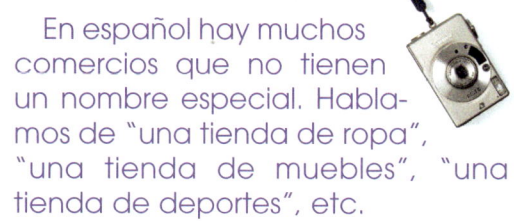

En español hay muchos comercios que no tienen un nombre especial. Hablamos de "una tienda de ropa", "una tienda de muebles", "una tienda de deportes", etc.

El nombre de algunas tiendas cambia según el país. En España, por ejemplo, se habla del "super" o del colmado, en México de las misceláneas, en Venezuela de los abastos, en el Perú de los chinos, en Chile de las ferias y en Argentina de los almacenes. Todas ellas son tiendas donde venden alimentos y productos de uso cotidiano.

sesenta y uno ■ **61**

Unidad 5 Actividades

7 Estas cosas existen en casi todas las ciudades españolas.

la Plaza de Toros
la Plaza de España
la Catedral (solo en grandes ciudades)
la iglesia de San... o de Santa...
el campo/estadio de fútbol
la calle Colón o la estatua de Colón
la Plaza Mayor o calle Mayor
el Ayuntamiento
la Gran Vía
Correos
el casco antiguo
la estación de trenes o de autobuses

↑ **Correos**
◉ **Catedral**
Ayuntamiento →
Plaza de Toros →

Si sabes que existe todo esto, ¿cómo preguntarás dónde está cada uno de estos lugares? Pregúntaselo a tu compañero. Pero si buscas una oficina de banco, un supermercado, una librería, ¿cómo preguntarás dónde están?

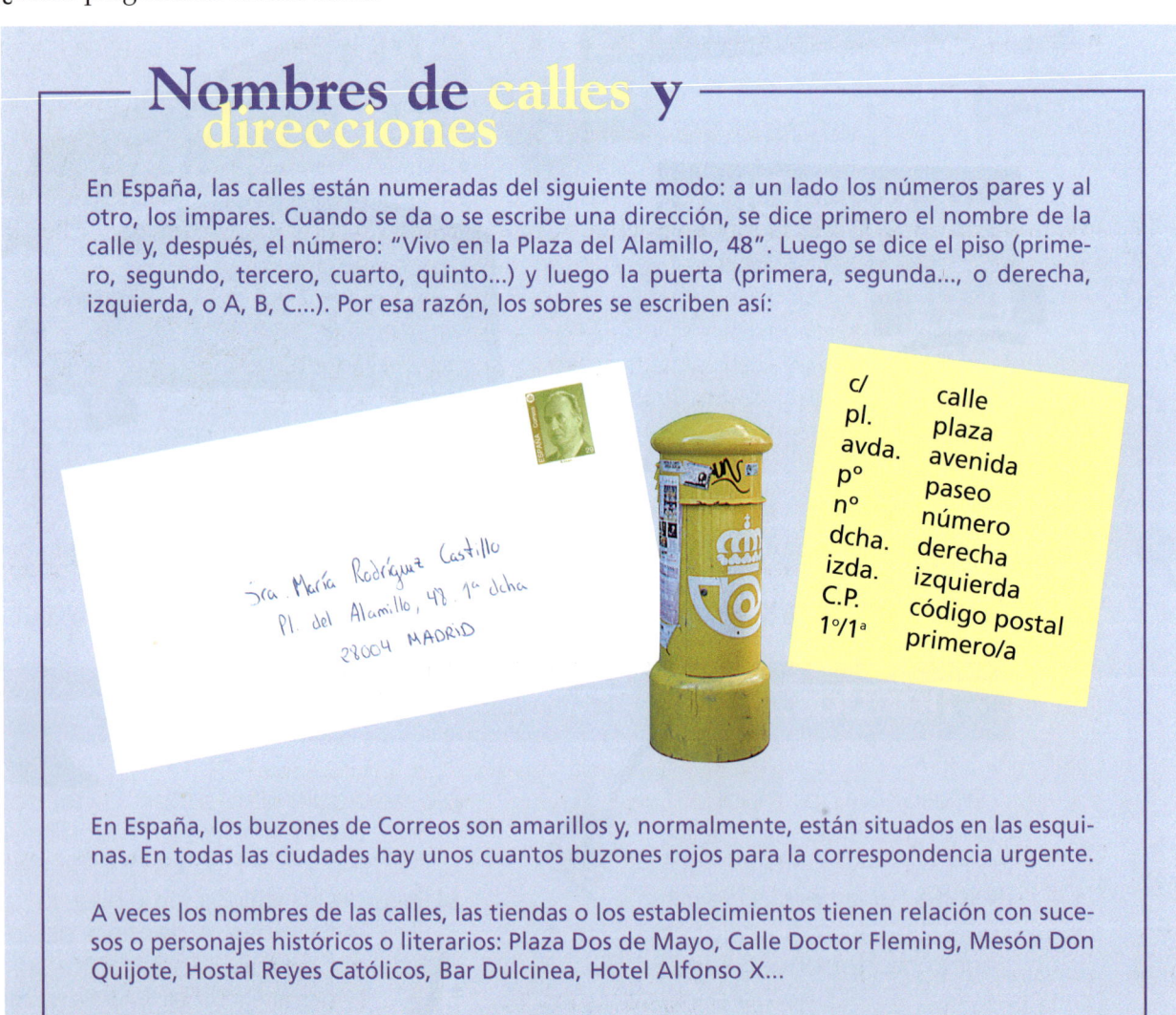

Nombres de calles y direcciones

En España, las calles están numeradas del siguiente modo: a un lado los números pares y al otro, los impares. Cuando se da o se escribe una dirección, se dice primero el nombre de la calle y, después, el número: "Vivo en la Plaza del Alamillo, 48". Luego se dice el piso (primero, segundo, tercero, cuarto, quinto...) y luego la puerta (primera, segunda..., o derecha, izquierda, o A, B, C...). Por esa razón, los sobres se escriben así:

Sra. María Rodríguez Castillo
Pl. del Alamillo, 48. 1ª dcha
28004 MADRID

c/	calle
pl.	plaza
avda.	avenida
pº	paseo
nº	número
dcha.	derecha
izda.	izquierda
C.P.	código postal
1º/1ª	primero/a

En España, los buzones de Correos son amarillos y, normalmente, están situados en las esquinas. En todas las ciudades hay unos cuantos buzones rojos para la correspondencia urgente.

A veces los nombres de las calles, las tiendas o los establecimientos tienen relación con sucesos o personajes históricos o literarios: Plaza Dos de Mayo, Calle Doctor Fleming, Mesón Don Quijote, Hostal Reyes Católicos, Bar Dulcinea, Hotel Alfonso X...

Con un compañero, haz una lista de cosas que hay en cualquier ciudad de tu país. ¿Qué es igual? ¿Qué es diferente?

Actividades **U n i d a d 5**

8 Estos turistas se han perdido en Sevilla. ¿Puedes ayudarles a llegar a la Plaza de Toros de la Maestranza? ¿Y a la calle Velarde? ¿Y a la calle Varflora?

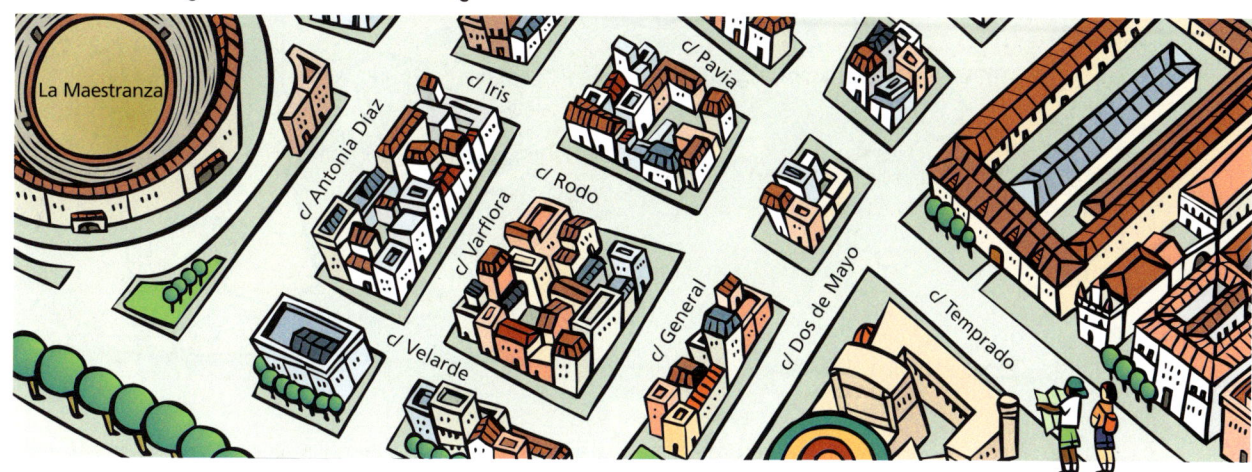

Para organizar tus explicaciones puedes usar: | Primero… | Después… | Luego… |

Para dar indicaciones sobre una ruta, puedes usar el Presente de estos verbos:
seguir (por)
tomar
cruzar
girar
ir

• Primero, tomáis la calle… y después,…

9 Imagina que estás de vacaciones en Sevilla. ¿Cómo formularías preguntas para poder llegar a estos sitios?

la Giralda	a un policía
la isla de la Cartuja	a un joven de 17 años
el Hotel Manolete	a una señora de 40 años
el barrio de Santa Cruz	a un camarero de unos 20 años

• Oiga, ¿para ir a La Giralda, por favor?

Ahora, en parejas, uno formula preguntas sobre establecimientos próximos al centro donde estudiáis y el otro indica cómo llegar.

| una agencia de viajes | una oficina de Correos |
| un supermercado | un estadio de fútbol |

• Perdona, ¿hay algún supermercado por aquí cerca?
o Sí, mira, cruzas la calle y giras la primera a la derecha.

10 Unos jóvenes explican dónde está su casa. Reconstruye las informaciones que dan relacionando estos elementos.

en Santa Fe de Bogotá	en Mirasierra	un pueblo cerca de Madrid
en la Moraleja	en la Colonia del Valle	cerca del barrio del Pilar
en Santiago de Chile	cerca del aeropuerto de Barajas	en el norte de Madrid
en la Ciudad de México	en Vitacura	un pueblo a los pies de la Cordillera, cerca del río Mapocho
en Madrid	en Pozuelo de Alarcón	cerca del Hotel de México
en Somosaguas	en un barrio	al norte de Bogotá

Unidad 5 Actividades

11 Éste es el dormitorio de David. Está un poco desordenado. ¿Puedes contestar a las preguntas?

Labels in image: póster, despertador, lámpara, mesilla, estantería, almohada, mesa, cajón, silla, armario, cama, papelera

Encima de la cama, ¿qué hay?
Al lado del armario, ¿qué hay?
Dentro del cajón de la mesilla, ¿qué hay?
Debajo de la silla, ¿qué hay?

En la estantería, ¿qué hay?
En la pared, ¿qué hay?
Entre la lámpara y la estantería, ¿qué hay?
En el suelo, ¿qué hay?

Haz una lista con todo el léxico que hay aquí referido a muebles y a objetos de decoración, y señala el género de cada palabra.

Ahora, explícale a tu compañero qué hay en tu dormitorio y dónde está cada cosa.

• Mi ordenador está encima de la mesa, al lado de la ventana. La cama está contra la pared, enfrente del armario.

12 Éste es el armario de David. Míralo bien para poder contestar a las preguntas.

¿Cuántos / ¿Cuántas
- guitarras
- relojes
- gafas de sol
- faldas
- libros
- discos de vinilo
- camisetas
- televisores
- raquetas de tenis

hay y dónde están?

Para contestar puedes usar:
Hay uno/una/dos/tres...
No hay ninguno/ninguna.
Hay uno/una... y otro/otra...

Haz, ahora, una lista con todo el léxico que hay aquí referido a prendas de vestir y señala el género de cada palabra.

64 ■ sesenta y cuatro

Actividades **Unidad 5**

13 Ahora vais a trabajar en parejas. Uno de vosotros acaba de mudarse y el otro lo está ayudando a instalarse. Uno pregunta dónde tiene que poner las cosas y el otro se lo explica.

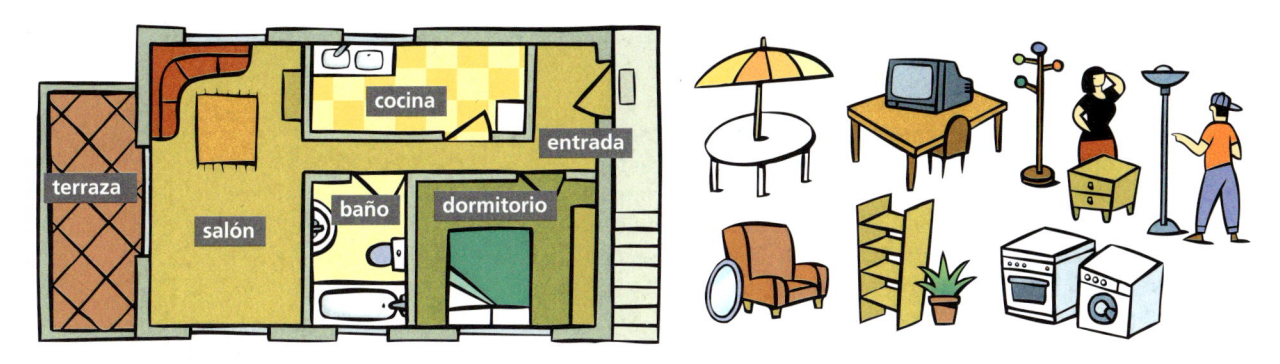

- ¿Dónde pongo la lámpara?
- En el salón, al lado del sofá.

14 ¿Dónde están y qué están haciendo estas personas? Toma notas y compara tus conclusiones con las de dos compañeros.

Petra	cabina de teléfonos
Gabriel	cuarto de baño
Marcos y Cecilia	supermercado
Alfonso	biblioteca
los niños	oficina
Carlos	garaje
Bautista	su dormitorio

- Petra está en la oficina, trabajando.

Explica, ahora, dónde están en estos momentos tus mejores amigos y tu familia. ¿Qué crees que están haciendo?

15 Fíjate en que el sonido representado por las letras **d** y **g** es distinto en las palabras de cada una de las columnas.

comprender	lado
directamente	panadería
Guinea	lago
jungla	Portugal

En las palabras de la derecha, los sonidos representados por las letras **d** y **g** son mucho más suaves. Observa también que, en estas palabras, las letras **d** y **g** están siempre entre dos vocales.

Fíjate ahora en palabras que contienen las letras **b** y **v**.

Valencia   Barcelona   buzón   vídeo

¿Has observado que las dos letras representan en español el mismo sonido? ¿Qué letra lo representa en tu lengua?

Fíjate en que este sonido también es mucho más suave cuando se encuentra entre vocales. ¿Existe este sonido en tu lengua?

lavabo   nevera   avión   cabina

sesenta y cinco **65**

Unidad 5 Actividades

16 Si lees este texto, podrás conocer muchas cosas que hay en Buenos Aires.

24 horas
Un día en Buenos Aires

Un paseo por Buenos Aires es una experiencia inolvidable. Se puede empezar la visita por el centro histórico de la ciudad: la Plaza de Mayo. Aquí están la Casa Rosada, sede del poder ejecutivo nacional, la Catedral Metropolitana y el Banco Nación. Luego, siguiendo por la Avenida de Mayo, se puede entrar a tomar un café o a desayunar en uno de los lugares más tradicionales de la ciudad: el café Tortoni, el más antiguo de Buenos Aires. Caminando unas calles más adelante, la Avenida de Mayo se cruza con la Avenida 9 de julio. Al fondo a la derecha se puede ver el símbolo de la ciudad: el Obelisco. Allí se puede tomar la Avenida Corrientes, donde hay muchos cines y teatros, por eso se la conoce también como el "Broadway" de Buenos Aires. Aquí se pueden visitar todo tipo de librerías y disquerías. Bajando se llega a la calle peatonal Florida, donde hay todo tipo de comercios. Es casi obligatoria la visita a las Galerías Pacífico: además de comprar, se pueden contemplar los frescos pintados en su cúpula. Durante el paseo, en cualquier rincón hay quioscos donde comprar caramelos, chocolates o riquísimos alfajores.

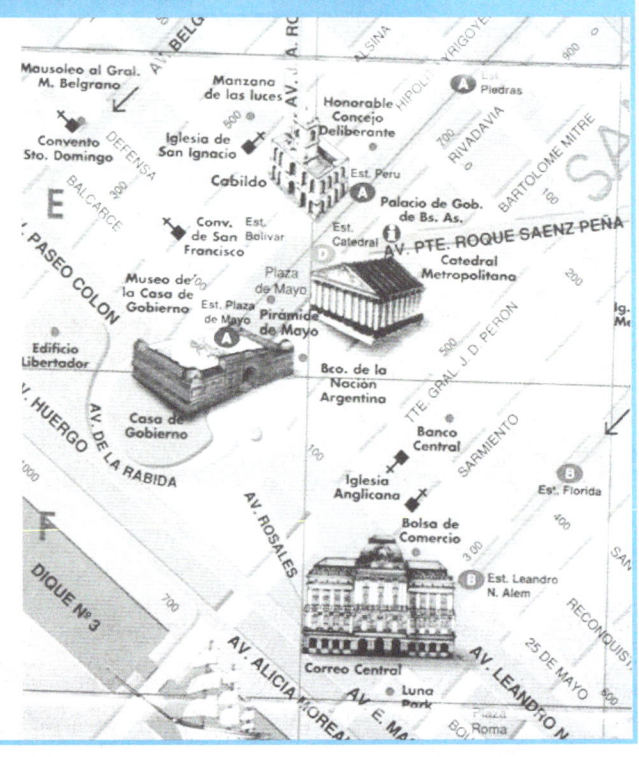

Imagina que estás en Buenos Aires. Tienes poco tiempo. ¿A qué cinco lugares que salen en el texto vas a ir?

Para usar todo lo que hemos aprendido hasta ahora...

En vuestra emisora de radio queréis promocionar algunas regiones de vuestro país para que las personas que hablan español las conozcan. Elegid una región o una ciudad y escribid un pequeño texto para un programa de viajes.

Hay que explicar:
- dónde está,
- qué cosas interesantes hay y dónde están,
- qué ruta se puede hacer: cuántos kilómetros, por dónde pasar, etc.

Durante el programa, anunciaréis también algunas tiendas. Inventad nombres para ellas y haced cuñas publicitarias. No os olvidéis de grabarlo.

Unidad 6

Aprenderemos...

- a establecer comparaciones

- a hablar de materiales y del funcionamiento de las cosas

- a hablar de precios

- algunas diferencias entre el español de España y el de América

- los Presentes irregulares más frecuentes

Unidad 6 Textos

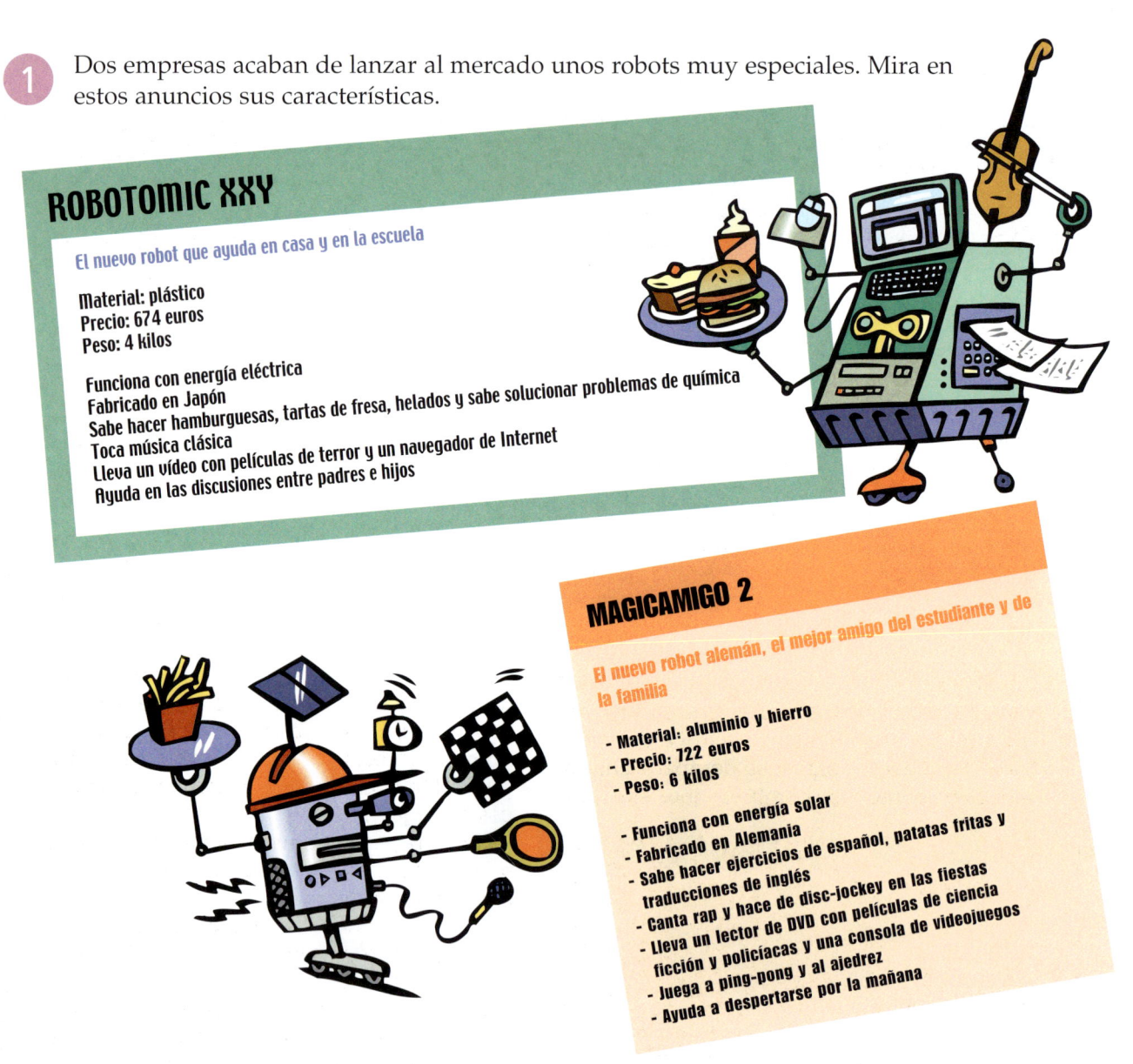

1 Dos empresas acaban de lanzar al mercado unos robots muy especiales. Mira en estos anuncios sus características.

ROBOTOMIC XXY

El nuevo robot que ayuda en casa y en la escuela

Material: plástico
Precio: 674 euros
Peso: 4 kilos

Funciona con energía eléctrica
Fabricado en Japón
Sabe hacer hamburguesas, tartas de fresa, helados y sabe solucionar problemas de química
Toca música clásica
Lleva un vídeo con películas de terror y un navegador de Internet
Ayuda en las discusiones entre padres e hijos

MAGICAMIGO 2

El nuevo robot alemán, el mejor amigo del estudiante y de la familia

- Material: aluminio y hierro
- Precio: 722 euros
- Peso: 6 kilos

- Funciona con energía solar
- Fabricado en Alemania
- Sabe hacer ejercicios de español, patatas fritas y traducciones de inglés
- Canta rap y hace de disc-jockey en las fiestas
- Lleva un lector de DVD con películas de ciencia ficción y policíacas y una consola de videojuegos
- Juega a ping-pong y al ajedrez
- Ayuda a despertarse por la mañana

Escucha a estas personas que expresan sus preferencias por uno u otro. ¿Cuántas prefieren a Robotomic? ¿Cuántas a Magicamigo?

Ahora, compáralos de una manera más sistemática.

¿Cuál de los dos es más ecológico?
¿Cuál de los dos es más barato?
¿Cuál de los dos pesa menos?
¿Dónde se fabrican?
¿Cuál sabe hacer más cosas?
¿Qué tipo de música saben tocar?
¿Qué tipo de películas llevan?

Ahora ya puedes argumentar cuál prefieres y por qué. Discútelo con tu compañero.

● Yo prefiero el ROBOTOMIC XXY porque sabe hacer helados, toca música clásica y es más barato.
○ Yo no. Yo prefiero el MAGICAMIGO 2 porque sabe hacer ejercicios de español y es más ecológico.

68 ■ sesenta y ocho

Textos **Unidad 6**

2 Lee este texto sobre la lengua española.

EL ESPAÑOL DE **ESPAÑA** Y EL ESPAÑOL DE **AMÉRICA:**
Una lengua, muchas lenguas

No se habla igual en Madrid, en Sevilla, en Buenos Aires o en México D.F. Tampoco se habla igual dentro de una misma ciudad, por ejemplo en el barrio de Salamanca o en Vallecas, en Madrid.

En un mismo país no hablan igual los campesinos, los obreros, los estudiantes o los escritores. Incluso tampoco hablan igual dos familias distintas de un mismo pueblo.

Lógicamente, una lengua como el español, hablada por muchas personas y en muchos países, presenta diferencias en las distintas regiones donde se habla.

Algunos sonidos no se pronuncian de la misma manera. Por ejemplo, las eses finales: en Andalucía, en la costa argentina o venezolana o en Chile, se aspiran o desaparecen. Una expresión como "los hombres", por ejemplo, se pronuncia en algunas regiones "loombre" o "lohobreh".

También hay diferencias en el léxico, sobre todo en las palabras de uso cotidiano. Veamos un ejemplo: un "plátano" español es una "banana" en Argentina, un "cambur" en Venezuela, y un "guineo" en otros lugares.

También existen algunas diferencias en la gramática. Un buen ejemplo es la segunda persona del plural de los verbos y de los pronombres ("vosotros"), que no se usa en la lengua hablada de muchos países. En su lugar se usa "ustedes".

Por otra parte, hay que señalar que las diferencias (fonéticas, léxicas o sintácticas) son más importantes en la lengua familiar y mucho más pequeñas en la lengua literaria o culta, que es muy parecida en todos los países hispanohablantes.

Cualquier hablante de español que viaja a otro país descubre enseguida que hay algunas diferencias, pero que lo entiende casi todo. Descubre también que no hay variantes mejores o peores, que no es mejor el español de Argentina, de España o de Cuba. Descubre que pueblos con culturas distintas, con una historia distinta, usan la misma lengua: el español.

Señala en el texto todos los recursos que sirven para comparar.

¿Se habla igual en el Norte que en el Sur de tu país?
¿Cuáles son las diferencias: pronunciación, léxico…?
¿Se habla igual en los diferentes barrios de tu ciudad?

Ahora vas a escuchar a una mexicana, una colombiana y una chilena. Dan algunos ejemplos de las diferencias de las que habla el texto. Toma notas y luego compáralas con las de tu compañero.

sesenta y nueve ■ **69**

Unidad 6 Gramática

■ Algunos Presentes irregulares

■ Algunos verbos de uso muy frecuente tienen formas irregulares en el Presente: la última vocal de la raíz se transforma en diptongo cuando está en la sílaba fuerte.

e - ie	o - ue	e - i	u - ue (en el verbo jugar)
prefer**ir**	p**o**der	s**e**guir	jugar
pref**ie**ro	p**ue**do	s**i**go	j**ue**go
pref**ie**res	p**ue**des	s**i**gues	j**ue**gas
pref**ie**re	p**ue**de	s**i**gue	j**ue**ga
prefer**i**mos	p**o**demos	s**e**guimos	jugamos
prefer**í**s	p**o**déis	s**e**guís	jugáis
pref**ie**ren	p**ue**den	s**i**guen	j**ue**gan
empezar	costar	servir	
pensar	acostarse	pedir	
querer	mover	medir	
sentir	dormir		

¡Atención! La primera y la segunda persona del plural nunca presentan irregularidades.

■ Preguntas con ¿qué?, ¿cuál?/¿cuáles?

¿**Qué** + verbo?	No hay referencia a ninguna categoría.	• ¿**Qué** compramos?
¿**Qué** + sustantivo + verbo?	La persona que habla plantea la elección dentro de una categoría.	• ¿**Qué** disco compramos?
¿**Cuál/cuáles** + verbo?	Las dos personas saben de qué hablan y quieren hacer una selección dentro de esa categoría.	• ¿**Cuál/Cuáles** prefieres?

¿Cuáles prefieres?

Yo éstos.

■ Numerales

■ Para formar números complejos hay que tener en cuenta:

cien + mil/millones	**ciento** + decenas y unidades
100 000 = cien mil	108 = ciento ocho
100 000 000 = cien millones	152 = ciento cincuenta y dos

■ Recuerda que solo ponemos **y** entre las decenas y las unidades.

845 634 952 = ochocientos cuarenta **y** cinco millones seiscientos treinta **y** cuatro mil novecientos cincuenta **y** dos

■ Dar y pedir información sobre el precio

¿**Cuánto cuesta** éste / un billete / ir de Madrid a Roma…?
¿**Cuánto cuestan** estos pantalones / las gafas…?

Cuando queremos saber el precio de lo que hemos consumido o comprado, preguntamos: ¿Cuánto es?

cantidades exactas	cantidades aproximadas
Mil dólares	**Unos** mil dólares
Trescientos reales	**Unos** trescientos reales
Cien euros	**Unos** cien euros

Gramática **Unidad 6**

■ Hablar del material

- ●¿De qué es/son?
- ○ **Es/son de** plástico/madera/tela/hierro/aluminio/oro/plata/lana/algodón/cuero...

■ Comparar

En Sevilla hace más calor y llueve menos que en Londres.

¿Cuál es la diferencia entre éste y el otro / estos dos ?

Son
- (casi) iguales
- muy/bastante parecidos/as
- muy / un poco / bastante / completamente diferentes/distintos

Sí, es verdad, en Londres hace más frío y llueve más.

| Funcionan / Hablan | igual | Cuestan / Hacen | lo mismo | Es **igual que** el mío |

| Éste / Madrid | es | un poco / bastante / mucho | **más** / **menos** | grande / caro | **que** | el otro / Barcelona |

| Éste / Ésta | es | **mejor** / **peor** | (que el/la otro/a) |

| | Éste | dura / gasta | **más** / **menos** |
| | | funciona / va | **mejor** / **peor** |

| Éstos / Éstas | son | **mejores** / **peores** | (que los/las otros/as) |

■ Contrastar informaciones

- ● La XX2 es japonesa.
- ○ La YY7, **también**.

- ● La DD6 es alemana.
- ○ La XX2, **no**.

- ● La DD6 no es japonesa.
- ○ La XX2, **sí**.

- ● La DD6 no es japonesa.
- ○ La CC8, **tampoco**.

CC8 — Made in USA
XX2 — Made in Japan
YY7 — Made in Japan
DD6 — Made in Germany

setenta y uno ■ 71

Unidad 6 Actividades

3 En las oficinas del gobierno regional hay un lío tremendo con los datos de estos tres pueblos. Tienes las siguientes informaciones.

g r gobierno regional

Los pueblos se llaman: Arenales, Cabalet y Apila.
Dos de los pueblos tienen el mismo número de habitantes.
El más grande de los pueblos tiene 6000 habitantes.
El más grande de los tres pueblos tiene 3000 habitantes más que los otros.
Uno de los pueblos tiene 3 iglesias, 6 bares, 2 médicos y 1 escuela.
El más grande de los pueblos tiene 3 iglesias, 5 bares, 1 médico y 3 escuelas.
Uno de los pueblos tiene 4 iglesias, 8 bares, 1 médico y 2 escuelas.
Solamente uno de los pueblos está en la costa.
El pueblo que tiene más bares es Apila.
Uno de los pueblos está a 2000 metros y el otro a 470 metros.
El pueblo que está en la costa tiene 2 escuelas.
El pueblo más alto se llama Arenales.
El pueblo que tiene más escuelas se llama Cabalet.

Intenta averiguar de cada pueblo: dónde está (a qué altura) y cuántas iglesias, cuántos bares, cuántos médicos, cuántas escuelas y cuántos habitantes tiene.

Ahora, coméntalo con tus compañeros para ver si tenéis las mismas soluciones. Después, en grupos, preparad cuatro preguntas para comparar los pueblos. Luego, formuladlas a otro grupo.

• ¿Cuál es el pueblo más grande?
○ Cabalet.

4 Un periodista ha escrito algunas opiniones sobre la vida y las costumbres de los argentinos y las características del país. Una revista lo ha publicado. Léelo.

Los argentinos
gente y lugares

- Los argentinos comen mucha carne.
- En Argentina la medicina pública no funciona muy bien.
- Los argentinos se acuestan tarde: a las once o a las doce de la noche.
- Los argentinos desayunan muy poco. Algunos toman solo un café o un café con leche.
- La mayoría de los jóvenes argentinos se encuentra con sus amigos en la calle.
- En las grandes ciudades el tráfico es bastante desordenado. Hay muchos atascos.
- En Argentina hay muchos climas distintos: en Iguazú hay un clima tropical y en la Patagonia, por ejemplo, hace mucho frío.
- Los argentinos van mucho al teatro y al cine.
- Los argentinos son fanáticos del fútbol.
- Los argentinos hablan todos al mismo tiempo y en voz muy alta.
- Los argentinos gesticulan mucho.
- Muchos jóvenes argentinos fuman.
- Muchos argentinos pasan sus vacaciones de verano en la costa.

Actividades **Unidad** 6

Ahora, compara Argentina con tu país respecto a los temas del texto. Puedes usar construcciones como:

| **Eso** | en mi país
aquí
allí | (no) es | **como** en Argentina
igual (**que** en Argentina)
casi igual (**que** en Argentina)
bastante diferente
muy diferente
completamente diferente |

| La gente de mi país
Aquí
En mi país | **sí**
no
también
tampoco |

5 En Madrilona, una imaginaria ciudad española, estas cosas cuestan aproximadamente…

un zumo	1 euro
unos vaqueros	55 euros
una entrada de cine	4,20 euros
una hamburguesa	3 euros
unas zapatillas de deporte	48 euros
un café	0,8 euros
un billete de autobús	1 euro
un CD	18 euros
el alquiler de un piso de tres habitaciones	770 euros

En tu país, ¿qué es más barato y qué es más caro? Discute tus opiniones con tus compañeros.

• En mi país unos vaqueros cuestan unos… O sea que…

6 ¿Cuáles de estas cosas prefiere tu compañero? Para preguntar y responder puedes usar:
Si señalas los objetos…   Si no señalas los objetos…

• ¿Cuál/cuáles prefieres?   • ¿Qué … prefieres?
◦ Éste/ésta/éstos/éstas.   ◦ Éste/ésta/éstos/éstas.

• ¿Qué coche prefieres?
◦ Éste, el negro.

setenta y tres ■ **73**

Unidad 6 Actividades

7 A ver quién puede resolver antes estas operaciones.

Doce + ocho – dos : tres x cien = **seiscientos**

Veinticinco x cuatro : diez + dieciséis = ?

Sesenta y tres – cincuenta + siete + ochenta = ?

Trescientos diez + cuarenta - uno = ?

Diez mil : dos – mil quinientos + doscientos cincuenta = ?

+ más
- menos
x (multiplicado) por
: dividido por
= son / es igual a

8 Escucha a unos colombianos, mexicanos y chilenos que opinan sobre algunos temas que afectan a los jóvenes de sus países y, luego, contesta a las preguntas. ¿A qué país se parece más el tuyo?

¿Los jóvenes van a discotecas?
¿Los estudiantes viven con los padres?
¿Hay muchos problemas entre padres e hijos?
¿Hacen deporte los jóvenes? ¿Cuáles?

• En mi país eso es como en Colombia.

9 Antón y Martín son dos hermanos gemelos, pero no se parecen mucho. Mira sus habitaciones y busca las diferencias que crees que hay entre los dos hermanos en el carácter, las costumbres, las aficiones, etc. A ver quién encuentra más diferencias.

Antón   **Martín**

Para contrastar informaciones utilizamos a menudo la partícula **en cambio**.

• Antón es muy desordenado, en cambio, Martín es bastante más ordenado, creo.

74 ■ setenta y cuatro

Actividades **Unidad 6**

10. ¿Eres un consumidor "verde"? ¿Te preocupa el medio ambiente? Lee con atención el texto y decide qué opción es más ecológica en cada caso. Discútelo con un compañero.

Reducir, reutilizar, reciclar. Es la llamada ley de las tres erres, una ley muy importante para el consumidor "verde". Dentro de este principio, hay que seguir el siguiente orden de prioridades: *reducir* el consumo es mejor que *reutilizar*, y reutilizar es mejor que *reciclar*... Reducir significa aquí "no consumir por consumir".

¿Qué es mejor?

En las tiendas...
¿Pedir bolsas de plástico o llevar una bolsa de tela de casa?
¿Comprar productos en lata o frescos?
¿Comprar bebidas en botellas de plástico o de cristal?

En casa...
¿Usar trapos de cocina o papel de cocina?
¿Usar gas o calefacción eléctrica?
¿Tirar las botellas en un contenedor de basura o llevarlas a la tienda?
¿Comer platos precocinados o cocinar uno mismo?
¿Usar *sprays* o botellas?

En la calle, en el país...
¿Ir en bicicleta o en coche?
¿Educar a la gente o prohibir cosas?

● Yo creo que, en general, es mejor educar a la gente que prohibir cosas.

11. Entre toda la clase habéis decidido hacer un curso intensivo de español este verano. Tenéis información de estas tres escuelas y tenéis que poneros de acuerdo sobre cuál es la mejor, porque queréis ir juntos. Discutidlo en grupos de tres y, luego, comentadlo con el resto de la clase.

ESF ESCUELA SIN FRONTERAS
Cursos de 2 semanas (60 horas)
➤ Profesorado joven y especializado
➤ Situación: Cancún (México)
➤ Laboratorio de idiomas
➤ Objetivos: aprender a comunicarse en situaciones de la vida cotidiana
➤ Precio: 825,50 euros
➤ Actividades optativas: clases de cocina mexicana y de *windsurf*
➤ Proyección de películas en español
➤ Enseñanza complementaria con ordenadores
➤ Grupos de 7/8 alumnos por clase

CENTRO GRAMALEX
español para extranjeros
■ Cursos de 4 semanas (80 horas)
■ Situación: Córdoba (Argentina)
■ Objetivos: enseñar gramática y mucho vocabulario
■ Especial atención a la lengua escrita
■ Precio: 637,25 euros
■ Actividades complementarias: conferencias sobre temas de actualidad
■ Clases de historia y de literatura argentinas
■ Servicio de alojamiento con familias argentinas (no incluido en el precio)
■ Grupos reducidos: 5/6 alumnos por clase

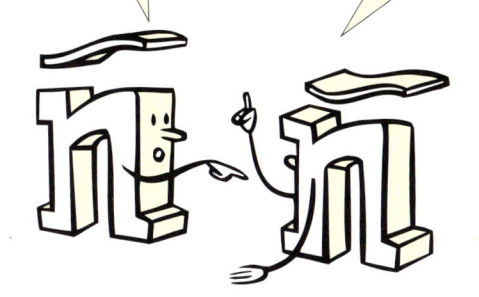

¿Tú cuál prefieres?

Yo creo que es mejor ir a ... porque...

ACADEMIA DE ESPAÑOL olé
– Cursos de 1 semana (35 horas)
– Situación: Sevilla (España)
– Objetivos: aprender español y pasar unas vacaciones divertidas
– Precio: 815 euros
– Actividades complementarias: clases de flamenco, equitación y tenis
– Visitas a Granada, Córdoba y Cádiz
– Biblioteca y laboratorio de idiomas
– Grupos de 12 alumnos por clase

Unidad 6 Actividades

12 Lee con atención estos datos sobre Argentina y México. Compáralos e intenta sacar conclusiones y responder a las preguntas.

Tiempo de Economía

ARGENTINA

Datos básicos

Capital:	Buenos Aires
Moneda:	peso
Superficie:	3 761 274 km²
Población:	36 millones
Densidad:	13 h/km²
Crecimiento anual de la población:	0,3%
Esperanza de vida:	74,1
Analfabetismo:	4%

La población

Hombres:	49%
Mujeres:	51%
Rural:	11%
Urbana:	89%

Grupos de edad

Menos de 15	31%
De 15 a 65	60%
Más de 65	9%

La economía

PNB per cápita:	8100 US$

Empleo

Población activa:	14 millones
	38%

Estructura del empleo

Industria	24%
Agricultura	14%
Servicios	62%

MÉXICO

Datos básicos

Capital:	México D.F.
Moneda:	peso
Superficie:	1 972 183 km²
Población:	100 millones
Densidad:	43 h/km²
Crecimiento anual de la población:	1,5%
Esperanza de vida:	73,4%
Analfabetismo:	12,4%

La población

Hombres:	50%
Mujeres:	50%
Rural:	28%
Urbana:	72%

Grupos de edad

Menos de 15	37%
De 15 a 65	59%
Más de 65	4%

La economía

PNB per cápita:	8500 US$

Empleo

Población activa:	35 millones
	35%

Estructura del empleo

Industria	22%
Agricultura	26%
Servicios	52%

-5-

¿Cuál de los dos países es más grande?
¿Cuál tiene más habitantes?
¿Cuál tiene más actividad industrial?
¿Cuál tiene una población más joven?

Comenta otras diferencias y compara estos dos países con el tuyo.

Actividades **Unidad 6**

13 Diez periodistas han hecho un estudio aproximativo de los precios de distintos productos y servicios de siete ciudades. En parejas, formulad frases comparándolos. Ganan los que escriban más frases correctas en tres minutos.

De compras

	Madrid	Londres	París	Berlín	Río de Janeiro	Buenos Aires	Amsterdam
Alimentación:							
1 litro de leche	0,84	1,68	0,99	0,74	0,42	0,63	0,81
Una barra de pan	0,48	0,84	0,64	1,42	0,34	0,45	1,29
Transportes:							
Billete metro/bus	0,90	3,75	1,21	1,64	0,52	0,54	1,36
Vivienda (alquiler):							
Piso 100 m^2 (centro)	721,21	2409,63	1676,93	1073,71	522,58	375	909
Piso 100 m^2 (periferia)	480,80	1506,10	990,91	818,06	232,26	325	500
Entradas para:							
Teatro	15,02	16,86	16	22,45	17,41	15,65	12
Fútbol	20	28	22,86	33,23	14	9	25
Cine	4,20	10	7,16	5,62	4,06	7,25	6,81
Gastos sociales:							
Café en el centro	0,90	2,10	1,52	3,32	0,52	1,08	1,59
Copa en bar nocturno	4	6,02	7,62	9,71	2,61	6	3,36
Cerveza	1,20	3,31	1,98	2,42	1,04	3,67	1,25
Tabaco	2,04	5	3,20	2,85	0,92	2,58	2,95
Periódico	0,75	1,50	1,06	1,40	0,69	0,72	0,79
Gastos diversos:							
Novela	12,02	13,86	8,62	24,54	16,26	13,32	18,13
CD	16	20,50	18,29	19,42	13,93	18	18,15
Videojuego	42,07	50,44	38,11	25,05	34,84	54	22,72
Llamada (1 minuto)	0,07	0,14	0,10	0,12	0,11	0,22	0,08
Preservativos	7,21	9,63	7,62	6,20	1,04	1,87	2,04

Cifras en euros

● Una barra de pan es más cara en París que en Buenos Aires.
○ Sí, pero una entrada para el cine cuesta más o menos lo mismo.

setenta y siete

Unidad 6 Actividades

14 Como ya hemos visto en otros apartados de esta misma unidad, la pronunciación del español varía de un país a otro. La realización de muchos sonidos es distinta, pero las mayores diferencias entre las distintas variedades del español están en la entonación. Escucha estas frases y compara la entonación.

España

En las grandes ciudades el tráfico es un caos.

¿Cuánto cuestan estos pantalones?

Perú

En las grandes ciudades el tráfico es un caos.

¿Cuánto cuestan estos pantalones?

Observa que, aunque son las mismas frases, los perfiles de las curvas entonativas son diferentes.

Para usar todo lo que hemos aprendido hasta ahora...

En vuestra emisora hay un programa que se llama "Pueblos y costumbres". En grupos vais a preparar el guión de un programa dedicado a los hispanohablantes que quieren viajar a vuestro país o a vuestra región. Hay que explicarles las costumbres más generalizadas de vuestro país o región y compararlas con lo que sabéis de los países de habla hispana.

Podéis hablar, entre otros temas, de:
- el clima,
- los precios y la economía,
- los idiomas que se hablan,
- los hábitos de los ciudadanos (alimentarios, comunicativos, de ocio…).

Podéis sacar ideas sobre posibles temas de las actividades 4, 12 y 13 de esta unidad y de unidades anteriores. No os olvidéis de grabarlo.

Unidad 7

Aprenderemos...

- a describir el aspecto físico y el carácter de las personas

- a comparar personas por su aspecto, su carácter y su edad

- a identificar en un conjunto por la forma, el color, el lugar y la marca

- a expresar relaciones de posesión

- otros Presentes irregulares

Unidad 7 Textos

1 ¿Por qué no lees este texto? Es la primera página de una novela policíaca.

Lola, detective

Me llamo Dolores, pero todo el mundo (tanto mis amigos como en el trabajo) me llama Lola. Vivo en Madrid y soy detective privada. Lo que es bastante raro porque, en España, no es como en las películas de la tele. En la tele o en el cine hay muy pocos detectives y menos, "detectivas". Cuando la gente tiene problemas, va a la policía, a casa de un amigo, al psiquiatra o a la iglesia. O sea, que no tenemos muchos clientes... Digo "no tenemos" porque tengo dos socios. La agencia es mía, y de Paco y de Miguel, mis socios. Los tres somos madrileños y tenemos la misma edad: treinta y cinco años.

Paco es gordito, bajito y calvo, pero, sin embargo, tiene un éxito enorme con las mujeres y cada semana tiene una novia diferente, casi siempre extranjera. Siempre está de muy buen humor y es muy buena persona. Y lo que es peor: se enamora constantemente... Mi otro socio, Miguel, es completamente diferente, especialmente en el tema del amor. Es muy tímido y, cuando tiene que salir con una chica, se pone enfermo. Yo no lo entiendo: es un hombre atractivo, alto, moreno, inteligentísimo y también, como Paco, muy buena persona.

En mi oficina también trabajan Margarita y Feliciano. Margarita es la secretaria. Es una chica simpatiquísima, bastante despistada, y que, además, tiene un problema: su novio, Tony. Para ella, Tony es más guapo que Tom Cruise. Tony, en realidad, es bastante feo y solo mide 1'50. Pero no importa. Ella le llama por teléfono diez veces al día. Y el teléfono de nuestra oficina, naturalmente, siempre comunica.

Feliciano es el chico de los recados, el mensajero. Tiene diecinueve años, es muy blanco, muy delgado y un poco bizco. Pero es un artista: escribe poemas de amor, que tiene escondidos en su mesa; poemas de amor para Margarita. Cuando habla con ella, se pone colorado como un tomate y se olvida de todo lo que tiene que hacer. Resumiendo: un equipo fantástico.

A veces, muy pocas veces, tenemos clientes y casos interesantes. La verdad es que trabajar en nuestra agencia es muy emocionante. Ahora, por ejemplo, trabajamos para Sabina Ríos de Monte, la mujer de Claudio Monte, un cantante muy famoso que, en estos momentos, nadie sabe dónde está. Su mujer y su casa discográfica lo buscan. Pero mis socios y yo ya sabemos dónde encontrarlo.

Textos **Unidad 7**

Escribe toda la información que tienes sobre cada personaje (nombre, edad, trabajo, aspecto físico y carácter).

Luego, contesta a estas preguntas consultando el texto y mirando la imagen.

¿Quién es el del bigote?
¿Quién es el que lleva un paquete?
¿Quién es la del teléfono?
¿Quién es el de la fotografía?
¿Quién es el del jersey blanco?
¿Quién es la morena del pelo corto?

¿Qué nuevas construcciones se utilizan en todas estas preguntas para identificar a alguien? ¿Cuándo crees que se utilizan?

2 Rodrigo trabaja en el guardarropa de una discoteca. Fíjate en el color de las prendas que aparecen en la imagen. Cuando cierran, todo el mundo sale al mismo tiempo y le pide sus abrigos. Escucha la grabación y enumera cada prenda de la ilustración en el orden en el que la piden los clientes.

azul   gris   marrón   rojo   amarillo   verde   negro

Fíjate en que todos hablan de dos tipos de cosas: chaquetas y abrigos. **Para identificarlos usan una serie de palabras y estructuras. Escucha de nuevo los diálogos y trata de fijarte en cómo son estas palabras y estructuras. Apúntalas.**

ochenta y uno ■ 81

Unidad 7   Gramática

■ Presentes irregulares

■ Todos los verbos terminados en **-acer**, **-ecer**, **-ocer** y **-ucir** (menos **hacer** y **cocer**) tienen la primera persona del Presente de Indicativo irregular en **-zc-**.

parecerse	conocer	traducir	otros verbos
me pare**zc**o	cono**zc**o	tradu**zc**o	parecer
te pareces	conoces	traduces	crecer
se parece	conoce	traduce	conducir
nos parecemos	conocemos	traducimos	producir
os parecéis	conocéis	traducís	reducir
se parecen	conocen	traducen	

■ Adjetivos y pronombres posesivos

■ Los adjetivos posesivos aluden a la propiedad de algo.

Recuerda que en español los posesivos concuerdan en género y número con las cosas poseídas y no con el poseedor.

mi clase			
tu abrigo			
su pueblo		**su** casa	La casa de usted
nuestro piso	**nuestra** casa		La casa de Ana
vuestro hotel	**vuestra** ciudad		La casa de Jaime
su maleta			La casa de Ana y Jaime

mis hermanos			
tus maletas			
sus libros		**sus** casas	Las casas de ustedes
nuestros papeles	**nuestras** notas		Las casas de Ana
vuestros exámenes	**vuestras** chaquetas		Las casas de Jaime
sus pasaportes			Las casas de Ana y Jaime

■ Cuando en una situación de comunicación no queda claro a quién se refiere el posesivo de tercera persona **su/sus**, usamos **de** + nombre.

el pueblo **de** Ana   los libros **de** Jaime   los pasaportes **de** Ana y Jaime

■ Cuando ya está claro de qué estamos hablando, y no queremos repetir el sustantivo, usamos el artículo y el pronombre posesivo.

el mío	la mía	los míos	las mías
el tuyo	la tuya	los tuyos	las tuyas
el suyo	la suya	los suyos	las suyas
el nuestro	la nuestra	los nuestros	las nuestras
el vuestro	la vuestra	los vuestros	las vuestras
el suyo	la suya	los suyos	las suyas

● ¿Tienes **mi** chaqueta?
○ No, **la tuya** no. Solo tengo **la mía**.

■ Para informar sobre el propietario de algo, usamos estas mismas formas, pero sin artículo.

¿De quién es/son...?

Mío/a/os/as
Tuyo/a/os/as
Suyo/a/os/as
...

● ¿**De quién son** estos discos?
○ **Nuestros**.

Gramática **Unidad 7**

■ Identificar en un conjunto: pronombres demostrativos

■ En español hay tres grados de distancia en los adjetivos y pronombres demostrativos.

cerca del que habla	cerca del que escucha	lejos de ambos
éste	ése	aquél
ésta	ésa	aquélla
éstos	ésos	aquéllos
éstas	ésas	aquéllas

Recuerda que los adjetivos demostrativos no llevan acento pero que los pronombres demostrativos sí pueden llevarlo.

■ Para identificar algo por medio del color, la marca, la forma, el lugar o por medio de alguna otra característica, solemos utilizar los artículos determinados.

el/la blanco/a
el/la X2
el/la pequeño/a
el/la de la izquierda

el/la rojo/a
el/la R6
el/la grande
el/la de la derecha

el/la rubio/a
el/la alto/a
el/la del traje blanco

el/la moreno/a
el/la bajito/a
el/la del traje rojo

■ También podemos usar los demostrativos.

éste/a blanco/a
ése/a grande
aquél/aquélla azul

■ En algunos casos, utilizamos la preposición **de**.

ése que está arriba = ése **de** arriba
aquél que lleva bigote = aquél **del** bigote

■ Describir personas

¿Cómo es?

Características que se presentan como permanentes	
Es	alto/a, rubio/a, simpático/a, antipático/a, inteligente…
Tiene	**el** pelo blanco/negro/castaño/rubio/liso/rizado… **la** nariz muy grande… **los** ojos muy bonitos…

*Para las partes del cuerpo empleamos los artículos y no los posesivos: Tengo **la** nariz muy grande.*

Características que se presentan como temporales o transformables	
Lleva	el pelo corto/largo… bigote/barba… gafas / vaqueros / una cazadora de cuero…
Está	guapísimo/a… muy moreno/a…

ochenta y tres ■ **83**

Unidad 7   Gramática

■ Comparar personas

| Se parecen un poco / mucho / bastante
No se parecen nada | físicamente
en el carácter
en la manera de pensar/hablar/andar... |

| Yo me parezco a
Se parece a
... | mi padre / José... |

| Tengo/tiene... | el mismo pelo
los mismos ojos
la misma edad
las mismas ideas | que mi madre / él... |

■ Ser/Estar

■ Para describir o identificar a personas u objetos, utilizamos normalmente el verbo **ser**.

- **Es** verde.
- **Es** muy guapa.
- **Son** bastante simpáticos.

■ Pero cuando la descripción se presenta como algo subjetivo, que depende de la experiencia de la persona que habla, o como algo temporal, usamos **estar**.

- **Está** frío el café, ¿verdad?
- Hoy **está** muy guapa.

■ Por esta razón, algunos adjetivos se construyen siempre con **estar**.

- ¿Cómo **estás**?
- **Estoy** contento/triste/enfadado/relajado/tranquilo/cansado / de buen/mal humor...

■ Superlativo en –ísimo

muy guapo	→	guap**ísimo**
muy simpático	→	simpatiqu**ísimo**
muy alta	→	alt**ísima**
muy delgados	→	delgad**ísimos**
muy caras	→	car**ísimas**

Es realmente bonito.

■ Algunos adjetivos tienen ya un significado intensificado y no pueden construirse con la forma superlativa. En estos casos, usamos **verdaderamente**, **realmente**...

horrible	→	horribil~~ísimo~~
fantástico	→	fantastiqu~~ísimo~~
enorme	→	enorm~~ísimo~~
bonito	→	bonit~~ísimo~~

Actividades **Unidad 7**

3 En un concurso de televisión te ha tocado una serie de premios. Puedes elegir uno de cada tipo. ¿Cuáles prefieres? ¿Y tus compañeros? Discutidlo en grupos de tres. Para explicar cuál prefieres puedes usar el color, la marca, la forma, el lugar, etc.

- ¿Qué móvil prefieres?
- Yo prefiero el rojo, el pequeño.
- Yo también, el Nokia.
- Yo, no. Yo el azul.

móviles

cámaras de vídeo

equipos de música

cámaras fotográficas

televisores

sofás

ochenta y cinco 85

Unidad 7 Actividades

4 ¿Se parecen físicamente? Compara también sus edades.

• Elisa y Silvia se parecen bastante físicamente. Las dos tienen el mismo color de pelo, pero Silvia es mayor que Elisa.

Elisa, 14   Silvia, 16

César, 22   Marcelo, 20

Paula, 27   Mario, 27

Sr. Laguna, 52   Sra. Laguna, 41

Laura, 15   Jorge, 9

5 Félix está enamorado de dos chicas a la vez y le cuenta su problema por teléfono a un amigo suyo, Gustavo. Escucha con atención y decide quién es la mejor novia para Félix. ¿Por qué? Coméntalo con tu compañero. Mientras escuchas, toma notas de cómo es cada una.

Actividades **Unidad 7**

6 La familia Estévez y la familia Cano se van de vacaciones a Colombia. Pero en el aeropuerto hay mucha gente y se han perdido. ¿Puedes encontrar a los miembros de cada familia? ¿Puedes deducir quién es cada uno y cuál es la relación entre los diferentes personajes? Mira, primero, los árboles genealógicos y lee las informaciones. Luego, compara tus conclusiones con un compañero.

- El hijo mayor de los Estévez es muy aficionado al deporte.
- La Sra. Cano es gordita y no muy alta.
- El Sr. Estévez lleva bigote.
- La hija de los Estévez se parece mucho a su madre.
- Los hijos de los Cano no se parecen nada.
- La hija de los Cano lleva el pelo corto.
- El hijo menor de los Estévez tiene dos años.
- La Sra. Estévez es alta y bastante delgada.
- El Sr. Cano lleva gafas y tiene el pelo blanco.
- El hijo de los Cano es muy aficionado a la lectura.
- La hija de los Cano siempre va vestida de negro.
- El novio de la hija de los Cano lleva barba y el pelo muy largo.

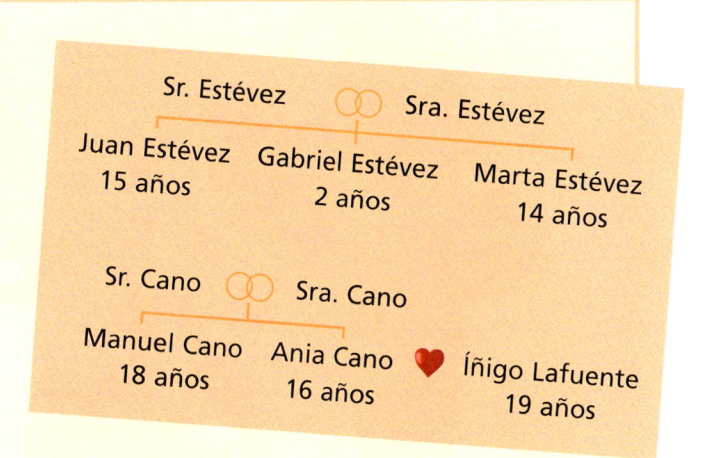

Sr. Estévez ∞ Sra. Estévez
Juan Estévez   Gabriel Estévez   Marta Estévez
15 años   2 años   14 años

Sr. Cano ∞ Sra. Cano
Manuel Cano   Ania Cano   ♥ Íñigo Lafuente
18 años   16 años   19 años

● El chico de la pelota es Juan Estévez.
○ Sí, y el que está leyendo un libro es Manuel Cano.

ochenta y siete ■ **87**

Unidad 7 Actividades

7 Al cartero se le han borrado todos los nombres de los paquetes y de las cartas que tiene que entregar hoy. ¿Le puedes ayudar a identificar a cada destinatario?

• Yo creo que este paquete gris es para Rita Gazapo.

Rita Gazapo
57 años
profesora de Latín
aficionada a la Historia

Roberta Hilario
83 años
jubilada
muy aficionada a los animales

Ernestina Galindo
35 años
ama de casa
muy aficionada a la cocina

Juan Roco
52 años
mafioso
aficionado a la pesca

Luis Sánchez
21 años
estudiante
aficionado al golf y al tenis

Ricky Ricardo
25 años
cantante
tiene muchos fans

Ahora vamos a enviar paquetes sorpresa a los compañeros. Dibuja esquemáticamente algo en un trozo de papel y entrégaselo a un compañero. Éste deberá decidir a qué compañero va destinado y razonarlo.

• Yo creo que esto es para Mary porque toma mucho café.

88 ■ ochenta y ocho

Actividades **Unidad 7**

8 El sonido /k/ se representa con las consonantes **c**, **qu** y **k**.

Se escribe: Se pronuncia:

c + a, o, u, r, l
qu + e, i

/k/

La letra **k** aparece solo en algunas palabras procedentes de otras lenguas: **karate**, **kilo**, **kiwi**...

Todas estas combinaciones representan un mismo sonido en español.

| calvo | cantante | cliente | kilo |
| chaqueta | equipo | psiquiatra | correo |

Esta consonante es muy parecida a la de otras lenguas y se articula en la parte posterior de la boca. Sin embargo, "muy parecida" no significa "idéntica" porque nunca hay sonidos exactamente iguales en dos lenguas diferentes. Fíjate en las letras que representan este sonido en español y trata de pronunciar estas palabras.

| cartero | color | cuello | corto | química | aquel | vaqueros |
| loco | pesca | quince | Cuba | quizá | pequeña | curso |

9 Escucha a unos jóvenes que describen a la persona de sus sueños.

¿Y tú? ¿Puedes explicar cómo es tu "príncipe azul" o la mujer de tus sueños?

● Mi chica ideal es una chica guapa, inteligente y con mucho sentido del humor.

ochenta y nueve ■ **89**

Unidad 7 Actividades

10 Aliénez es un extraterrestre que tiene una difícil misión de investigación. Su jefe en Alienilandia le ha pedido un informe científico sobre cómo son los humanos, física y mentalmente, qué carácter tienen, cómo se comportan, etc. Como es un trabajo difícil, os ha pedido ayuda. Reúnete con dos compañeros, discutid qué vais a poner y escribid el informe.

• En general, los humanos son simpáticos, abiertos...
○ Pues yo creo que muchos son cerrados y egoístas.

Aliénez tiene ahora otra difícil misión: tiene que llevarse a su planeta a cinco terrícolas para que los científicos puedan estudiar cómo somos los humanos. Por casualidad, ha caído en vuestro centro. Reúnete con otros tres compañeros y discutid qué cinco alumnos de la clase pensáis que son los más adecuados. Luego, explicad por qué al resto de la clase, razonando vuestra elección.

Para usar todo lo que hemos aprendido hasta ahora...

En vuestra emisora de radio va a emitirse un "culebrón", es decir, una historia con muchos personajes y muchos "líos" amorosos y de familia. Vosotros vais a ser los guionistas.

En grupos, podéis empezar a diseñarlo inventando los personajes y sus relaciones.

Podéis inspiraros en alguna telenovela que os haya gustado.

Tenéis que:
- escribir la lista de personajes,
- describir la relación que tienen entre ellos, su carácter, su aspecto físico...

No os olvidéis de grabarlo.

90 ■ noventa

Unidad 8

Aprenderemos...

- a hablar de experiencias pasadas, de planes y de proyectos

- a valorar una experiencia

- a referirnos a los meses, los días de la semana, las partes del día y las horas

- los pronombres átonos

- el Pretérito Perfecto de Indicativo

Unidad 8 Textos

1 Se está organizando un viaje espacial para buscar vida en Marte y tú estás muy interesado en formar parte de la tripulación. Aquí tienes el cuestionario que tienen que rellenar todos los candidatos. Complétalo y enséñaselo, luego, a un compañero, que tiene que decidir si puedes participar en la expedición o no.

	SÍ	NO
1. ¿Has viajado alguna vez...?		
en avión	☐	☐
en barco	☐	☐
en tren	☐	☐
2. ¿Alguna vez te has mareado...?		
en un avión	☐	☐
en un barco	☐	☐
en un coche	☐	☐
en un autobús	☐	☐
3. ¿Has estado alguna vez encerrado en algún sitio sin poder salir, en un ascensor, por ejemplo?	☐	☐
4. ¿Has soñado alguna vez que puedes volar?	☐	☐
5. En los viajes, ¿has tenido alguna vez ganas de volver a casa?	☐	☐
6. ¿Has estado alguna vez más de una semana comiendo solo comida en lata o congelada?	☐	☐
7. ¿Has visto *La guerra de las galaxias*?	☐	☐
8. ¿Has leído libros de ciencia ficción?	☐	☐
9. ¿Has tenido alguna vez miedo...?		
a la altura	☐	☐
a la oscuridad	☐	☐
a la soledad	☐	☐
a los extraterrestres	☐	☐
al lobo feroz	☐	☐

Textos **Unidad 8**

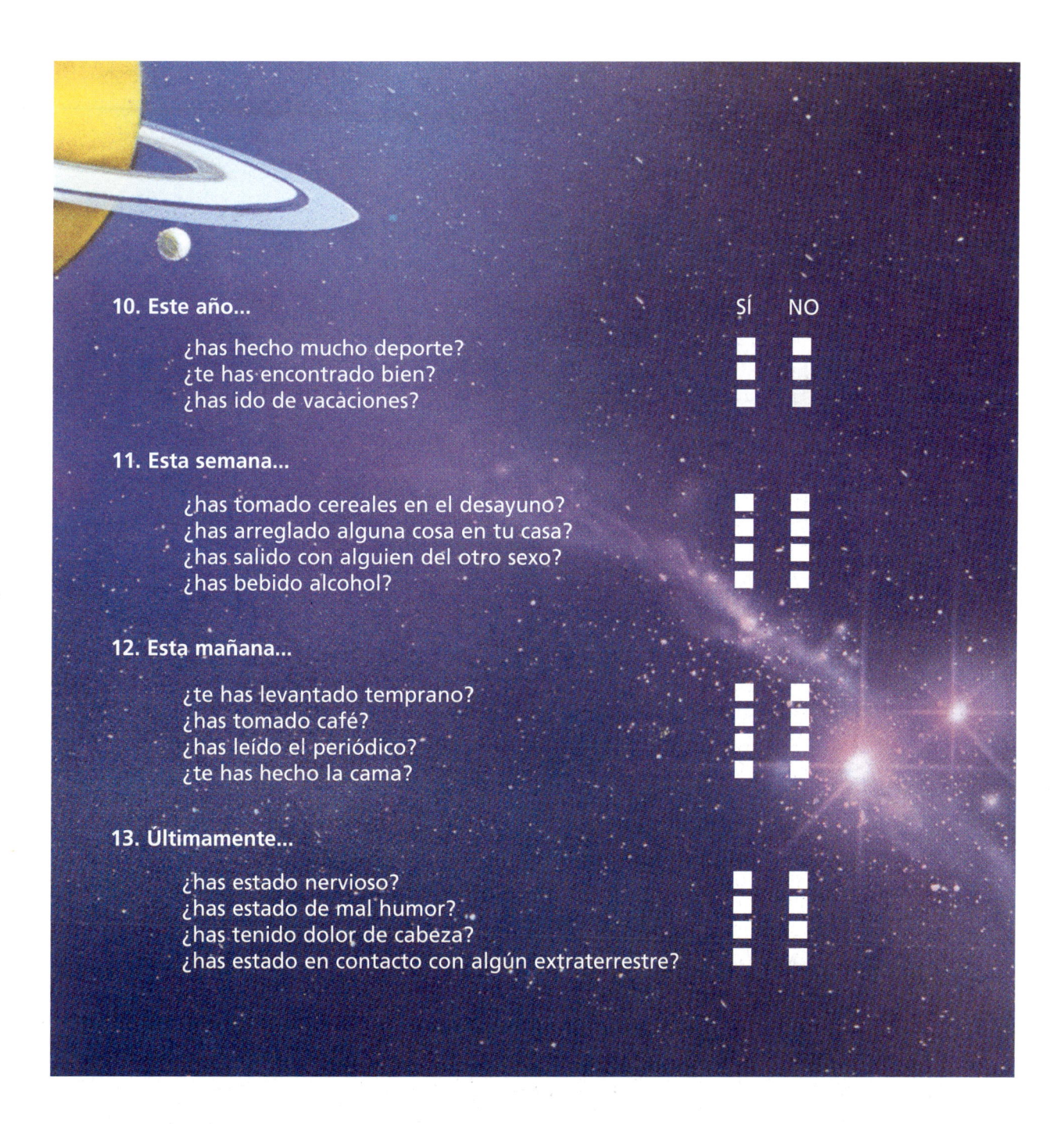

10. Este año...   SÍ   NO

   ¿has hecho mucho deporte?   ☐   ☐
   ¿te has encontrado bien?   ☐   ☐
   ¿has ido de vacaciones?   ☐   ☐

11. Esta semana...

   ¿has tomado cereales en el desayuno?   ☐   ☐
   ¿has arreglado alguna cosa en tu casa?   ☐   ☐
   ¿has salido con alguien del otro sexo?   ☐   ☐
   ¿has bebido alcohol?   ☐   ☐

12. Esta mañana...

   ¿te has levantado temprano?   ☐   ☐
   ¿has tomado café?   ☐   ☐
   ¿has leído el periódico?   ☐   ☐
   ¿te has hecho la cama?   ☐   ☐

13. Últimamente...

   ¿has estado nervioso?   ☐   ☐
   ¿has estado de mal humor?   ☐   ☐
   ¿has tenido dolor de cabeza?   ☐   ☐
   ¿has estado en contacto con algún extraterrestre?   ☐   ☐

🔍 Todas las informaciones que piden, ¿se refieren al momento actual, a un momento futuro o al pasado?

🔍 Las personas que han elaborado esta encuesta, ¿están interesadas en la fecha exacta en la que has realizado las actividades o solo están interesadas en saber si las has realizado o no?

🔍 El tiempo verbal utilizado en todas estas preguntas es el Pretérito Perfecto. Fíjate en que se forma con el Presente de Indicativo del verbo haber (he, has, ha...) y el Participio. ¿Puedes hacer una hipótesis sobre la forma de los verbos acabados en -ar, en -er y en -ir?

🔍 En esta encuesta se ha utilizado también una serie de expresiones temporales. ¿Cuáles son?

Unidad 8 Textos

Hablemos, ahora, de tus planes y proyectos. Contesta a estas preguntas.

1. ¿Qué vas a hacer…?	Voy a…
esta noche	
mañana por la mañana	
el fin de semana que viene	
el próximo verano	
2. ¿Piensas hacer algún viaje en avión? Si tu respuesta es sí, ¿cuándo?	Sí / No
Dentro de poco tiempo	
Antes de los 40 años	
Después de este curso	
El mes que viene	
Algún día	
3. ¿Tienes ganas de comunicarte con seres de otros planetas?	Sí / No
4. ¿Piensas casarte y tener hijos?	Sí / No

🔍 **En estas cuatro preguntas, ¿las informaciones que se piden se refieren al momento actual, a un momento futuro o al pasado? Busca las formas verbales que se han utilizado aquí. ¿Se ha utilizado siempre la misma?**

🔍 **En esta encuesta se ha utilizado una serie de expresiones referidas al futuro. ¿Cuáles son?**

2 Tomás es muy despistado y nunca sabe dónde ha dejado sus cosas. Escucha el diálogo. En él, la madre no repite los sustantivos sino que utiliza una serie de palabras para referirse a las cosas que busca su hijo. Subráyalas y relaciónalas con los dibujos.

● ¿Has visto mis gafas, mamá?
○ No, no las he visto.
● ¿Y mi cartera? No sé dónde está mi cartera.
○ Pues tampoco la he visto.
● ¡Anda! Tampoco encuentro el reloj.
○ Me parece que lo has dejado encima de tu cama.
● Sí, sí, está aquí. Oye, ¿y mis libros?
○ No los he visto. ¿No se los has dejado a Daniel?
● No, no, a Daniel le he dejado solo el diccionario. Pero los libros los he dejado por aquí, pero no sé dónde… ¿Y mi cazadora de cuero? ¿Dónde he metido mi cazadora?
○ Ay, Tomás, yo no la he visto. ¿No te la ha pedido antes papá?
● Ah, sí, es verdad. Voy a ver si está en vuestro dormitorio. Sí, sí, la ha dejado aquí. Oye, mamá, ¿y el bolígrafo que…?
○ Mira, Tomás, no he visto tu bolígrafo, ni tu cazadora, ni tus libros, ni tu reloj, ni tu cartera… ¡Y tampoco sé dónde has metido tu cabeza!

🔍 **¿Puedes decir, ahora, qué se utiliza para no repetir las palabras que ya se han nombrado? ¿Sabes por qué hay formas diferentes?**

Gramática **Unidad 8**

■ Pretérito Perfecto

■ El Pretérito Perfecto se forma con el Presente de Indicativo del verbo **haber** + Participio.

yo	**he**	viaj**ado**
tú	**has**	estudi**ado**
él, ella, usted	**ha**	trabaj**ado**
nosotros/as	**hemos**	ten**ido**
vosotros/as	**habéis**	sal**ido**
ellos, ellas, ustedes	**han**	…

El Participio se forma:

Verbos en **-ar**	Verbos en **-er**/**-ir**	Participios irregulares	
viajar – viaj**ado**	tener – ten**ido**	volver	**vuelto**
estar – est**ado**	salir – sal**ido**	hacer	**hecho**
		ver	**visto**
		escribir	**escrito**
		decir	**dicho**
		poner	**puesto**
		romper	**roto**

- Hoy no **hemos tenido** clase.
- No, nunca **he estado** en México.
- ¿Todavía no **habéis hecho** la traducción?
- ¿Y Natalia? ¿No **ha vuelto**?

■ El español tiene distintos tiempos verbales para hablar del pasado. Utilizamos unos u otros según cómo queramos presentar la información. Utilizamos el Pretérito Perfecto cuando explicamos sucesos pasados que nos interesan en su relación con el presente. Es decir:

■ Cuando informamos sobre el pasado, relacionándolo con el momento en el que estamos hablando.

- ¿Qué tal la clase?
- ¡Uf! **Ha sido** aburridísima.

Por esa razón, en el español de España se usa este tiempo para hablar del pasado de hoy.

En estos casos solemos usar las siguientes expresiones temporales:

Hoy
Últimamente

Este mes/año/curso/verano…
Esta mañana/tarde/semana/primavera…
Estos días/meses/años…
Estas Navidades/vacaciones…

Ten en cuenta que, en algunas zonas de España y en muchos países de Latinoamérica, no se usa el Pretérito Perfecto. En su lugar se utiliza el Pretérito Indefinido.

- **Hoy** ha sido un día horrible.
- ¿Qué has hecho **estas Navidades**?

noventa y cinco ■ **95**

Unidad 8   Gramática

■ Cuando preguntamos por la realización o no realización de una acción...

● ¿**Has estado** alguna vez en Nueva York?

... y cuando hablamos de acciones pasadas que presentamos como una experiencia, algo que ha sucedido, sin expresar el momento en que se ha realizado.

○ Sí, **he ido** muchas veces.

En estos casos utilizamos con frecuencia expresiones que informan del número de veces que se ha realizado una acción.

| nunca | una vez | tres veces | alguna vez | varias veces | muchas veces |

▲ Pues nosotros no hemos ido **nunca**.

■ Cuando sabemos o presuponemos que algo debía suceder y queremos comprobar si ha sucedido. Generalmente la pregunta se introduce con la partícula **ya**.

● ¿**Ya** has hablado con tus padres?

Al contestar, o se informa del momento en que se ha realizado o, si aún no ha sucedido, utilizamos **todavía no**.

○ Sí, esta mañana.
No, **todavía no**.

Ya has entendido cómo funciona el Pretérito Perfecto, ¿verdad?

■ **Valorar una experiencia**

¿Qué tal | el examen / las vacaciones / la clase / esta mañana | ?

Muy bien.
Bastante bien.
Regular.
No muy bien.
Bastante mal.
Muy mal.
Fatal.

+

Ha sido | un día fantástico. / una mañana muy aburrida. / un rollo.

Han sido | unas vacaciones muy aburridas. / unos días estupendos.

■ **Hablar de planes o intenciones**

■ Cuando hablamos de acciones futuras que presentamos como decididas, usamos el Presente de Indicativo.

● Mañana **salgo** con unos amigos.

■ Cuando las presentamos como un plan, usamos el Presente de **ir + a** + Infinitivo.

● Mañana **voy a salir** con unos amigos.

■ Y cuando las presentamos como una intención, usamos **pensar** + Infinitivo.

● **Pienso terminar** la carrera el año que viene.

Gramática Unidad 8

■ En muchos de estos casos, utilizamos expresiones de tiempo que señalan que nos referimos a un futuro cronológico.

el/la ... que viene	dentro de ...	El/la/los/las próximo/a/os/as ...	mañana pasado mañana el domingo este martes
el año que viene la semana que viene	dentro de un año dentro de tres días	el próximo mes las próximas vacaciones	

■ Hablar de las horas

■ Para preguntar y dar la hora: ● ¿Qué hora es?
○ (Son) las doce. / (Es) la una.

■ Para pedir y dar información de cuándo se realiza un acontecimiento: ● ¿A qué hora te has levantado?
○ A las nueve. / A la una.

■ Para referirnos a las horas:

y	menos	en punto
diez cuarto veinte media	veinte cuarto diez cinco	

las 10 y cuarto   las 10 y media   las 10 menos cuarto   las 10 en punto

En Latinoamérica suele decirse: **un cuarto para las ocho** (7.45h o 19.45h), **diez para la una** (12.50h)...

■ Las partes del día y los saludos

■ En español, dividimos el día en tres partes: **mañana/tarde/noche**

■ Hasta la hora de comer (13h–15h según el país): **por la mañana**

■ Después de comer: **por la tarde**

■ La hora de la cena o la oscuridad determinan el paso a la noche: **por la noche**

Cuando decimos la hora, podemos usar la preposición de: Son las 7 de la mañana/tarde.

■ En español usamos también las expresiones **el mediodía** y **la medianoche,** pero no como horas exactas. Normalmente **el mediodía** se refiere a la hora de comer, salvo cuando decimos **las 12 del mediodía**. En una expresión como **¿Quedamos al mediodía?,** es el contexto el que permite entender a qué momento exacto nos referimos.

Buenos días   Buenos días   Buenas tardes   Buenas noches

noventa y siete ■ 97

Unidad 8 Gramática

■ Los días de la semana

■ Para referirnos a un día de la semana o a una fecha, utilizamos el artículo **el**.

● **El** lunes empiezo las clases de piano.
○ ¿**El** veintisiete?
● Sí, **el** día veintisiete.

Lunes	Martes	Miércoles	Jueves	Viernes	Sábado	Domingo
27	28	29	30	31	1	2

fin de semana

■ Meses y estaciones del año

■ Para situar algo en un mes o en una estación, utilizamos la preposición **en**.

● **En** octubre voy a empezar la Universidad y **en** verano pienso ir a Sudamérica.

Enero 1, Febrero 2, Marzo 3, Abril 4, Mayo 5, Junio 6, Julio 7, Agosto 8, Septiembre 9, Octubre 10, Noviembre 11, Diciembre 12

Primavera, Verano, Otoño, Invierno

■ Los pronombres átonos

■ Cuando un sustantivo ya ha aparecido en el contexto, no solemos repetirlo, sino que lo citamos utilizando algún elemento que sirve para referirse a él.

■ Los pronombres átonos sirven para hacer referencia a un sustantivo que usamos como objeto indirecto (OI) o directo (OD).

■ Las formas para las primeras y segundas personas son iguales para el OI y el OD; solo cambian las terceras personas.

	1ª persona	2ª persona
	OI y OD	
singular	me	te
plural	nos	os

	3ª persona	
	OI	OD
singular	le	lo / la
plural	les	los / las

● ¿Ya has hablado con Alberto?
○ Sí, **lo** he visto esta mañana.

● ¿Ya has visto a Alberto?
○ Sí, y **le** he dado el diccionario.

■ A veces encontramos dos pronombres en una frase. En este caso, siempre va primero el pronombre de OI. Fíjate en que cuando **le** o **les** acompañan un pronombre de OD, se transforman en **se**.

● ¿Les has hecho la cena a los niños?
○ Sí, ya **se la** he hecho.

~~le lo~~   se lo
~~le la~~   se la
~~le los~~ se los
~~le las~~ se las

■ Los pronombres se colocan antes del verbo si se trata de un verbo conjugado.

● ¿Ya **le** has comprado el regalo a Silvia?
○ Sí, **se lo** he dado esta mañana.

■ Y cuando acompañan a un Infinitivo o a un Gerundio, pueden ir antes o después.

● **Lo** estoy haciendo. / Estoy haciéndo**lo**.
● **Se lo** voy a comprar esta tarde. / Voy a comprár**selo** esta tarde.

Actividades **Unidad** 8

3 Antes de la comida, ha aparecido muerto en su despacho Federico Dorado, un rico industrial. Dividid la clase en seis grupos: un grupo será la agencia de detectives y cada uno de los otros cinco grupos se identificará con uno de los sospechosos. Cada grupo tiene que preparar su coartada en la ficha. Podéis añadir o cambiar datos. Ahora son las 18h y los detectives van a hacer el primer interrogatorio. Solo el profesor y los detectives (y el asesino, claro) saben a qué hora ha sido asesinado.

Grupo 1 — Consuelo Bonilla: secretaria del muerto

He llegado a la oficina a las _____ h. (No) Me ha visto _____.
A las 10h he ido a la oficina de _____.
Entre las 10.30h y las 11h he estado con _____.
Entre 11.30 y 12h _____.
A las 13h me he reunido con _____ en _____.
Hoy me he reunido con Federico Dorado a las _____ h.

Grupo 2 — Martirio Mata: directora comercial de la empresa

He llegado a la oficina a las _____ h. (No) Me ha visto _____.
A las 10h he ido a la oficina de _____.
Entre las 10.30h y las 11h he estado con _____.
Entre 11.30 y 12h.
A las 13h me he reunido con _____ en _____.
Hoy me he reunido con Federico Dorado a las _____ h.

Grupo 3 — Iñigo Dorado: hijo del muerto y heredero de su industria

He llegado a la oficina a las _____ h. (No) Me ha visto _____.
A las 10h he ido a la oficina de _____.
Entre las 10.30h y las 11h he estado con _____.
Entre 11.30 y 12h _____.
A las 13h me he reunido con _____ en _____.
Hoy me he reunido con mi padre a las _____ h.

Grupo 4 — Andrés Matalascallando: contable de la empresa

He llegado a la oficina a las _____ h. (No) Me ha visto _____.
A las 10h he ido a la oficina de _____.
Entre las 10.30h y las 11h he estado con _____.
Entre 11.30 y 12h _____.
A las 13h me he reunido con _____ en _____.
Hoy me he reunido con Federico Dorado a las _____ h.

Grupo 5 — Pepe Lacalle: conserje

He visto entrar en la oficina a _____ a las _____ h.
En el despacho del señor Dorado ha entrado _____ a las _____ h, y también _____ a las _____ h.

Ahora, después de toda la investigación, los detectives debéis decidir quién o quiénes son más sospechosos.

Unidad 8 Actividades

4 En la vida siempre hay cosas que hacer, pero a veces no hay tiempo. Apunta en un papel, en Infinitivo, cinco cosas sin decir si ya las has hecho o no. Luego, entrega el papel a uno de tus compañeros, que te va a preguntar si las has realizado o no.

- ¿Ya has hecho los ejercicios de la unidad 7?
- Sí, los he hecho esta mañana.

- hacer los ejercicios de la unidad 7
- comprar regalos para...

5 Esto es lo que dice el horóscopo para el día de hoy. Lee el tuyo y comenta al resto de la clase qué ha sucedido, qué no ha sucedido todavía, qué crees que va a suceder y qué no.

HORÓSCOPO

ARIES (21 marzo-20 abril)
Va a pasar un buen día con sus amigos y su familia. Grandes gastos. Pequeños problemas de salud. En amor: una sorpresa.

TAURO (21 abril-21 mayo)
Hoy, mejor no salir. Va a tener muchos problemas si no se queda en casa. Buen día para estudiar.

GÉMINIS (22 mayo-21 junio)
Una amistad va a convertirse hoy en un apasionado amor. ¿Un compañero o una compañera de clase? Va a tener muchos gastos: cuidado con el dinero.

CÁNCER (22 junio-22 julio)
Va a ser uno de sus mejores días. Su personalidad y su encanto personal van a convertirlo/la en una persona muy "sexy". Va a recibir regalos.

LEO (23 julio-22 agosto)
Buen día para no trabajar y disfrutar de la vida. Va a dormir mucho y va a descansar. Seguramente, después de comer, va a recibir una llamada del extranjero.

VIRGO (23 agosto-23 septiembre)
Hoy va a entrar una excitante y nueva amistad en su vida. Cuidado con su salud: para comer, frutas y verduras.

LIBRA (24 septiembre-23 octubre)
Este mediodía va a tener un susto. Después, una agradable sorpresa. La salud, bien. El amor, regular.

ESCORPIO (24 octubre-22 noviembre)
Su pareja va a estar de mal humor. Paciencia. Dolor de cabeza o de estómago por la mañana. Mucho dinero para usted, por la tarde.

SAGITARIO (23 noviembre-21 diciembre)
Va a organizar un viaje a un lugar lejano. Un viejo amor va a llamar por teléfono. Cuidado con el dinero.

CAPRICORNIO (22 diciembre-20 enero)
Va a discutir con su jefe y/o con sus compañeros de trabajo o de estudios. No pasa nada. Su vida amorosa va a ser una maravilla. Va a conseguir mucho dinero.

ACUARIO (21 enero-20 febrero)
Un día tranquilo, sin problemas ni de salud, ni amorosos, ni económicos. Lo mejor: ir a pasear por el campo o ir a nadar.

PISCIS (21 febrero-20 marzo)
Mal día: va a discutir con su familia y con sus amigos y va a tener problemas en el trabajo o en la escuela. ¿Por qué no se queda en casa durmiendo?

- Yo soy Acuario. El horóscopo no ha acertado porque esta mañana me ha dolido mucho la cabeza, he discutido con mi novio y creo que no voy a ir al campo.

Actividades **Unidad 8**

6 Vas a escuchar a unas personas que hablan de unas experiencias que han tenido. Relaciona los elementos para reconstruir lo que cuenta cada uno de ellas.

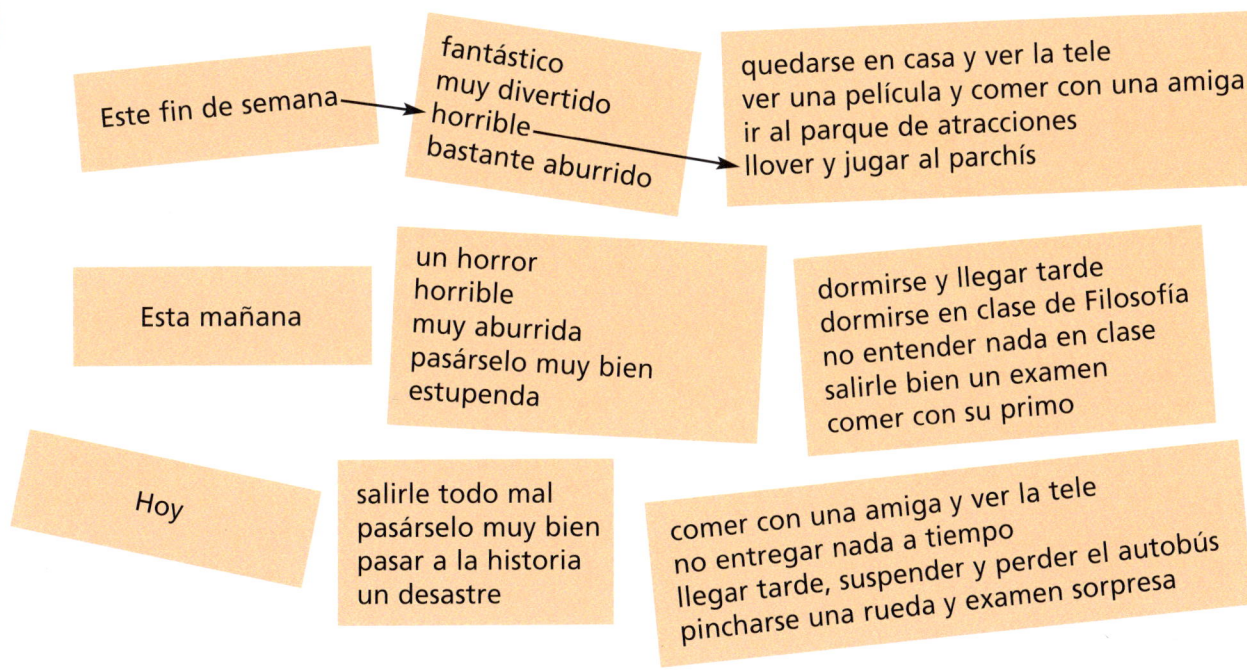

Este fin de semana → fantástico / muy divertido / horrible / bastante aburrido → quedarse en casa y ver la tele / ver una película y comer con una amiga / ir al parque de atracciones / llover y jugar al parchís

Esta mañana — un horror / horrible / muy aburrida / pasárselo muy bien / estupenda — dormirse y llegar tarde / dormirse en clase de Filosofía / no entender nada en clase / salirle bien un examen / comer con su primo

Hoy — salirle todo mal / pasárselo muy bien / pasar a la historia / un desastre — comer con una amiga y ver la tele / no entregar nada a tiempo / llegar tarde, suspender y perder el autobús / pincharse una rueda y examen sorpresa

En algunos casos han utilizado **estar** + Gerundio. ¿Por qué no lo utilizas tú ahora? Cuéntales a tus compañeros qué has estado haciendo este fin de semana.

• Este fin de semana he estado ordenando mi casa y descansando.

7 Mañana puede ser un gran día. Los gobiernos han decretado que mañana todo el mundo puede hacer lo que quiera. Lee la noticia.

——————————————————————— 9 de octubre ***El Diario***

Mañana, prohibido prohibir

Los presidentes de los gobiernos de todo el mundo han decidido este mediodía que mañana todos los ciudadanos pueden hacer todo lo que quieran. Mañana va a ser un día sin obligaciones, sin compromisos, sin prohibiciones. Un día único, excepcional.

Escucha lo que han dicho algunas personas al conocer la noticia.

1. una persona que duerme poco
2. una persona que nunca tiene tiempo para hacer deporte
3. una persona que tiene problemas con su jefe
4. un ama de casa
5. un estudiante

Ahora, piensa en tres o cuatro cosas que piensas hacer tú y coméntaselas al resto de la clase.

• Yo, mañana, voy a/pienso...

ciento uno ■ **101**

Unidad 8 Actividades

8 ¿De qué están hablando en estas frases? Fíjate en el género y en el número, pero también en el sentido de la frase.

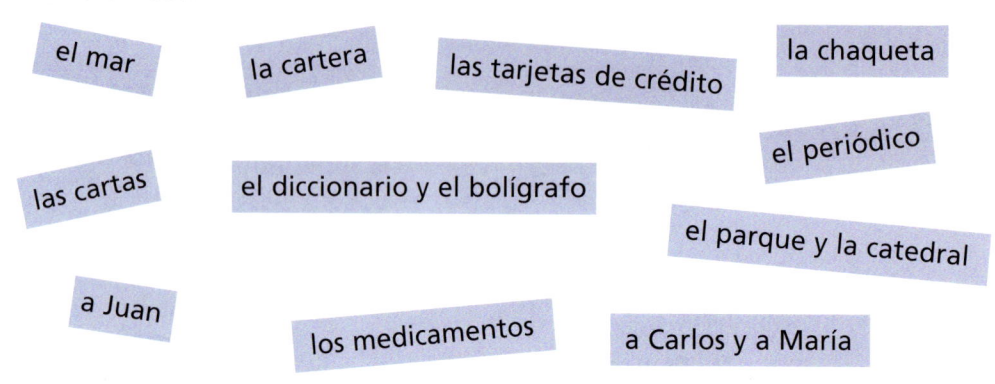

- el mar
- la cartera
- las tarjetas de crédito
- la chaqueta
- el periódico
- las cartas
- el diccionario y el bolígrafo
- el parque y la catedral
- a Juan
- los medicamentos
- a Carlos y a María

1. Lo he visto desde el avión.
2. ¿Ya las ha escrito o todavía no ha podido?
3. Hoy no lo he leído.
4. Los he visto este mediodía.
5. Ana todavía no los ha ido a comprar.
6. La voy a comprar esta tarde.
7. ¿Lo vais a ver esta noche?
8. No sabe dónde los ha puesto.
9. Tomás la ha vuelto a perder.
10. Todavía no los hemos visto. Pero pensamos ir mañana.
11. Las he perdido, pero no sé dónde.

9 Los ordenadores no son lo que parecen… Éste se ha hecho un lío con el español y se ha olvidado de utilizar los pronombres átonos. ¿Puedes ayudarle? Tacha los sustantivos que se repiten y escribe los pronombres correspondientes en el lugar adecuado.

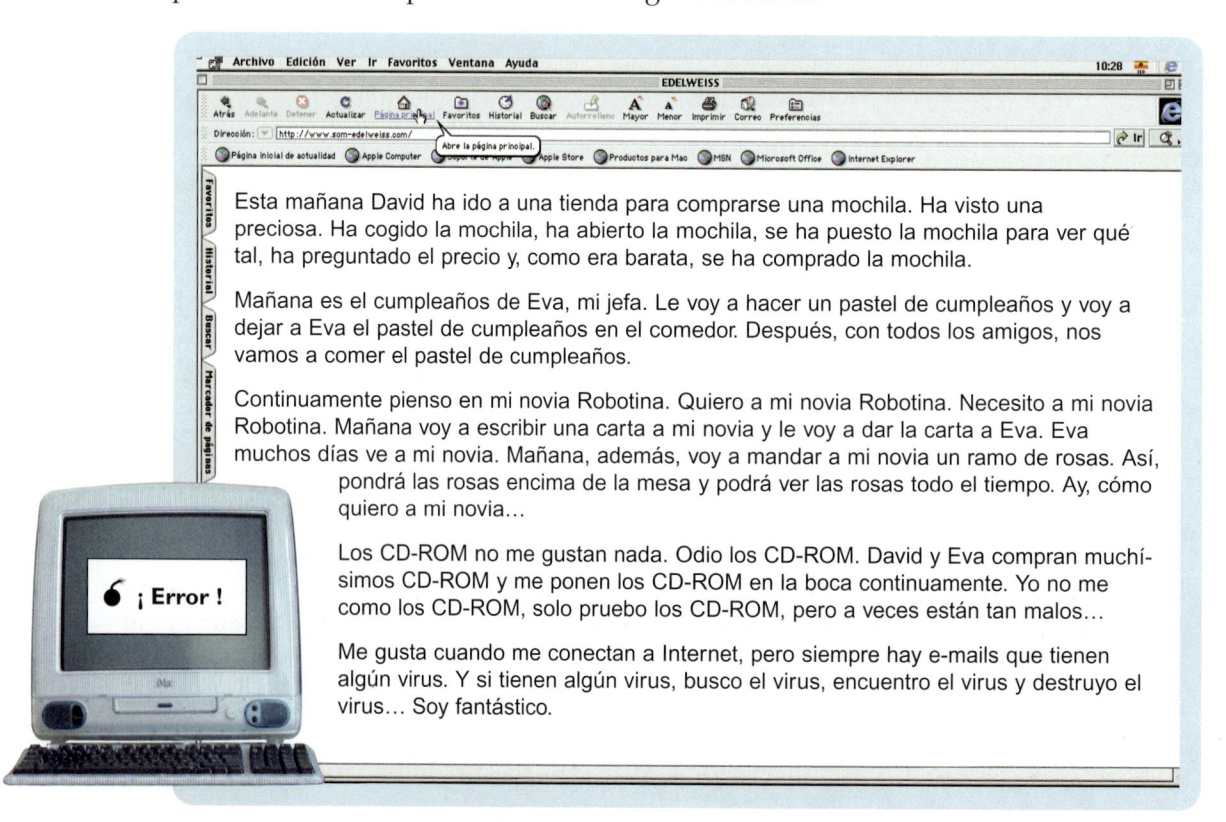

Esta mañana David ha ido a una tienda para comprarse una mochila. Ha visto una preciosa. Ha cogido la mochila, ha abierto la mochila, se ha puesto la mochila para ver qué tal, ha preguntado el precio y, como era barata, se ha comprado la mochila.

Mañana es el cumpleaños de Eva, mi jefa. Le voy a hacer un pastel de cumpleaños y voy a dejar a Eva el pastel de cumpleaños en el comedor. Después, con todos los amigos, nos vamos a comer el pastel de cumpleaños.

Continuamente pienso en mi novia Robotina. Quiero a mi novia Robotina. Necesito a mi novia Robotina. Mañana voy a escribir una carta a mi novia y le voy a dar la carta a Eva. Eva muchos días ve a mi novia. Mañana, además, voy a mandar a mi novia un ramo de rosas. Así, pondrá las rosas encima de la mesa y podrá ver las rosas todo el tiempo. Ay, cómo quiero a mi novia…

Los CD-ROM no me gustan nada. Odio los CD-ROM. David y Eva compran muchísimos CD-ROM y me ponen los CD-ROM en la boca continuamente. Yo no me como los CD-ROM, solo pruebo los CD-ROM, pero a veces están tan malos…

Me gusta cuando me conectan a Internet, pero siempre hay e-mails que tienen algún virus. Y si tienen algún virus, busco el virus, encuentro el virus y destruyo el virus… Soy fantástico.

102 ciento dos

Actividades **Unidad 8**

10 Has decidido cambiarte de casa. Al hacer la mudanza te encuentras con un montón de cosas que ya no necesitas. ¿Qué vas a hacer con ellas? Explícaselo a tus compañeros. Algunas cosas se las puedes regalar a ellos, ¿no?

dar	guardar	vender
regalar	tirar	enviar

- ¿Qué vas a hacer con los libros?
- Voy a regalárselos a mis sobrinos.
- ¿Y qué vas a hacer con la raqueta de tenis?
- Creo que la voy a vender.

11 La "jota": **ja, je, ji, jo, ju, ge, gi**
Escucha las siguientes palabras.

| viajar | dejar | jugar | junio | geografía |
| Argentina | girar | hijo | jubilarse | jóvenes |

En todas ellas aparece el mismo sonido, pero unas veces está representado por la letra **j** y otras veces por la letra **g** (solo junto a las vocales **e**, **i**). Este sonido, que no existe, por ejemplo, en francés, en inglés o en italiano, se realiza acercando la parte posterior de la lengua al velo del paladar sin que lleguen a tocarse.

Ahora, puedes buscar más palabras que contengan este sonido.

ciento tres ■ **103**

Unidad 8 Actividades

12 Lee este poema de Gloria Fuertes y luego escribe uno similar, manteniendo la misma estructura, con los sentimientos y sensaciones que te producen a ti los días de la semana.

"Tengo, Tengo, Tengo... Tú no tienes nada..."
(popular)

Tengo siete amores
para la semana.

Lunes me da versos.
Martes me da ansias.
Miércoles, disgustos.
Jueves, añoranzas.
Viernes me da llanto.
Sábado, la playa.
Domingo, un amigo,
con esto me basta.

Tengo, tengo, tengo,
yo no tengo nada.

GLORIA FUERTES
Historia de Gloria

Para usar todo lo que hemos aprendido hasta ahora...

Para vuestra emisora vais a preparar hoy un programa de astrología. Repartíos en grupos los diferentes signos del zodiaco y escribid un pequeño texto imaginario para cada signo sobre:
- lo que les ha pasado esta semana a las personas de ese signo,
- cómo están hoy,
- lo que les va a pasar la semana próxima.

Los presentadores leen los textos y los demás debéis decidir si han acertado o no las predicciones de vuestro signo. No os olvidéis de grabarlo...

Unidad 9

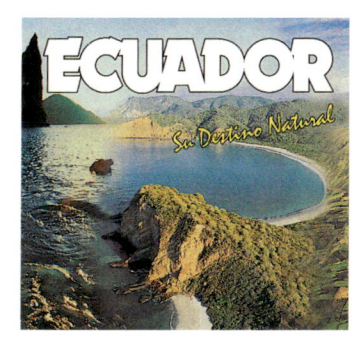

Aprenderemos...

- a hablar de gustos e intereses

- a proponer planes y actividades

- a desenvolvernos en restaurantes

- los verbos **gustar**, **interesar**, **encantar** y **apetecer**

- a expresar valoraciones con frases exclamativas

Unidad 9 Textos

1 Éstas son seis posibilidades para pasar las vacaciones en un lugar de habla española. ¿Cuál te interesa más? Piensa por qué y anota las razones.

Punta del Este — Uruguay
España — BARCELONA
Isla Saona — República Dominicana
México D.F. — México
Argentina — BARILOCHE
Asturias — España

Ahora escucha a estas personas. Cada una ha elegido uno de estos lugares para sus vacaciones y cuenta por qué. ¿Y tú? ¿Cuál has elegido? ¿Por qué? Coméntalo con tus compañeros.

¿Qué recursos utilizan para hablar de sus gustos e intereses? Vuélvelo a escuchar fijándote en **los verbos** encantar, gustar **e** interesar.
¿Qué observas respecto a las terminaciones de estos verbos?
¿Hay algún verbo parecido en tu lengua?
Fíjate también en los pronombres que van delante de los verbos. ¿Cuáles son?

106 ◾ ciento seis

Textos **Unidad 9**

2 En un restaurante de Madrid, varias personas hablan de lo que están comiendo o de lo que van a comer. Escucha y lee las conversaciones.

- Perdone, ¿nos trae un poco más de pan?
- Y otra cerveza, por favor.

- Mmmm... Esto está riquísimo.
- ¿Qué es?
- Pescado al horno con patatas... ¿Quieres probarlo?
- No, gracias. No me gusta el pescado.

- No sé qué tomar...
- ¿Le gustan las truchas? Aquí las truchas a la navarra son muy buenas.
- Vale, pues trucha. Y, de primero, gazpacho.

- ¡Qué rica está la tarta de chocolate!
- Pues el helado también está buenísimo.

- Está riquísimo, delicioso. ¿Quieres un poco?
- No, gracias, no me apetece.

- Esta carne está salada, ¿no?
- ¿Salada? No, yo la encuentro buena...
- Pues para mí está un poco salada.

Vuelve a escuchar y a leer las conversaciones. Observa las formas que usan para:
- valorar un plato que ya han probado,
- preguntar y expresar gustos en general,
- pedir y ofrecer algo.

Fíjate, también, en el verbo apetecer. ¿Funciona como algún verbo español que ya conoces?

ciento siete ■ 107

Unidad 9 Gramática

■ Reaccionar ante algo

¡Qué + adjetivo!	¡Qué + sustantivo + tan + adjetivo!
¡**Qué** bonito (es este cuadro)! ¡**Qué** rico (está el arroz)!	¡**Qué** cuadro **tan** bonito! ¡**Qué** arroz **tan** rico!

■ Para compartir estas reacciones, no repetimos la misma estructura.

- ¡Qué arroz tan rico!
- Sí, está riquísimo.

- ¡Qué cuadro tan bonito!
- Sí, es muy, muy bonito.

No es necesario usar el adjetivo cuando está claro por el contexto y la entonación: ¡Qué hamburguesa!

■ Hablar de gustos e intereses

■ Los verbos que expresan gusto e interés (**gustar**, **interesar**, **encantar** y **apetecer**, por ejemplo) tienen un funcionamiento especial. Siempre están conjugados en tercera persona (del singular o del plural) y van acompañados del pronombre personal correspondiente: **me/te/le/nos/os/les**.

	3ª persona del singular	Infinitivo o sustantivo singular (sujeto)
Me Te Le	**gusta**	bailar la playa

	3ª persona del plural	sustantivo plural (sujeto)
Nos Os Les	**gustan**	las ciudades grandes las patatas

¿Te gusta/n?   ¿Le gustan?
¿Os gustan?   ¿Les gustan?

Sí, me encanta/n.
Sí, mucho.
Sí, bastante.

No, no mucho.
No, nada.
No, lo/la/los/las odio.
No, lo/la/los/las detesto.
No, no lo/la/los/las soporto.

Gramática **Unidad 9**

■ Para contrastar opiniones, utilizamos los pronombres tónicos con la preposición **a**.

A mí
A ti
A él/ella/usted
A nosotros/as
A vosotros/as
A ellos/ellas/ustedes

¿A vosotras os interesa la Historia?
A mí, sí.
A mí, no.
A mí, tampoco.

■ Estos pronombres se pueden combinar con cualquier preposición (**de ti**, **sin ella**, **para nosotros**…), excepto las dos primeras personas del singular (**mí** y **ti**) con la preposición **con**: **conmigo** y **contigo**.

■ Cuando queremos matizar nuestra opinión, en España se usa muchas veces el verbo **encontrar**, que funciona así:

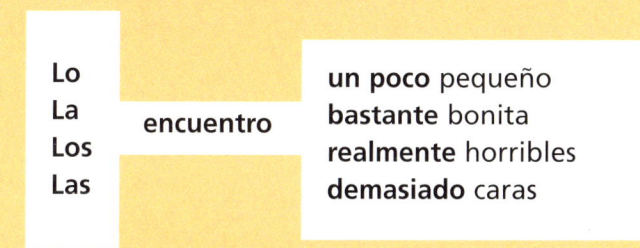

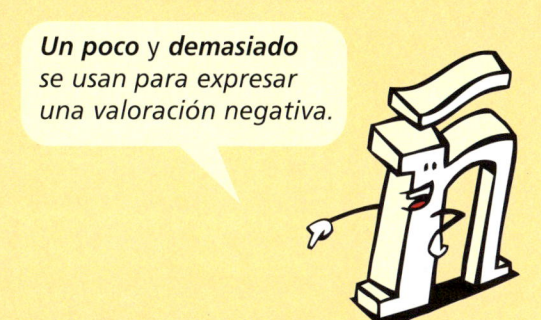

Lo
La   encuentro
Los
Las

un poco pequeño
bastante bonita
realmente horribles
demasiado caras

Un poco y demasiado se usan para expresar una valoración negativa.

■ Los adjetivos que ya tienen un significado intensificado no se pueden combinar con **muy**. Para darles mayor intensidad, se combinan con **realmente** o **verdaderamente**.

~~muy~~ precioso ⟶ **realmente** precioso

Esto sucede, entre otros, con los siguientes adjetivos:

~~muy~~	delicioso	fantástico	estupendo	genial	horrible
	precioso	maravilloso	increíble	espantoso	horroroso

■ Resaltar un elemento o un aspecto

Elementos de una misma categoría:	Elementos sin referencia a una categoría:
el (chico) que más/menos me gusta **la (chica) que más/menos me gusta** **los (chicos) que más/menos me gustan** **las (chicas) que más/menos me gustan**	**lo que más/menos me gusta** (=la cosa que más/menos me gusta)
el más/menos + adjetivo	**lo más/menos** + adjetivo
el (cuadro) más bonito los (cuadros) más bonitos la (casa) más bonita las (casas) más bonitas	lo más bonito

Unidad 9 Gramática

■ Pues

- Cuando expresamos gustos y opiniones, en España se usa **pues** para marcar que tenemos en cuenta lo dicho anteriormente.

    • ¡Me encanta!
    ○ **Pues** yo no lo encuentro tan bonito.

- **Pues** se usa también para presentar una nueva alternativa cuando se rechaza otra.

    • ¿Vamos al cine?
    ○ ¿Al cine? No me apetece mucho…
    • **Pues** damos un paseo.

■ Proponer una actividad

- En estos casos solemos usar el verbo **querer**. También se pueden usar los verbos **apetecer**, que funciona como **gustar** (**me/te/le... apetece/apetecen**), y **venir** (**¿Vienes al cine con nosotros?**).

| ¿Quieres | ir al cine?
 cenar fuera?
 dar un paseo? | | ¿Te apetece | ir al cine?
 cenar fuera?
 dar un paseo? |

- También usamos la primera persona del plural en preguntas.

¿Vamos	al cine?			vamos al cine?
¿Cenamos	fuera?		¿Por qué no	cenamos fuera?
¿Damos	un paseo?			damos un paseo?

■ Ofrecer, aceptar y rechazar

| ¿Quiere/s
 ¿Te/Le apetece | un caramelo / tomar algo / un café / un poco de…? |

¿Un caramelo?

Sí, gracias.
Vale, gracias.
No, gracias, es que ahora no me apetece.

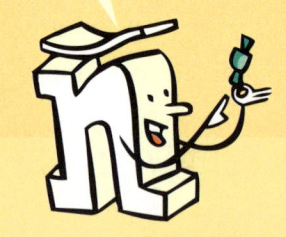

No, gracias, ahora no.

■ Pedir en un restaurante

- Para pedir lo que se va a tomar:

    (Yo,) de primero…
    (Yo,) de segundo…
    (Yo,) de postre…

- Cuando pedimos de nuevo algo o más cantidad:

| Por favor, | otra botella de agua.
 ¿me/nos trae un poco más de pan?
 una cerveza. |

En muchos países de América Latina, al primer plato se le llama **entrada**: Yo, de entrada, sopa. Y luego…

110 ■ ciento diez

Actividades **Unidad 9**

3 Tienes que escoger un regalo de Navidad para uno de tus compañeros de clase, pero no sabes qué comprar. Tienes que preguntarle primero sobre sus gustos. A él le pasa lo mismo contigo. Estas cosas os pueden dar algunas ideas.

- ¿Te gusta pintar?
- No, no mucho, pero me interesa la pintura.

Ahora explica al resto de tus compañeros qué vas a regalarle, justificando tu decisión.

4 En grupos de tres, uno pregunta a otro qué cosas le gustan, qué cosas no le gustan, qué cosas le interesan... Después de leer las informaciones, el tercero va a aconsejarle un lugar para pasar sus próximas vacaciones teniendo en cuenta sus gustos y preferencias.

- ¿Qué cosas te interesan?
- A mí me interesan los deportes náuticos y la naturaleza.
- Entonces puedes ir a Venezuela, a La Guaira.

Chile: Parque Nacional Villarica
Paisaje selvático, volcanes activos... Ideal para hacer trekking.

Cuba: La Habana Guantánamo
La Habana: historia, música, gente afable.
Guantánamo: variedad de paisajes, zona montañosa y costa caribeña.

España: País Vasco
Mar y montaña, arte moderno en el Museo Guggenheim, exquisita gastronomía, tres equipos de fútbol de Primera División.

Venezuela: Caracas y La Guaira
La Guaira: hermosas playas caribeñas
Caracas: ciudad moderna con numerosos centros comerciales, casco antiguo con monumentos y edificios de la época colonial.

Ecuador: Amazonía
Selva húmeda, grandes ríos caudalosos, ecoturismo, contacto con fauna exótica.

ciento once ■ 111

Unidad 9 Actividades

5 Estos chicos quieren crear un chat para conocer gente y practicar tu lengua. ¿Con quién te sientes más identificado? ¿Por qué? ¿Con quién vas a conectarte?

GUILLLERMO FERRER
Hola. Soy cubano y me encanta jugar al ajedrez, pero no me gusta nada leer. Me interesa la astrología, la música y el fútbol. Espero tus noticias.

ROSA FERNÁNDEZ
Hola, soy Rosa, de Madrid. Me gusta nadar, conocer gente, y me encanta viajar. No me gusta nada estudiar y no soporto estar sola. Busco amigos en Alemania y en Italia.

MARIBEL VERÓN
Soy uruguaya. Vivo en Punta del Este y me gusta practicar todo tipo de deportes e ir en moto. No me interesa mucho la política. Me gustan mucho los idiomas. Hasta pronto. Besos.

HERNÁN BATISTA
Soy argentino. Me gusta mucho cocinar, pero odio el trabajo de la casa. Soy un fanático del fútbol y del arte en general.
¿Me escribís?

DELIO VALDÉS
Soy panameño. Me gusta leer, esquiar y hacer excursiones. No me gusta bailar ni ir a discotecas. Me interesa muchísimo la Historia. ¿Por qué no me escribes?

CRISTINA SALAS
Soy chilena y me encantan las grandes ciudades (Londres, Nueva York, Tokyo...), la literatura francesa y la comida japonesa. Ahora me interesa mucho todo lo relacionado con Internet.

• Yo voy a conectarme con Hernán Batista porque...

6 Toda la clase va a opinar en cadena sobre estos temas. Recuerda que cuando expresamos una opinión, tenemos en cuenta de lo que van a hablar los demás o si han hablado de lo mismo, y que usamos las formas **también**, **tampoco**, **sí** y **no**, que ya conoces. Podéis añadir o cambiar temas. Trabajad en grupos y, al final, redactad un informe sobre los gustos de los compañeros.

A mí, Elvis Presley me gusta mucho.

A mí, no.

A mí, tampoco.

A mí, sí.

A mí, también.

LA POLÍTICA
LA HISTORIA
LOS PROBLEMAS ECOLÓGICOS
EL ARTE
LAS CIENCIAS OCULTAS

LAS PELÍCULAS DE CIENCIA FICCIÓN
LAS DE TERROR
LAS POLICÍACAS
LAS HISTÓRICAS

LAS MATEMÁTICAS
EL ESPAÑOL
LA INFORMÁTICA

EL FÚTBOL
EL TENIS
EL BALONCESTO
EL ESQUÍ

U2
ELVIS PRESLEY
MOZART
ALEJANDRO SANZ
EMINEM

Actividades **Unidad 9**

7 ¿Cómo reaccionan estas personas ante estas cosas? Escucha la cinta y relaciona las fotos con las frases. La entonación te va ayudar. ¿Y tú? ¿Cómo reaccionas?

Mmmmm... ¡Qué rico!
Uf... ¡Qué asco!
Oh... ¡Qué bonito!
Uy... ¡Qué feo! ¡Qué horror!

8 Vas a escuchar una entrevista a unas personas de diferentes países de habla hispana sobre sus gustos e intereses. Toma notas y trata de sacar conclusiones generales de cada tema.

revistas   cine
literatura   música

Ahora, en grupos, haced una encuesta entre todos los compañeros para determinar cuál es el tipo de literatura, de música y de cine preferidos de la clase.

ciento trece ■ 113

Unidad 9 Actividades

9 Tú y tu compañero habéis decidido hacer algo juntos el sábado por la tarde. Aquí hay algunas posibilidades. Poneos de acuerdo en qué os apetece hacer a los dos.

- ¿Te apetece ir a ver El asesino está en la esquina?
- Es que a mí las películas policíacas no me gustan mucho.
- Pues podemos ir al zoo...

CINE FLORIDA
- El asesino está en la esquina -
Dirigida por **Alfredo Jiscoc**
Sesión de tarde 16.30h
CINE FLORIDA

Concierto de música rock
El maestro siniestro
+
La mala vida
+
La loca Quintana

Zoo
abierto de 9h a 20h
Gran **exposición** de **pájaros** exóticos

MUSEO de la CIENCIA
Exposición:
"La medicina a través de la historia"
De la medicina prehistórica a la aspirina

Concierto de música española en el Centro Cultural Quevedo
- Manuel de Falla
- Isaac Albéniz
- Joaquín Rodrigo

GRAN FINAL FEMENINA DEL OPEN DE HISPANIA
Teresa Serralbo – Irina Babkova
16h
Retransmisión en directo por La 2

Nueva tienda de discos ROCOPO
Descuento del 40% en todos los discos, CD y casetes por inauguración

discoteca Olé Olé
- La mejor música
- La mejor marcha
- Pantalla de vídeo gigante
- Actuaciones en vivo
- Jardín

Abierto todos los días a partir de las 22h

Ahora, podéis explicar al resto de la clase qué habéis decidido hacer y por qué.

114 ciento catorce

Actividades **Unidad 9**

10 Éstos son los resultados de un estudio realizado por un periódico sobre las aficiones y los hábitos culturales de los españoles. ¿Qué conclusiones puedes sacar de estos datos? Piensa en:
- qué les gusta/interesa a los españoles,
- qué no les gusta/interesa mucho.

La Mañana

JUEVES, 30 DE ENERO

Los hábitos de consumo cultural de los españoles

Una encuesta realizada sobre un total de 12 072 personas revela los hábitos de consumo cultural de los españoles

MÚSICA

PREFERENCIAS EN ESTILO MODERNO

Pop/Rock	31%
Cantautores	17%
Flamenco	14%
Tecno	11%
Jazz/Soul	9%
Rock duro/Heavy	8%
New Age	6%
Hip-hop	4%

PREFERENCIAS EN EL IDIOMA

La letra tiene que ser en español	37%
Le interesa la música en otros idiomas	31%
Le da igual el idioma	29%
Prefiere otros idiomas	2%
No sabe/No contesta	1%

EQUIPAMIENTO

HOGARES QUE DISPONEN DE:

Televisión	99%
Vídeo	74%
Radio	98%
Reproductor de CD	64%
Reproductor de casetes	72%
Ordenador con Internet	17%
DVD	4%

LECTURA

FRECUENCIA DE LECTURA DE LIBROS

Casi todos los días	14%
1-2 veces por semana	27%
2-3 veces al mes	18%
Una vez al mes	12%
Menos de una vez al mes	7%
Casi nunca	16%
No sabe/No contesta	6%

FRECUENCIA DE LECTURA DE PERIÓDICOS

Casi diaria	31%
3-4 días a la semana	9%
1-2 días a la semana	25%
Menos de una vez a la semana	8%
Nunca	27%

TEATRO

FRECUENCIA DE ASISTENCIA AL TEATRO

6 veces o más al año	1%
4-5 veces al año	4%
2-3 veces al año	8%
Una vez al año	9%
Menos de una vez al año	75%
Nunca	1%
No sabe/No contesta	2%

CINE

FRECUENCIA DE ASISTENCIA AL CINE (Porcentaje de gente que va al cine más de 3 veces al mes)

Entre 14 y 20 años	28%
Entre 21 y 35 años	34%
Entre 36 y 50 años	25%
Más de 50 años	13%

TELEVISIÓN

CONSUMO DE TELEVISIÓN (Minutos al día frente la pantalla)

Total (media)	210
Entre 13 y 24 años	153
Entre 25 y 45 años	190
Entre 46 y 64 años	239
Más de 65 años	304

¿Hay datos que te sorprenden? ¿Cuáles crees que son muy diferentes en tu país?
¿Por qué no haces una encuesta de este tipo entre tus compañeros de clase para ver si hay diferencias con ésta?

ciento quince ■ **115**

Unidad 9 Actividades

11 Aquí tienes la carta de un restaurante donde sirven platos de diferentes países del mundo hispano. Léela y elige lo que vas a comer.

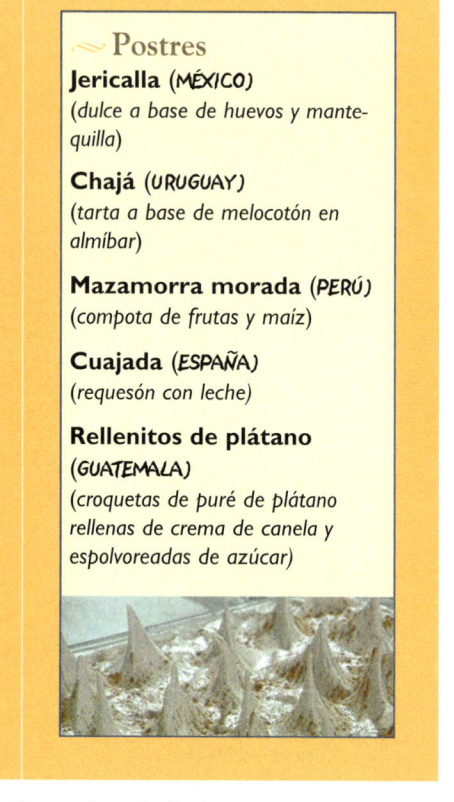

La cantina

Entrantes
Enchiladas Anita (MÉXICO)
(tortillas de maíz enrolladas con queso y cebolla)

Sopas
Posole (MÉXICO)
(caldo de verduras y lomo de cerdo)

Pescados
Cebiche (ECUADOR)
(pescado fresco macerado con jugo de limón)

Bacalao al pil pil (ESPAÑA)
(cazuela de bacalao con ajos y guindillas)

Chupín de pescado (PERÚ)
(pescado con patatas, tomates, cebolla...)

Carnes
Ají de gallina (PERÚ)
(pechuga de pollo deshilachada servida sobre patatas)

Empanadas chilenas (CHILE)
(masa de pan rellena de carne y cebolla)

Bifes a la criolla (ARGENTINA)
(bistecs con pimientos, patatas y ajos)

Cordero lechal (ESPAÑA)
(cordero al horno)

Chivitos (URUGUAY)
(pan uruguayo con jamón, mozzarella, panceta y otros ingredientes)

Postres
Jericalla (MÉXICO)
(dulce a base de huevos y mantequilla)

Chajá (URUGUAY)
(tarta a base de melocotón en almíbar)

Mazamorra morada (PERÚ)
(compota de frutas y maíz)

Cuajada (ESPAÑA)
(requesón con leche)

Rellenitos de plátano (GUATEMALA)
(croquetas de puré de plátano rellenas de crema de canela y espolvoreadas de azúcar)

- Yo, de primero, voy a tomar posole y, de segundo, cordero lechal. De postre, quiero chajá.
- A mí me apetece...

12 En esta cocina hay muchas cosas. ¿Sabes cómo se llaman en español? Luego, en grupos de cuatro, vais a decidir qué queréis comer hoy. Pero antes tenéis que saber qué os gusta a cada uno de vosotros. Haz preguntas a tus compañeros para conocer sus gustos. Al final contad a la clase qué vais a preparar.

- ¿Te gusta el pescado?
- Sí, pero hoy no me apetece mucho.
- Pues podemos hacer pasta...

116 ■ ciento dieciséis

Actividades **Unidad 9**

13 Estos cuatro cuadros son muy diferentes. ¿Te gustan? ¿Cuál te gusta más? ¿Por qué? Discútelo con un compañero. Puedes utilizar estas palabras.

una preciosidad	precioso	fantástico	muy bonito/bello
una maravilla	maravilloso	genial	muy feo
un horror	horrible	impresionante	muy extraño
una porquería	espantoso	horroroso	muy curioso

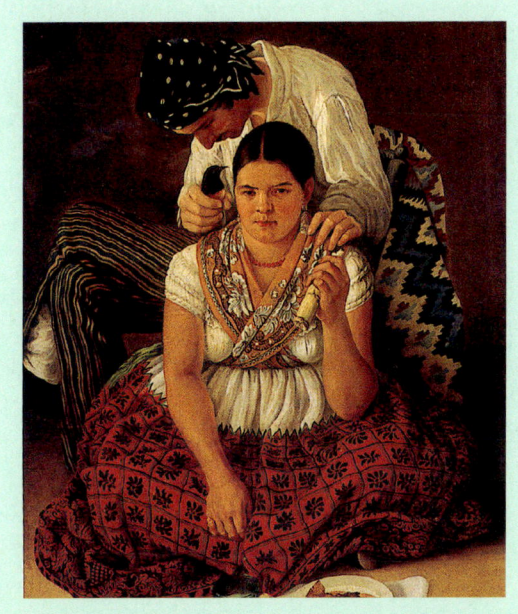

José Agustín Arrieta (Tlaxcala, 1874 - Puebla 1902)
El chinaco y la china

El Greco (Creta, 1541 - Toledo, 1614) *Vista de Toledo*

Darío de Regoyos (Ribadesella, 1857 - Barcelona, 1913)
El Baño en Rentería. Soir Eléctrique

Andreu Planas (Barcelona, 1953) *Sin título*

● A mí el que más me gusta es el de Darío de Regoyos. Lo encuentro muy bonito, muy relajante...
○ Pues, para mí, el más bonito es el de...

ciento diecisiete ■ **117**

Unidad 9 Actividades

14 Las vocales del español.

> El sistema vocálico del español es mucho más sencillo que el de la mayoría de las lenguas europeas. Consta únicamente de cinco vocales: **i**, **e**, **a**, **o**, **u**. A pesar de esta simplicidad, estos sonidos del español plantean tres importantes problemas a los estudiantes extranjeros:
>
> 1.- Las vocales del español son todas breves. Esto quiere decir que no aparecen nunca en español vocales largas, como ocurre en alemán o en inglés.
>
> 2.- En español no aparecen nunca vocales que se pronuncien acentuando el redondeamiento de los labios, como ocurre en alemán o en francés.
>
> 3.- En español las vocales poseen un timbre estable, es decir, que durante la realización de una misma vocal no hay variaciones, como ocurre, por ejemplo, en inglés.
>
> Es muy importante prestar atención a estas diferencias pues, en general, los hablantes de cualquier lengua tienden a pronunciar las vocales del español como las de su lengua.
>
> Para ayudar a corregir estos problemas es conveniente ejercitarse en pronunciar las vocales del español entre los sonidos consonánticos /p/, /t/, /k/, que contribuyen a reducir la duración de los sonidos vecinos y, especialmente, /t/ y /k/, que favorecen que no se produzca redondeamiento de los labios. Igualmente, estas consonantes dificultan los cambios de timbre.

Intenta pronunciar, ahora, estas palabras.

| pato | copa | toca | poca | pico | taco | peca | Paco | tapo |

Para usar todo lo que hemos aprendido hasta ahora...

Para la emisora de radio, hoy vamos a realizar un programa de gastronomía y otro de ocio y cultura.

Para el programa gastronómico, en grupos, decidid qué recetas podéis explicar hoy a vuestros oyentes y las escribís.

También podéis aconsejarles los mejores restaurantes de vuestra ciudad, con sus especialidades.

En el programa cultural podéis hacer de críticos literarios o de cine y recomendar alguna película o algún libro. También podéis recomendar algún concierto, obra de teatro o espectáculo que se represente en la actualidad en el lugar donde estáis estudiando español. Si os interesa el arte, también podéis hacer una crítica de alguna exposición o de un museo. No os olvidéis de grabarlo.

118 ciento dieciocho

Unidad 10

Aprenderemos...

- a referir acontecimientos pasados

- a relacionar momentos del pasado

- a situar acciones en el tiempo

- a hablar del inicio de una actividad

- el Pretérito Indefinido y la voz pasiva

Unidad 10 Textos

1 Aquí tienes la biografía de Rigoberta Menchú, Premio Nobel de la Paz en 1992. Antes de leerla, piensa un momento en qué esperas encontrar en una biografía.

En una biografía...
¿De qué datos se da información?
¿Se pone en relación la vida de la persona con los sucesos históricos?
¿Las informaciones remiten al pasado?
¿Se pone fecha a las informaciones?
¿En qué orden se suelen contar las cosas?

Ahora, ya puedes leerla.

Rigoberta Menchú

perfiles

Rigoberta Menchú nació el 9 de enero de 1959 en Chimel, una aldea del Quiché, en el altiplano indígena, al norte de Guatemala. Es una india maya-quiché, una más de los casi seis millones de indios que viven en Guatemala, un país de unos nueve millones de habitantes.

Desde su infancia, sufrió las consecuencias de la explotación de los indios por los terratenientes. Éstos representan un 22% de la población, pero, en cambio, poseen el 65 % de la tierra.

A los cinco años empezó a trabajar con sus padres en las grandes propiedades de la costa sur, donde los terratenientes cultivan café, algodón o caña de azúcar.

A los 14 años viajó a la ciudad de Guatemala para dedicarse, durante toda su adolescencia, al servicio doméstico, como muchas mujeres de las zonas rurales del país. En Guatemala aprendió español para poder defender mejor los derechos de su pueblo.

En uno de los múltiples intentos de los terratenientes para expulsar a los indígenas de sus tierras, asesinaron a un hermano de Rigoberta de 16 años. Ella fue testigo del asesinato.

Desde ese momento, su padre, Vicente Menchú, se dedicó por completo a la lucha por los derechos de los indios. En los años 70 y 80 aumentó en Guatemala la represión a gran escala de los pueblos indígenas, pero al mismo tiempo se crearon organizaciones populares de indios, mestizos y blancos pobres. Rigoberta, en 1979, a sus veinte años, ingresó en el Comité de Unidad Campesina (CUC) para dedicar su vida a la causa de los indios y de los oprimidos.

El 31 de enero de 1980, indios y campesinos decidieron asaltar pacíficamente la Embajada de España para protestar por la situación de los pobres de Guatemala, pero el gobierno guatemalteco envió al ejército y a la policía. En el asalto militar a la Embajada murió su padre.

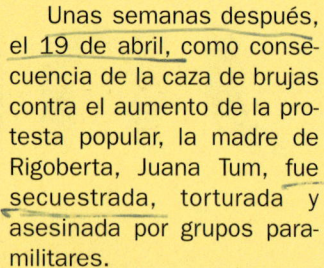

Unas semanas después, el 19 de abril, como consecuencia de la caza de brujas contra el aumento de la protesta popular, la madre de Rigoberta, Juana Tum, fue secuestrada, torturada y asesinada por grupos paramilitares.

En ese momento, Rigoberta, amenazada de muerte, decidió exiliarse para poder luchar pacíficamente por los pueblos indios y mestizos pobres de Guatemala. Sus dos hermanas se incorporaron a un grupo guerrillero.

Desde 1981, Rigoberta Menchú vivió en México, como 50 000 exiliados más, pero participó activamente en todas las manifestaciones por la democracia, la libertad de los indios y en favor de la reconciliación étnica y cultural, y en 1993 volvió a su país.

A lo largo de su vida ha recibido muchos reconocimientos oficiales por su labor. A los 33 años, en octubre de 1992, la Academia Sueca le concedió el Premio Nobel de la Paz.

Textos **Unidad 10**

Ahora que ya has leído la biografía de Rigoberta Menchú, contesta a estas preguntas. Puedes mirar el texto para verificar los datos.

¿Dónde nació y cuándo?
¿A qué edad empezó a trabajar?
¿Cuándo aprendió español y por qué?
¿A qué se dedicó durante su adolescencia?
¿Cómo murió uno de sus hermanos?
¿Cuándo murió su padre?
¿Cuándo secuestraron y mataron a su madre?
¿Cuándo volvió Rigoberta a su país?
¿Cómo ha sido su vida? ¿Cuáles son los objetivos de su lucha?

¿Qué puedes deducir de la situación política y económica de Guatemala? Responde a estas preguntas.

¿Quiénes son los propietarios de más de la mitad de las tierras?
¿Dónde está el altiplano indígena y dónde las fincas de los terratenientes?
¿Dónde van a trabajar los indios? ¿Y las indias jóvenes?
¿Cuántos habitantes tiene Guatemala aproximadamente?
¿Cuántos son indios?
¿Crees que los indios tienen los mismos derechos que los blancos?

En el texto sobre Rigoberta Menchú, se utiliza un nuevo tiempo para hacer referencia al pasado. Se trata del Pretérito Indefinido.

Subraya todos los verbos en Indefinido que encuentres en el texto.
¿Sabes cuál es el Infinitivo de estos verbos?
Clasifica, luego, los Indefinidos según las terminaciones: -ar, -er, -ir.
¿Has descubierto alguna regularidad en las terminaciones de la tercera persona del singular y de la tercera del plural? ¿Y alguna irregularidad?

Fíjate, ahora, en las expresiones que se utilizan para situar acontecimientos en el tiempo. Localízalas en el texto.
¿Crees que hay alguna relación entre esas expresiones temporales y el uso del Indefinido? Explica tu hipótesis. Luego, entre todos, la verificaréis.

ciento veintiuno ■ 121

Unidad 10 Textos

2 Mira este documento. ¿Qué tipo de texto crees que es? Después de leer el titular y el subtitular, ¿tienes alguna hipótesis sobre el contenido del texto? ¿En qué palabras te has basado? Luego, lee todo el texto y comprueba tus hipótesis.

Serias complicaciones en el rescate del astronauta español olvidado en el espacio

El astronauta salió el verano pasado con la idea de volver seis meses después. Después de más de un año en el espacio, el regreso de Luis Gracia a la Tierra parece hoy imposible.

Casi quinientos días en el espacio. Durante ese tiempo en la Tierra han cambiado muchas cosas: han cambiado las fronteras europeas, se han modernizado los coches, ha mejorado la televisión, se ha prohibido comer tortilla de patatas y se ha descubierto que el colesterol ya no es un problema… Incluso se ha inventado una nueva generación de robots que pueden viajar solos al espacio. Pero Luis Gracia no sabe nada de todo esto.

Hace más de un año, Luis Gracia, el astronauta escogido para investigar la existencia de vida en Saturno, se despidió de su familia, subió a la nave espacial, se sentó delante de los mandos y escuchó las palabras típicas: "cuatro, tres, dos, uno…". Entonces oyó una fuerte explosión y la nave empezó a subir. El viaje fue muy bien y no hubo ningún problema. En el espacio: Gracia hizo todo el trabajo previsto, pero no encontró vida en Saturno ni en ninguno de los otros planetas que visitó. Seis meses después, el pasado junio, llegó el momento de volver a la Tierra. Entonces empezaron los problemas: Gracia intentó llegar a nuestro planeta, pero, en lugar de acercarse, se alejó todavía más. El Centro de Vuelos de Tarazón le dijo: "Tenemos problemas para controlar su nave. Pronto le vamos a comunicar cuándo puede volver".

Luis Gracia se quedó horrorizado: solo en el espacio, a un millón de kilómetros de la Tierra, atrapado en el interior de la nave espacial. Pero, gracias a su espíritu aventurero, al cabo de unos días, ya estaba como en casa. En el espacio, tuvo tiempo para contemplar el paisaje y escribió cartas y grabó canciones para seres de otros planetas. "Quizá existen", pensó Luis.

Sin embargo, unas semanas después, cuando empezó el invierno, las cosas se complicaron: los sistemas eléctricos se estropearon por lo que ya no pudo ver más vídeos; se terminó la mejor comida –las hamburguesas, la tortilla de patatas y los pasteles de manzana– y, además, Gracia se puso enfermo y se tomó unas pastillas rarísimas.

A principios del mes pasado, Gracia envió un S.O.S. al Centro de Vuelos de Tarazón, pero el director del Centro le dijo: "Estamos intentándolo, pero esto todavía no funciona. Tranquilo. Vamos a encontrar una solución". Luis Gracia no se quedó nada tranquilo, pero siguió con sus expediciones espaciales.

La semana pasada, Luis Gracia recibió por fin una buena noticia. El Director del Centro de Vuelos lo llamó y le dijo: "Está todo arreglado. Lo esperamos en casa." Pero la respuesta de Luis fue contundente: "Demasiado tarde. Hace unos días conocí a una extraterrestre maravillosa y el jueves pasado nos casamos. Mi mujer y yo hemos decidido quedarnos por aquí. Somos muy felices. Saludos a todos."

Ahora que has leído el reportaje de la aventura de Luis Gracia, contesta a estas preguntas:

¿Cuánto tiempo ha pasado desde que empezó el viaje espacial?
¿Qué hizo Gracia el día que empezó el viaje?
¿Qué hizo en el espacio?
¿Cuándo empezaron sus problemas?
¿Qué hizo después?
¿Cuándo pidió socorro?
¿Cuándo recibió una buena noticia?
¿Cuándo conoció a una extraterrestre?

🔍 **Localiza en el texto fechas y expresiones temporales, y haz una lista de las que se usan con Perfecto y de las que se usan con Indefinido.**
¿Puedes reconocer el Infinitivo de todos los verbos usados en este texto?
¿Hay algunos Indefinidos irregulares? ¿Cuáles?

122 ■ ciento veintidós

Gramática Unidad 10

■ El Pretérito Indefinido

■ Las terminaciones de los Indefinidos regulares son:

*Después de vocal, la tercera persona se forma con -yó y -yeron: caer – **cayó**, leer – **leyeron**.*

	Verbos en **-ar**	Verbos en **-er/-ir**	
	hablar	comer	vivir
yo	hablé	comí	viví
tú	hablaste	comiste	viviste
él, ella, usted	habló	comió	vivió
nosotros/as	hablamos	comimos	vivimos
vosotros/as	hablasteis	comisteis	vivisteis
ellos, ellas, ustedes	hablaron	comieron	vivieron

■ Algunos verbos en **e - ir**, como por ejemplo **pedir** o **sentir**, cambian la **e** por una **i** en la tercera persona del singular y del plural, y los verbos en **o - ir**, como por ejemplo **dormir**, cambian la **o** por una **u** en la tercera persona del singular y del plural.

pedir	sentir	dormir
pedí	sentí	dormí
pediste	sentiste	dormiste
pidió	sintió	durmió
pedimos	sentimos	dormimos
pedisteis	sentisteis	dormisteis
pidieron	sintieron	durmieron

■ Hay verbos que, en Indefinido, tienen raíz irregular. Sin embargo, todos estos verbos (excepto **ser** e **ir**) tienen las mismas terminaciones, sin importar de qué conjugación son:

ser/ir	estar	estuv-	e
fui	tener	tuv-	iste
fuiste	poder	pud-	o
fue	poner	pus-	imos
fuimos	saber	sup-	isteis
fuisteis	querer	quis-	ieron
fueron	hacer	hic-	*(eron)
	venir	vin-	
	decir	*dij-	

*Fíjate en que **hice** se escribe con **c**, pero **hizo** se escribe con **z**.*

■ Usamos el Pretérito Indefinido cuando damos informaciones sobre el pasado y presentamos los hechos relacionados con una fecha concreta. Por eso, usamos el Pretérito Indefinido cuando situamos un suceso con expresiones temporales como:

ayer/anteayer/anoche	**la** semana/primavera... **pasada**
	el mes/año/invierno... **pasado**
el otro día	
el lunes/martes...	**en** noviembre/diciembre/1998/2001...
el día 3/4...	
el día de la boda / del examen...	**hace** unos días / un mes / un año...

ciento veintitrés ■ **123**

Unidad 10 Gramática

■ Una misma realidad puede expresarse de formas distintas. Cuando usamos el Pretérito Perfecto, presentamos la información como cercana al momento en el que estamos hablando. Cuando usamos el Pretérito Indefinido, relatamos el mismo hecho, pero lo situamos en el pasado sin relacionarlo con el momento en el que estamos hablando.

AGOSTO (Segovia)

Recuerda que, en algunas zonas de España y en gran parte de Latinoamérica, no se usa el Pretérito Perfecto. En su lugar se utiliza siempre el Pretérito Indefinido.

SEPTIEMBRE

Este verano he estado unos días en Segovia.

SEPTIEMBRE

En agosto estuve unos días en Segovia.

■ Referirse a una fecha

■ En español, las fechas se expresan con números cardinales, excepto para el día **uno,** que puede usarse también **primero**.

- ¿Qué día es hoy?
- **Tres** de febrero.

- ¿Qué día llegaste a Caracas?
- El **uno/primero** de febrero.

■ Para referirnos a una fecha concreta, utilizamos el artículo **el,** y se introduce el mes y el año con la preposición **de**.

- Mi hijo nació **el** 1 **de** enero **de** 2001.

Cuando se escribe la fecha en una carta, no se pone artículo: Madrid, 5 de mayo de...

■ Reconstruir una fecha

■ Cuando no especificamos la fecha exacta, podemos referirnos a ella fijándonos en el tiempo que ha pasado.

hace + cantidad de tiempo
hace — unos días / cinco meses / tres o cuatro semanas / un rato

- ¿Cuándo viste a Julio?
- **Hace** unos meses, en Valencia.

- Hombre, Cristina. ¡Qué casualidad! **Hace** un rato he preguntado por ti.

Gramática Unidad 10

■ Relacionar dos momentos en el pasado

■ Para relacionar un momento del pasado con otro posterior usamos las siguientes construcciones:

al cabo de + cálculo de tiempo

al cabo de	tres días unas semanas seis meses cuatro años

● Se conocieron en 1998 y, **al cabo de** tres meses, se casaron.

cálculo de tiempo + **después**

tres días unas semanas seis meses cuatro años	**después**

● Se conocieron en 1998 y, tres meses **después**, se casaron.

■ Referirse al inicio de algo

desde + referencia temporal

● Vivo aquí **desde** febrero / mi infancia / 1984...

desde hace + cantidad de tiempo

● Vivo aquí **desde hace** dos meses / muchos años...

■ Oraciones temporales: **cuando**

■ Para presentar dos acciones como simultáneas o consecutivas, utilizamos **cuando**.

● **Cuando** empezó el invierno, las cosas se complicaron.

■ La voz pasiva

■ La pasiva, en español, se utiliza fundamentalmente en textos escritos de registro formal (historia, arte, derecho...) y en los medios de comunicación. Es frecuente, por tanto, encontrar enunciados de este tipo:

Paco Matón y su mujer **fueron detenidos** por la policía. Su mujer **fue puesta** en libertad.

■ La pasiva se emplea poco en la lengua oral. Para resaltar el objeto directo, usamos esta construcción:

objeto directo	+	pronombre átono	+	verbo	+	sujeto
A Paco Matón y a su mujer		los		detuvo		la policía

Unidad 10 Actividades

3 En parejas, preguntaos qué hicisteis ayer. Podéis contestar aunque todavía no sabéis todos los Indefinidos. Si no os acordáis de las formas, en muchos casos, podéis usar la construcción **estuve** + Gerundio.

● ¿Qué hiciste ayer?

○ Estuve paseando.

ayer por la noche
el fin de semana pasado
el verano pasado
el día de su cumpleaños
en Navidad
anteayer por la tarde
el lunes de la semana pasada
la Nochevieja de 1999
el 1 de enero de 2000

4 Escucha a estos dos chicos que hablan de su último verano y trata de construir frases con los elementos de las cajas sobre lo que hicieron uno y otro.

nada más terminar las clases
al empezar el verano
a mediados de septiembre
a principios de agosto
después
a la vuelta
antes de empezar las clases
al terminar el mes de agosto
al volver

estuvo en la Costa Brava
fue a Benicásim a un festival de música
empezó a trabajar en una agencia de publicidad
fue a Holanda y a Bélgica de viaje
volvió a Madrid
estuvo en la Sierra de Madrid
se puso a trabajar de mensajero
estuvo haciendo montañismo en Galicia
pasó un mes en Estados Unidos

¿Se parece lo que has hecho tú este verano a algo de lo que hicieron estos chicos? Explícaselo a tus compañeros.

5 Estas fechas son muy conocidas por todos los españoles. Formula frases usando el Indefinido.

Fechas y sucesos

- 12 de octubre de 1492
- 18 de julio de 1936
- 1 de abril de 1939
- 20 de noviembre de 1975
- 15 de junio de 1977
- 23 de febrero de 1981
- 1 de enero de 1986
- 1992

- 2002

- Colón descubre América.
- Empieza la Guerra Civil española.
- Termina la Guerra Civil española.
- Muere Franco.
- Se celebran las primeras elecciones democráticas.
- Intento de golpe de estado.
- España entra en la Comunidad Económica Europea.
- Se celebran los Juegos Olímpicos de Barcelona y la Exposición Universal de Sevilla.
- El euro sustituye a la peseta.

Explica, ahora, a tus compañeros cuáles son las fechas más importantes del pasado histórico de tu país, aquellas fechas que todo el mundo conoce.

Actividades **Unidad** 10

6 Aquí tienes una serie de hechos, desordenados, sobre la historia de Laura y Javier. ¿Cómo crees que fue? En grupos, podéis elaborar la historia y, luego, contáis vuestra versión.

Laura Javier

Ramón

Eva

● Laura conoció a Javier en un bar. Al cabo de unos días...

ciento veintisiete ■ 127

Unidad 10 Actividades

7 Pregunta a dos compañeros cuándo han hecho o les ha pasado alguna de estas cosas por última vez…

comer pescado
ir a una discoteca
ver una película en DVD
estar unos días en el campo o en la playa
venir a clase con pocas ganas de estudiar
comprar algo en Internet
tener dolor de cabeza
ir al dentista
dormirse en una clase
pedir dinero prestado
estar en un atasco

• ¿Cuándo fuisteis a una discoteca por última vez?
o Uf, hace mucho tiempo.
■ Ah, pues, yo fui el viernes pasado.

Quizá tus compañeros han realizado alguna vez alguna de estas cosas. ¿Por qué no se lo preguntas?

hacer windsurf
ir a Nueva York
actuar en una obra de teatro
comer en un restaurante mexicano
pasar las vacaciones en España
ir al desierto
entrar en un chat de Internet
conocer a alguien interesante en un tren
estar en un país asiático
plantar un árbol
escribir un poema
comer caracoles

• ¿Has hecho windsurf alguna vez?
o No, yo nunca.
■ Yo, una vez. Fue el verano pasado, en Canarias.

8 Vas a escuchar a unas personas que hablan de sus vidas. Luego, explícale la tuya a tu compañero, pero no vale hablar solo de viajes… De todos estos temas, piensa si alguno se adapta a tu vida.

cambios de ciudad / de escuela / de casa (**cambiarse de…**)
accidentes / problemas físicos (**tener un accidente / una hepatitis…**)
el día que conociste a un gran amor (**enamorarse**)
algún éxito deportivo/musical… (**ganar un premio / un concurso…**)
trabajos/estudios/aficiones (**ponerse a trabajar/estudiar…**)

Actividades **Unidad** 10

9 Aquí tienes dos currículum vitae. Un/a compañero/a va a leer uno y tú, otro. Luego, os explicaréis el contenido más relevante de lo que habéis leído. Tenéis que encontrar también cuatro cosas que tienen en común Ricardo y María del Carmen.

DATOS PERSONALES

Nombre y apellidos: Ricardo Belver Beloki
Dirección: C/Jerusalén, nº 4 entlo. 1ª, 08010 Barcelona
Teléfono: 93 565 68 83
Fecha de nacimiento: 22/06/76
Lugar de nacimiento: Avilés (Asturias)
D.N.I.: 40322450-W

DATOS ACADÉMICOS

1982-90 EGB en el *Colegio Público Bruno Menéndez* de Avilés.
1990-92 1º y 2º de BUP en la *University of Detroit Jessuit High School & Academy* en Estados Unidos.
1992-94 3º de BUP y COU/PAU en el *Colegio San Fernando* de Gijón (Asturias).
1994-98 Licenciatura en Traducción e Interpretación en la *Universidad Pompeu Fabra* de Barcelona.
1995 Semestre de intercambio en la *Rühr Universität* de Bochum (Alemania).
1996 Semestre de intercambio en la *Universidade Federal do Pará* (Brasil).
2000 Segundo ciclo (tercer curso) de Periodismo en la *Universidad Pompeu Fabra*.

EXPERIENCIA PROFESIONAL

1995 Teleoperador en el instituto de estadística *Forsa Institut* de Dortmund (Alemania).
1997-99 Traductor del inglés al español de folletos publicitarios para la ETT Alta Gestión.
2001 Redactor en la revista *Cinemanía*.

IDIOMAS

Español, catalán e inglés — Perfecto nivel oral y escrito
Alemán y portugués — Nivel alto oral y escrito

CURRÍCULUM VITAE
de Mª del Carmen Jiménez Blanco

Avda. del Mediterráneo, 15, 29007 Madrid
Tel. 91 356 97 88
17/09/1966
D.N.I.: 29212431-L

Estudios universitarios:
Licenciada en Derecho por la *Universidad Complutense* de Madrid (1989) (se adjunta certificado)
Semestre de intercambio en la *Universidad Central de Venezuela* y en la *Universität zu Köln* (Alemania) (1987)
Máster en Derecho Internacional en *La Sorbonne* (Francia) (1990) (se adjunta certificado)

Estudios no universitarios:
Cursos de alemán en el *Goethe-Institut* de Madrid (1984-88)
Cursos de francés en el *Institut Français* de Madrid (1988-90)
Cursos de inglés en la *Cornell University* de Nueva York (veranos de 1988, 89 y 90) (se adjuntan certificados)

Trabajo actual:
Abogada en la Cámara de Comercio Alemán de Madrid desde 1998 (se adjuntan referencias)

Trabajos anteriores:
Prácticas en el despacho del abogado Martín del Pozo Negro (1992) (se adjuntan referencias)
Prácticas en el despacho de la abogada Sánchez Miranda (1995) (se adjuntan referencias)

Idiomas:
Español, inglés, alemán y francés

• Ricardo nació en Avilés, estudió 1º y 2º de BUP en Estados Unidos.

¿Por qué no escribes ahora tu currículum?

Unidad 10 Actividades

10 Uno/a de vosotros/as va a simular ser uno/a de estos dos famosísimos personajes. Los demás sois unos periodistas que le vais a hacer una entrevista en un programa de televisión. Entre todos tenéis que reconstruir los datos que faltan.

Mandona

Nombre real: ~~Paca Mortilla Román~~
Nace en ~~1960~~
1966-76: Estudia en ~~el colegio de monjas de Divina~~ (Madrid).
1976-77: Estudia Informática en la Academia Sol de Alcorcón (Madrid).
Noviembre 1977: Deja los estudios y entra a trabajar como ~~manasjara~~ en la casa ELEPE. Conoce al famoso productor Cecilio Cebollo, de 72 años.
~~Enero 78~~ se casan en ~~Gibraltar~~.
Octubre 79: Tiene cuatrillizos que se llaman: John, Paul, Ringo y Julio José.
Navidad 83: Le toca la lotería (el gordo de Navidad).
~~Primavera 85~~: Se divorcia y monta un estudio de grabación con Montse Caballez.
Junio 1986: Graba su primer "single": *Buscando a mi primo segundo desesperadamente*. No tiene éxito y su primo, Director del Banco de España, pone, en otoño, una denuncia contra ella. El caso sale en la prensa y ocupa las portadas de periódicos y revistas. Empieza a ser famosa.
Junio 1990: Primera actuación en público, en la ~~Plaza de Toros de las Ventas (Madrid)~~, con su disco *Jamón, jamón*. Triunfo total.
~~1994~~: Óscar a la mejor actriz por *Señoronas*, su primera película.
Desde entonces: escándalos varios. Romances con ~~Plácido Carreras~~ y Harrison Cruise.
2001: Canta junto a ~~Ricardo Martín~~ el tema *Ten mucho cuidado*.

Ricardo Martín

Nombre real: ~~Ricky Martin~~
Nace en S~~an Juan de Puerto Rico~~ en ~~1971~~.
~~1977-1989~~: Estudia en el Colegio Público *Steve Martin* de San Juan.
~~1984~~: Entra a formar parte del grupo musical Chiquillos.
~~1988~~: Rueda con todo el grupo la telenovela *A por todas*.
~~1989~~: Deja el grupo Chiquillos y comienza su carrera como solista.
1990: Se va a vivir a ~~Nueva York~~.
1991: Graba su primer disco, ~~Ricky Martin~~, que se convierte en un gran éxito internacional.
1992: Graba un disco en ~~portugués~~ con Mariana Mercurio y realiza su primera gira por todo el continente americano. Además, le conceden 12 discos de platino.
~~1993~~: Se traslada a Caracas para grabar su segundo disco, *Me amas*.
1995: Publica el disco ~~A medio vivir~~, del que se venden 1 millón de copias en todo el mundo.
1998: Se casa en San Juan con D~~ermalina Montevideo~~, una guapísima actriz y modelo venezolana.
1999: Gana el premio Grammy a~~l mejor intérprete de música latina pop~~.
2001: Canta junto a ~~Mandona~~ el tema *Ten mucho cuidado*.

130 ciento treinta

Actividades **Unidad 10**

11 El español tiene muy pocas consonantes en posición final de palabra o de sílaba y las que aparecen, no se pronuncian igual que en otras posiciones. Las únicas consonantes que mantienen sus características en posición final son: **m**, **n**, **l**, **s**.

m	n	l	s
hombre	cien	alma	indios
completo	función	guatemalteco	rurales
sombra	aventura	espacial	semanas
hambre	canción	control	después

Las demás consonantes que aparecen en posición final se pronuncian con mucha relajación. Incluso hay algunas, como las representadas por **d** y **j**, que en general no se pronuncian.

Madrid	"Madrí"
Valladolid	"Valladolí"
verdad	"verdá"
reloj	"reló"
sexto	"sesto"

12 Imagina que acabas de leer estos titulares en el periódico. ¿Cómo los explicarías a otra persona?

Los estudiantes de español de este curso han sido elegidos por la Academia Sueca para el Premio Nobel de la Rapidez en el Aprendizaje.

La famosa cantante ecuatoriana Jessica López fue secuestrada anoche por unos desconocidos.

Leo Lopis, estudiante de español, ha sido raptado por unas compañeras.

Ayer fue visto en París el famoso escritor Jaro acompañado de una joven.

Los conocidos mafiosos Kaput y Peleón fueron detenidos por la policía el sábado pasado.

Marco Pérez, profesor de español, fue sorprendido por sus alumnos buscando una palabra en el diccionario en el lavabo de la escuela.

● ¿Sabes? A Jaro lo vieron ayer en París acompañado de una joven.

ciento treinta y uno ■ **131**

Unidad 10 Actividades

13 Vais a imaginar que habéis hecho un viaje por Chile. Mirad el mapa de este país y, en grupos de tres, decidid cómo organizasteis el viaje, a cuáles de estos lugares fuisteis, cómo llegasteis a cada lugar, cuántos días estuvisteis en cada sitio, qué hicisteis, qué comprasteis, quiénes os acompañaron… Luego, contádselo a vuestros compañeros.

> • Empezamos el viaje en Arica. Llegamos desde la frontera del Perú en un taxi "colectivo". Hicimos una excursión para ver unos géiseres impresionantes...

Chile

■ **Arica e Iquique**
- Se puede llegar desde la frontera del Perú en autobús o en taxi "colectivo". Zona árida con numerosas fuentes termales, géiseres y oasis.

■ **Desierto de Atacama**
- Lugares de interés: colosal Mina de Chuquicamata, visible desde el espacio; San Pedro de Atacama, capital arqueológica de Chile.
- En la zona sur, el Parque Nacional Pan de Azúcar reúne gran variedad de cactus y sus islas están pobladas por pingüinos.

■ **Coquimbo y La Serena**
- En Coquimbo, destacan playas como La Herradura, Las Mostazas, Guanaqueros...
- En La Serena, paseo por las callejuelas para ver la arquitectura colonial y visita a los museos mineralógico, arqueológico y colonial de arte religioso.
- Viaje en barca desde Caleta Punta de Choros a la Isla Damas, donde se divisan delfines y pingüinos de Humboldt.
- En el pueblo de Pisco Elqui, planta productora de pisco.

■ **Valparaíso**
- Importante ciudad portuaria y sede del Congreso Nacional.
- Subida en ascensor a la parte superior de los cerros para admirar la magnífica panorámica de la ciudad.
- Visita a la Casa-Museo del poeta Pablo Neruda.

■ **Viña del Mar**
- Conocida como "Ciudad Jardín" por sus jardines con plantas y arbustos, es una de las principales ciudades turísticas del país.
- Es típico el recorrido por la ciudad en carruajes tirados por caballos, llamados "victorias".
- Exquisita gastronomía: caldillo de congrio (sopa hecha con angula de mar), mariscal (mariscos macerados con limón y especias)...

■ **Santiago**
- Paseo por la ciudad: Plaza de Armas, Alameda, modernos barrios comerciales...
- Aventura en los alrededores: *rafting* en los ríos Maipo o Biobío, vuelos en globo o ala delta, esquí en Portillo...

■ **Isla de Pascua**
- Fascinante museo arqueológico con misterios sin resolver: a lo largo de la costa hay cientos de "Moais", estatuas enormes de piedra.
- Las dos mejores playas de Chile: Anakena y Ovahe.
- Fauna y flora únicas. Ideal para hacer submarinismo.

■ **Temuco**
- Interesantes mercados al aire libre.
- Indios mapuches. Para ver la cultura mapuche, es recomendable visitar Choi-Choi.
- Excursión al Parque Nacional de Villarica: visita a las cavernas volcánicas o ascenso hasta el cráter humeante del volcán Villarica.

■ **Valdivia**
- Excursión en barco hasta la desembocadura del río Valdivia: preciosa vista de varias fortalezas coloniales españolas.
- Desde la ciudad se puede ir a la región de los Lagos. Muy cerca, lagos Riñihue, Ranco y Maihue.

■ **Isla de Chiloé**
- En barco desde Puerto Montt.
- Paisaje de un verde intenso.
- En el poblado de Quemchi, se puede admirar la típica artesanía en miniatura.
- Cultura y mitología propias.

■ **Patagonia**
- Carretera austral: 1000 km de selva fría se extienden desde Puerto Montt hacia el sur: fiordos, lagos, espesos bosques y glaciares.
- Crucero en barco por la laguna de San Rafael. Vista espectacular del glaciar.
- Punta Arenas es la ciudad más austral del continente. Vale la pena ver una panorámica de la ciudad y sus característicos tejados de colores.
- Isla de Tierra del Fuego: paisaje sin horizonte con extensas pampas, cordilleras nevadas y lagos solitarios.

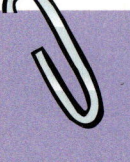

Para usar todo lo que hemos aprendido hasta ahora...

Habéis decidido crear en vuestra emisora un programa llamado "Viajes y aventuras". Los que hayan hecho viajes interesantes van a ser entrevistados por otros compañeros.

También podéis crear un programa llamado "Biografías" y seleccionar a personajes famosos de vuestra cultura que pueden ser interesantes para los oyentes de habla española. Buscad información y redactad el guión del programa. Y no os olvidéis de grabarlo...

Unidad 11

Aprenderemos...

- a expresar opiniones y a reaccionar

- a hablar de las causas y de las consecuencias de algo

- a contrastar informaciones

- a comparar

- el Presente de Subjuntivo

Unidad 11 Textos

1 Aquí tienes un texto que habla de las diferencias entre el Norte y el Sur. ¿Estás de acuerdo?

Norte y Sur

Uno de los mayores problemas de la Humanidad es, sin duda, la enorme diferencia entre el Norte y el Sur, entre los países ricos (industrializados), situados generalmente en el hemisferio Norte, y los países pobres (no industrializados), que se encuentran normalmente en el hemisferio Sur.

Además, hay que tener en cuenta que los países ricos son cada vez más ricos **mientras que** los países pobres son cada vez más pobres. Éste es el caso de muchos de los países de América Latina.

Esta desigualdad existe en todos los terrenos: los países ricos consumen el 70% de la energía mundial, el 75% de los metales, el 85% de la madera y el 60% de los alimentos y tienen el 95% de los ordenadores del mundo, **aunque** solo representan, aproximadamente, la cuarta parte de la población mundial. Además, el 37% de la población del Norte recibe enseñanza universitaria o equivalente, mientras que solo el 8% de los habitantes del Sur reciben estudios superiores.

Se trata, **por tanto**, de un círculo vicioso muy difícil de romper. Muchos opinan que esto es así porque los países no industrializados, que corresponden normalmente a antiguas colonias de los países ricos, son, en el fondo, colonias encubiertas de los países industrializados y dependen totalmente de ellos. **Por una parte**, los países ricos obtienen grandes beneficios exportando al Tercer Mundo, por medio de las multinacionales. **Y por otra parte**, pagan muy poco por las materias primas (los minerales, el algodón o el café, en América Latina, por ejemplo). Además, resulta evidente que las ayudas del mundo rico a los países pobres son claramente insuficientes.

Como las oportunidades económicas no van hacia la gente, la gente va hacia las oportunidades económicas. **Por eso**, unos 75 millones de personas de países en vías de desarrollo se trasladan al Norte y se convierten en refugiados o emigrantes legales o ilegales, que huyen del hambre o de la guerra. Miles y miles de latinoamericanos, **por ejemplo**, intentan entrar por todos los medios en Estados Unidos o en Europa.

Por todo ello, los expertos piensan que la emigración en el siglo XXI va a ser la más grande que ha vivido la Humanidad.

(Datos obtenidos del Informe sobre el Desarrollo del PNUD, Programa de las Naciones Unidas para el Desarrollo)

Textos **Unidad 11**

Éstas son algunas informaciones que aparecen. ¿Cómo lo dice el texto?

La mayoría de los países ricos está en el hemisferio Norte.
La desigualdad entre el Norte y el Sur es un problema muy grande.
El mundo rico ayuda muy poco al mundo pobre.
Los países pobres dependen económicamente de los países industrializados.
Los países industrializados obtienen grandes beneficios de los países pobres.
Mucha gente emigra porque hay guerra o hambre en su país.
En el siglo XXI la emigración va a ser muy importante.

Haz una lista de las palabras clave del texto, por ejemplo, **desigualdad**, y señala el género que tienen. ¿Tienen todas relación con la economía, la política o los problemas sociales?

Fíjate en las expresiones que están en negrita y en las relaciones de conceptos que establecen. Son expresiones que sirven para organizar y poner en relación las ideas en un texto. ¿Puedes, por el contexto, hacer una hipótesis de para qué sirve cada una (causa, consecuencia...)?

ciento treinta y cinco ■ **135**

Unidad 11 Textos

2 En estas conversaciones hay opiniones sobre los mismos temas que en el texto del ejercicio 1. Observa que, en este caso, como se trata de conversaciones, se usan otros recursos. Fíjate en cómo se manifiesta acuerdo en los siguientes casos:
- con una persona que acaba de hablar,
- con algo que se considera conocido o que se ha dicho anteriormente (en un texto, por ejemplo, o en una conversación anterior).

● Es cierto que las ayudas del mundo rico a los países pobres son insuficientes.
○ Sí, es verdad.

● Lo que pasa es que los países industrializados también tienen muchos problemas: la falta de vivienda, las drogas, el SIDA, la delincuencia, el paro…
○ Sí, de acuerdo, pero los problemas del Tercer Mundo son mucho más graves.

● Yo creo que muchos países no se desarrollan porque los países ricos no quieren. Les interesa más mantenerlos como colonias. ¿No crees?
○ Sí, evidentemente.

● Me parece muy injusto que los países industrializados consuman el 60% de los alimentos.
○ Sí, es tremendo.
■ Y, además, es una vergüenza que se gaste tanto dinero en armas en lugar de dedicarlo a otras cosas…

● El producto nacional bruto per cápita del Perú, por ejemplo, es de 2110 dólares, el de Honduras es de 600, mientras que el de Estados Unidos es de 25 880 o el de Suiza, de 37 930.
○ Es increíble.

● Es horrible que haya tanta desigualdad. No lo entiendo.

¿Has observado que aparece un nuevo modo verbal? Es el Subjuntivo.
¿Qué verbos están en este modo en el texto?
¿Aparece en frases simples o en frases subordinadas?
¿Aparece cuando se da una información nueva o cuando se reacciona ante una información?

Fíjate en si estas construcciones van seguidas de Indicativo o de Subjuntivo.

Es cierto que…	Lo que pasa es que…
Me parece muy injusto que…	Yo creo que…
Es una vergüenza que…	Es horrible que…

Haz, ahora, una lista de los problemas más graves que crees que tiene actualmente tu país. Luego, discutidlo con toda la clase.

● Yo creo que el problema más grave que tenemos ahora es la desigualdad entre ricos y pobres.
○ Sí, es verdad.
■ Pues yo no estoy de acuerdo. Para mí…

Gramática **Unidad** 11

Presente de Subjuntivo

■ Para formar el Presente de Subjuntivo se invierten las vocales características de cada grupo.

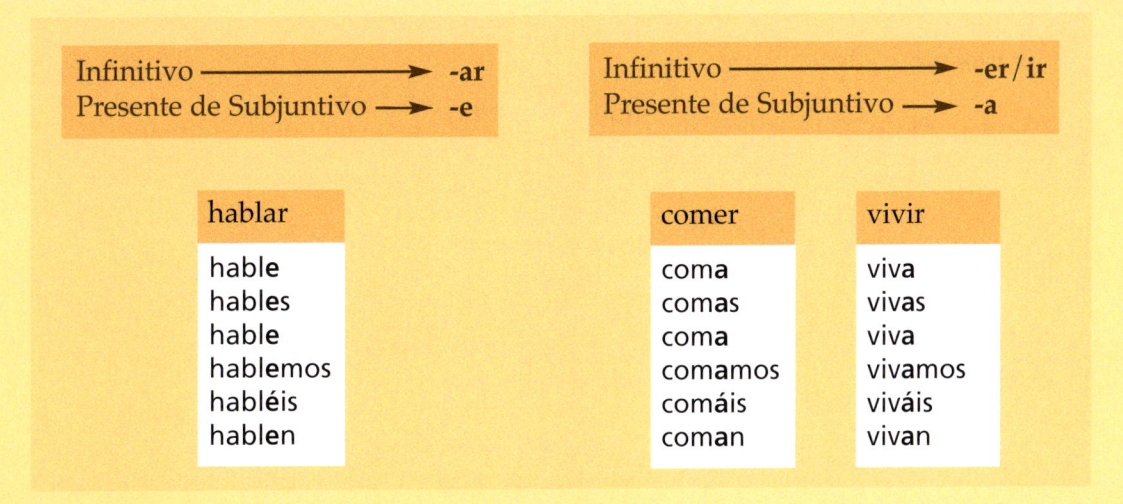

Infinitivo ⟶ -ar
Presente de Subjuntivo ⟶ -e

Infinitivo ⟶ -er/ir
Presente de Subjuntivo ⟶ -a

hablar
hable
hables
hable
hablemos
habléis
hablen

comer	vivir
coma	viva
comas	vivas
coma	viva
comamos	vivamos
comáis	viváis
coman	vivan

■ Los verbos con irregularidades **e – ie** y **o – ue** en el Presente de Indicativo[1] tienen la misma irregularidad en el Presente de Subjuntivo.

querer	quiero[1]	⟶	quiera/quieras/quiera/queramos/queráis/quieran
poder	puedo[1]	⟶	pueda/puedas/pueda/podamos/podáis/puedan
adquirir	adquiero[1]	⟶	adquiera/adquieras/adquiera/adquiramos/adquiráis/adquieran
jugar	juego[1]	⟶	juegue/juegues/juegue/juguemos/juguéis/jueguen

■ Los verbos con la primera persona irregular en Presente de Indicativo[1] forman todo el Presente de Subjuntivo con la misma irregularidad.

hacer	tener	salir	conocer	pedir (e – i)
hago[1]	**tengo**[1]	**salgo**[1]	**conozco**[1]	**pido**[1]
haga	tenga	salga	conozca	pida
hagas	tengas	salgas	conozcas	pidas
haga	tenga	salga	conozca	pida
hagamos	tengamos	salgamos	conozcamos	pidamos
hagáis	tengáis	salgáis	conozcáis	pidáis
hagan	tengan	salgan	conozcan	pidan

■ Los verbos en **e – ir** (**sentir**) cambian también la **e** por una **i** en la primera y en la segunda persona del plural. Los verbos en **o – ir** (**dormir**) cambian la **o** por una **u**.

sentir (e - ie/i)	dormir (o - ue/u)
sintamos	durmamos
sintáis	durmáis

Algunos verbos con irregularidades propias	
saber	sepa/sepas/sepa/sepamos...
ir	vaya/vayas/vaya/vayamos...
haber	haya/hayas/haya/hayamos...
ver	vea/veas/vea/veamos...
ser	sea/seas/sea/seamos...
estar	esté/estés/esté/estemos...

ciento treinta y siete ■ **137**

Unidad 11 Gramática

- Usamos el Presente de Subjuntivo para reaccionar ante algo. El Subjuntivo no aparece aislado sino que normalmente se utiliza en oraciones subordinadas, y no da información nueva sino que expresa una reacción ante algo conocido, presupuesto o ya mencionado. Por esa razón, la mayor parte de las expresiones que son una reacción ante algo presupuesto o compartido por los interlocutores llevan Subjuntivo.

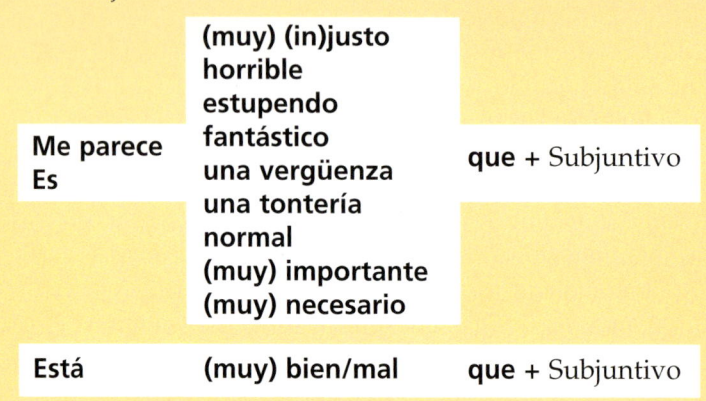

Me parece Es	(muy) (in)justo horrible estupendo fantástico una vergüenza una tontería normal (muy) importante (muy) necesario	que + Subjuntivo
Está	(muy) bien/mal	que + Subjuntivo

- Usamos el Indicativo para aportar una información nueva...

    • Algunos países **son** muy pobres y otros muy ricos.

    ... y cuando reaccionamos inmediatamente ante una única información:

    ○ **Eso me parece** muy injusto.

- Sin embargo, cuando reaccionamos señalando una de varias informaciones, que se han dado o que se presuponen, el verbo de la frase subordinada va en Subjuntivo.

    información 1 • Algunos países son muy pobres y otros muy ricos y, además,
    información 2   los países ricos no ayudan a los pobres.

    ○ Me parece muy injusto que los países ricos no **ayuden** a los pobres.

■ Intercambiar opiniones

Plantear una opinión	Manifestar acuerdo o desacuerdo
Yo creo que… A mí me parece que… Yo pienso que…	Sí, es verdad. Sí, claro. Sí, de acuerdo, pero + nueva opinión No, eso no es cierto/verdad + nueva opinión

- En español **creo que / me parece que / pienso que** se usan con Indicativo porque sirven para introducir informaciones nuevas.

    • **Creo que** me **voy** a casa.

- Con **es cierto que / es verdad que / es evidente que** se vuelve a introducir una información como nueva y se utiliza Indicativo.

    • Sí, **es verdad que consumimos** demasiada energía.

- Sin embargo, con **no es cierto que / no es verdad que / no es evidente que** se utiliza Subjuntivo porque reaccionamos ante una información compartida.

    • **No es cierto que** la guerra **sea** necesaria.

Gramática **Unidad 11**

■ Mientras que

■ Sirve para comparar personas, objetos, situaciones o informaciones planteando una oposición o contraste.

- En el Perú hay muchos indios **mientras que** en Chile hay muy pocos.

■ Explicar un hecho o hablar de la causa de algo y de sus consecuencias

porque Cuando damos una información nueva:

- ¿Por qué se han muerto?
- **Porque** hay mucha contaminación.

como Cuando la información es compartida o presupuesta:

- **Como** hay tanta contaminación…
- Claro, se han muerto.

lo que pasa es que Cuando queremos señalar un problema o justificar algo:

- **Lo que pasa es que** hay mucha contaminación.
- Sí, es verdad.

por eso Cuando queremos expresar la consecuencia de algo:

- Hay mucha contaminación y **por eso** se han muerto.

■ Pero/aunque

■ Para unir dos frases que expresan ideas que contrastan o que se contradicen, podemos usar **pero** o **aunque**.

A + **pero** + B	A y B son informaciones nuevas e importantes.	• Ha estado en España muchas veces, **pero** no habla español.
Aunque + A + B	B es la información más importante.	• **Aunque** ha estado en España muchas veces, no habla español.

ciento treinta y nueve ■ **139**

Unidad 11 Actividades

3 Elige una de las siguientes opiniones sobre cada tema y formúlala usando **Yo creo que…** o **A mí me parece que…** Si no te identificas con ninguna de ellas, expresa tu propia opinión. Quizá algún/a compañero/a tiene una opinión distinta.

Aprender un idioma extranjero

Hay gente que no sirve para aprender un idioma.
Todo el mundo puede aprender un idioma con un buen método.
Solo se aprende bien un idioma cuando lo necesitas.

Para aprender un idioma lo mejor es…

ir al país, no es necesario estudiar.
leer mucho y estudiar gramática.
traducir y hacer ejercicios de gramática.
practicar en clase, leer mucho y también ir al país.

Los hombres…

son más débiles que las mujeres.
son más fuertes que las mujeres.
son iguales que las mujeres.

El mundo…

es más justo ahora que hace doscientos años.
es más injusto ahora que hace doscientos años.
es igual ahora que hace doscientos años.

Lo más importante en la vida es…

el amor y la amistad.
el trabajo y el dinero.
tener un ideal y luchar por él.
viajar y pasarlo bien.

El español es una lengua…

muy bonita.
muy difícil.
bastante fácil.

Lo mejor para luchar contra las drogas es…

legalizar su venta.
prohibirlas.
controlarlas en los hospitales y en las farmacias.

● Yo creo que el español es una lengua muy bonita.
○ Sí, estoy de acuerdo, pero también pienso que es muy difícil.

Actividades **Unidad 11**

4 ¿Qué les pasa a Álvaro, a Clara y a Manolo? Explica sus problemas relacionando los diferentes hechos como causas y consecuencias. Usa **porque**, **como** y **por eso**.

Álvaro
- no gana mucho dinero.
- siempre va mal de dinero.
- gasta demasiado.
- le gusta mucho comprar ropa.

Clara
- no se lleva bien con su padre.
- no habla con él.
- no le explica sus problemas.
- su padre no la comprende.

Manolo
- hace poco tiempo que vive aquí.
- no tiene amigos.
- está triste.
- no sale.

● Como gasta demasiado, Álvaro siempre va mal de dinero.

5 ¿Cuáles crees que son las razones de estos hechos? Contesta usando **Yo creo que eso es porque…**

➤ Los Estados Unidos tienen el mayor porcentaje de homicidios de los países industrializados (9 de cada 100 000 habitantes).
➤ Normalmente el crecimiento económico no implica una mayor protección del medio ambiente.
➤ Hay miles de especies animales y vegetales en peligro de extinción.
➤ Las mujeres tienen una esperanza de vida mayor que los hombres.
➤ En algunos países las mujeres ganan por el mismo trabajo solo el 50% de lo que ganan los hombres.

➤ En España, actualmente, las familias tienen muy pocos hijos, uno o dos.
➤ Más del 50% de los estudiantes españoles que empiezan una carrera no la terminan.
➤ El Perú es un país muy rico en recursos naturales y, sin embargo, su deuda externa es enorme.
➤ Las preocupaciones ecológicas no son las mismas en los países ricos que en los países no industrializados.
➤ En algunos países europeos está aumentando el racismo.
➤ Italia es uno de los países más bonitos del mundo.

Unidad 11 Actividades

6 Vas a oír una serie de informaciones. Reacciona con una o varias de estas expresiones. Anota para cada expresión el número de la intervención a la que puede responder.

¡Qué bien!
¡Qué horror!
¡Qué interesante!
¡Qué injusto!

Es horrible.
¡Estupendo, fantástico!
¡Es increíble!
¡Es espantoso!

¿De verdad?
Sí, es verdad.
Es normal.

7 Compara las dos poblaciones, los dos teléfonos y los dos chicos y haz una lista con todas las diferencias. Utiliza **mientras que**…

TORTUECA

APPLEX

ENRIQUE

VALLEJAR

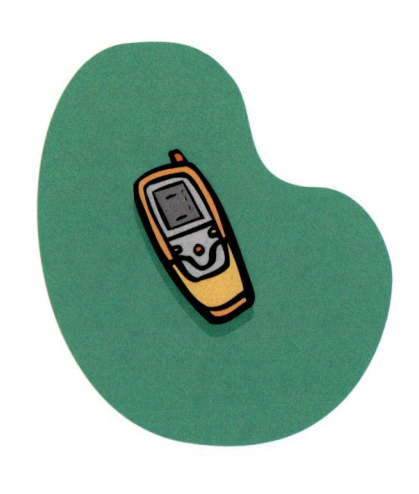

H.A.L

LEO

● Enrique lleva el pelo corto mientras que Leo lo lleva largo.

142 ■ ciento cuarenta y dos

Actividades # Unidad 11

8 Ñalandia es un país imaginario con leyes y costumbres también imaginarias: hay cosas prohibidas, cosas obligatorias, cosas autorizadas y costumbres probablemente muy diferentes a las de tu país.

Normas y costumbres en Ñalandia

- Es obligatorio casarse a los veinte años, pero uno se puede divorciar muchas veces. Normalmente los ñalandeses se casan entre 5 y 7 veces en la vida.
- Para los ñalandeses es un gran honor casarse con un extranjero.
- El alcohol y el tabaco están totalmente prohibidos.
- Los ñalandeses solo comen dos veces al día: comida y cena. Por la mañana solo beben agua.
- No se puede ir en coche por las ciudades. Solo en metro y en bicicleta.
- Los ñalandeses no comen patatas fritas; se lo prohíbe su religión.
- Casi todos los altos cargos directivos son ñalandesas. La Presidenta y el 80% de los ministros también son mujeres.
- Los jóvenes van a la escuela hasta los quince años, después trabajan dos años y, luego, los que quieren, siguen estudiando.
- No existe la propiedad privada de la tierra.
- Los ancianos viven con sus hijos.
- El delito más grave en Ñalandia es decir mentiras. Las penas de cárcel llegan hasta veinte años si la mentira es muy gorda. Cortar árboles es también un grave delito.
- El deporte más popular en Ñalandia es el ajedrez.
- En Ñalandia no hay ejército y nunca hay guerras.
- En Ñalandia no hay televisión ni Internet.
- Ñalandia no es un país muy rico. No hay dinero para invertir en tecnología y, por eso, sus productos no son competitivos.

¿Qué te parece...? Da ahora tu opinión sobre cuatro aspectos de la sociedad ñalandesa. Coméntalo con tus compañeros.

sorprendente	peligroso	muy bien
fantástico	extraño	muy mal
terrible	ridículo	justo
estupendo	lógico	injusto
horrible	normal	una tontería

● A mí me parece fantástico que no haya guerras...

Después, podéis comparar Ñalandia con vuestro país.

● El deporte más popular en Ñalandia es el ajedrez mientras que en mi país es el fútbol.

Unidad 11 Actividades

9 Aquí tienes una serie de informaciones que debes relacionar. ¿Cómo puedes expresarlo en una sola frase? Puedes usar **aunque**, **pero**, **como** y **por eso**.

> 1. Luis es simpático.
> 2. Luis no tiene muchos amigos.

> 1. En Madrid hay muchos problemas de tráfico.
> 2. En Madrid mucha gente utiliza el coche.

> 1. Sus padres son de origen español.
> 2. No habla nada de español.

> 1. Daniel estudia muy poco.
> 2. Daniel saca muy buenas notas.

> 1. Colombia es un país muy rico.
> 2. Colombia tiene bastantes problemas.

> 1. Muchas personas son racistas.
> 2. No conocen culturas diferentes a la suya.

> 1. Muchas personas usan el coche.
> 2. Hay muchos problemas de tráfico en las ciudades.

> 1. España no es un país muy caro.
> 2. Alrededor de 50 millones de turistas visitan España cada año.

10 En esta unidad has aprendido cómo puedes relacionar dos informaciones en una frase con **aunque**, **pero**, **como** y **por eso**. Además, la entonación contribuye también a la expresión de ideas relacionadas. Observa, por ejemplo, estas frases:

> 1. Luis es simpático.
>
> 2. Luis no tiene muchos amigos.

Si interesa destacar la información de la frase 2, decimos:

> Aunque Luis es simpático, no tiene muchos amigos.

Si queremos mostrar que las dos frases son igualmente importantes:

> Luis es español, pero es muy poco comunicativo.

Pasa lo mismo con otras frases:

> 1. Aunque Daniel estudia muy poco, saca buenas notas.
>
> 2. Daniel estudia muy poco, pero saca buenas notas.

Igual que las estructuras gramaticales, las estructuras entonativas son diferentes en cada lengua. Para realizar las entonaciones adecuadas, fíjate en la estructura melódica y trata de imitarla. Te ayudará también a reproducir la estructura sintáctica correcta.

Actividades Unidad 11

11 Lee este texto. Es una descripción de la vida de una pequeña comunidad muy especial del Perú.

La isla de Taquile

En los Andes, a 3812 metros sobre el nivel del mar, entre Perú y Bolivia, está el lago Titicaca. En el lado peruano del lago, a unos 35 kilómetros de la ciudad de Puno, se encuentra una pequeña isla quechua de 5 kilómetros de largo por 1,5 de ancho: la isla de Taquile. En la isla viven unas dos mil personas, 318 familias, una comunidad sin agua corriente ni electricidad. Los métodos de trabajo y la forma de vida de sus habitantes son muy parecidos a los de los antiguos incas. Los taquileños han mantenido las tradiciones de sus antepasados. Sin embargo, también han tomado de la sociedad moderna lo que más les ha interesado.

Los taquileños viven de la pesca, de la agricultura, de la artesanía y del transporte de turistas que desean conocer la isla. Sin embargo, lamentablemente la empresa privada foránea pretende desplazarlos de esta actividad utilizando modernas lanchas, lo que les privará de tener ingresos económicos como lancheros. En Taquile no hay hoteles para los turistas, que se alojan en casa de las familias. Y por supuesto, en la isla no hay ni un solo coche.

Como la isla es muy pequeña y el clima muy duro, la agricultura tiene que estar totalmente controlada para que haya comida para todos. Cada domingo, después de la misa, la gente se reúne y discute los acontecimientos de la semana y los planes para el futuro inmediato. A veces, hombres de fuera de la isla van a Taquile para "organizar" al pueblo. Hablan de cosas como inflación, insurrección y corrupción policial. Pero eso no tiene mucho que ver con Taquile: en la isla no hay policía. La gente no quiere policías.

La isla tiene su propio sistema de justicia. Por ejemplo, si un hombre roba una oveja, es presentado ante la comunidad durante la reunión del domingo y obligado a dar seis vueltas a la plaza mayor llevando la oveja a sus espaldas. Si alguien mata una oveja, es conducido al continente y no se le permite regresar nunca más a la isla.

La ropa que llevan la tejen en la isla con la lana de las ovejas. Los colores también los hacen en la isla con las mismas técnicas que los pueblos precolombinos: el amarillo lo obtienen de la hojas de un árbol, el rojo de un escarabajo del cactus, etc. Nadie se casa con alguien de fuera de la isla y los extranjeros no pueden comprar tierras.

Todos los jóvenes taquileños quieren visitar Lima. Para ellos, la capital es una especie de Disneylandia, llena de peligros y de magia, y creen que hay que conocerla. Por eso, de vez en cuando, alguien vuelve de Lima con alguna idea extraña y con ropas de la ciudad (vaqueros, camisetas de algodón, zapatos en lugar de sandalias de piel). Pero recibe muchas críticas y muy pronto tiene que adaptarse de nuevo a las normas familiares de la isla.

En la isla no hay sacerdotes ni médicos. Los taquileños creen que el *pag'o*, una especie de hechicero del lugar, es suficiente. Quizá es verdad porque en Taquile la gente tiene muy buena salud y se muere muy mayor.

¿Qué aspectos de la sociedad taquileña te gustan, cuáles no te gustan, cuáles te parecen justos o injustos, etc.?

¿Qué cosas son diferentes en tu país? ¿Dónde crees que la gente es más feliz, en Taquile o en tu país? ¿Por qué? Escribe un pequeño texto con tus ideas. Recuerda que en el texto del ejercicio 1 tienes unas expresiones muy útiles para organizar tus opiniones por escrito.

ciento cuarenta y cinco ■ **145**

Unidad 11 Actividades

12. Aliénez, el extraterrestre, regresa a su planeta. Ha decidido llevarse algunas cosas representativas de la Tierra, pero tiene dudas. Con dos compañeros vais a hacer una lista de doce cosas indispensables para que los habitantes de Alienilandia se hagan una idea de cómo vivimos en la Tierra. Antes, os tenéis que poner de acuerdo. Luego, con toda la clase, intentad confeccionar una lista única.

• Yo creo que un ordenador es muy importante porque representa cómo funciona el mundo actual.

Para usar todo lo que hemos aprendido hasta ahora...

En todas las emisoras de radio hay debates. Vamos a preparar uno con varios invitados y un moderador.

Escoged un tema que os interese a todos.

Haced una lista de personajes invitados (tipos de personajes con edades y perfiles variados, especialistas en algún aspecto del tema...). Cada uno de vosotros finge ser uno de ellos.

El moderador, con la ayuda de algunos compañeros, prepara una pequeña introducción y una lista de preguntas para los participantes, que serán el guión del debate. Y no os olvidéis de grabarlo.

146 ciento cuarenta y seis

Unidad 12

Aprenderemos...

- a dar instrucciones

- a pedir y a conceder permiso

- a dar consejos

- a pedir algo, a ofrecer algo y a ofrecerse para hacer algo

- el Imperativo

Unidad 12 Textos

1 Paola, una chica italiana que estudia español, y Marta, una chica española, han encontrado en Internet una página muy interesante. Mira las imágenes y escucha lo que dicen. Trata de seguir por las páginas aquellos enlaces que abren.

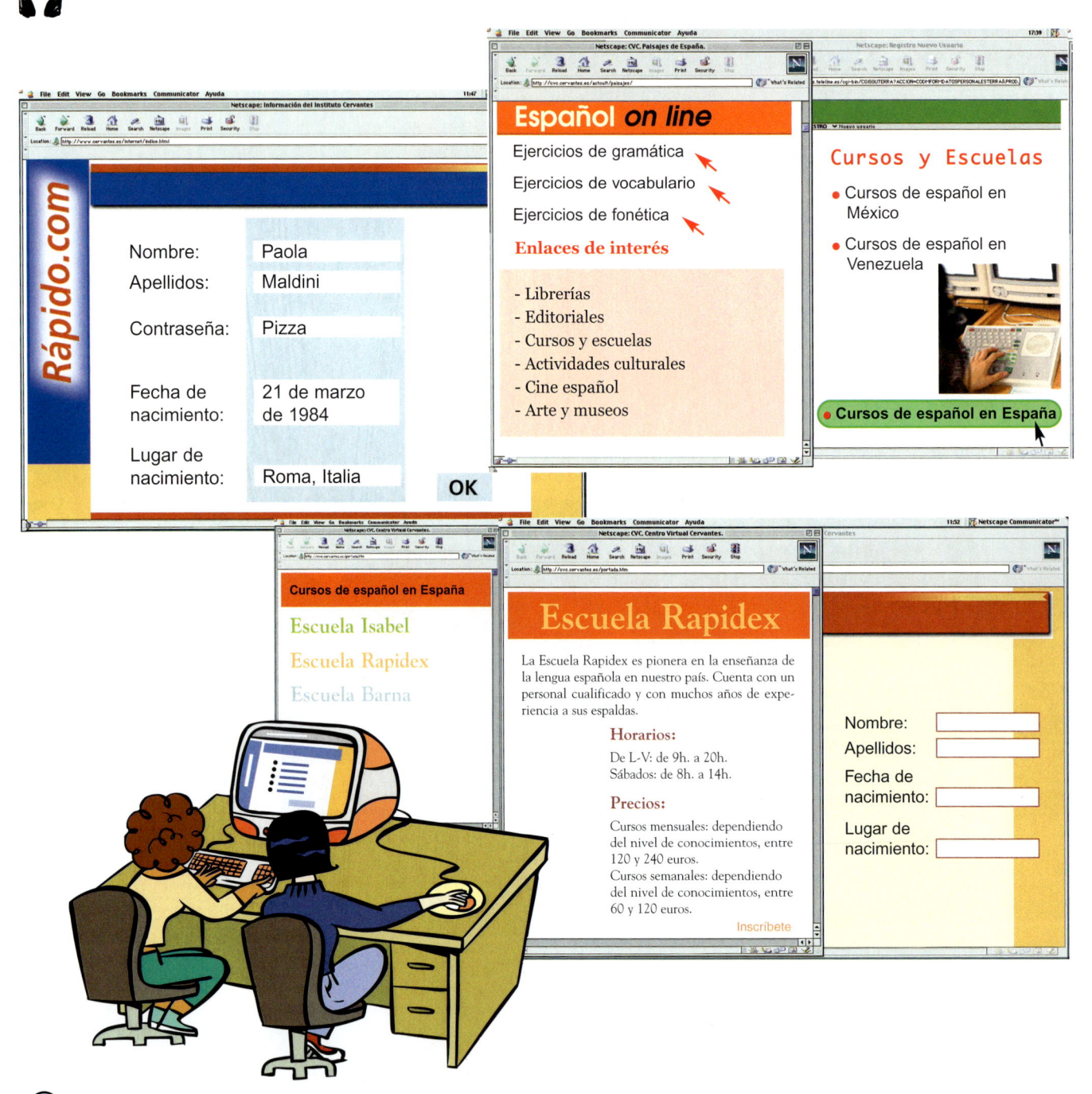

Rápido.com
- Nombre: Paola
- Apellidos: Maldini
- Contraseña: Pizza
- Fecha de nacimiento: 21 de marzo de 1984
- Lugar de nacimiento: Roma, Italia

OK

Español on line
- Ejercicios de gramática
- Ejercicios de vocabulario
- Ejercicios de fonética

Enlaces de interés
- Librerías
- Editoriales
- Cursos y escuelas
- Actividades culturales
- Cine español
- Arte y museos

Cursos y Escuelas
- Cursos de español en México
- Cursos de español en Venezuela
- Cursos de español en España

Cursos de español en España
- Escuela Isabel
- Escuela Rapidex
- Escuela Barna

Escuela Rapidex

La Escuela Rapidex es pionera en la enseñanza de la lengua española en nuestro país. Cuenta con un personal cualificado y con muchos años de experiencia a sus espaldas.

Horarios:
De L-V: de 9h. a 20h.
Sábados: de 8h. a 14h.

Precios:
Cursos mensuales: dependiendo del nivel de conocimientos, entre 120 y 240 euros.
Cursos semanales: dependiendo del nivel de conocimientos, entre 60 y 120 euros.

Inscríbete

- Nombre:
- Apellidos:
- Fecha de nacimiento:
- Lugar de nacimiento:

🔍 En la audición, para dar instrucciones, se ha utilizado un modo nuevo del verbo: el Imperativo. **Fíjate en las formas de la segunda persona del singular (tú):** mira, inventa, rellena, escribe, abre. **Compáralas con las del Presente de Indicativo. ¿Con qué persona coinciden?**
Y fíjate en éstas: haz, pon. ¿A qué persona se refieren? ¿Crees que son regulares?

🔍 ¿Qué pasa con los pronombres en el Imperativo? Observa estas formas: invéntate, ponlo.

🔍 **También usan** tienes que... y hay que... **¿Para qué crees que sirven?**

148 ciento cuarenta y ocho

Textos **Unidad 12**

2 ¿Te gusta cocinar? ¿Quieres saber cómo se hacen empanadas chilenas? Fíjate en los ingredientes que se necesitan y en los verbos que se van a utilizar.

Recetas del Mundo

Empanadas chilenas

Ingredientes

Para la masa:

1 kg de harina
1/4 kg de margarina
35 cl de agua
1 cucharada de sal

Para el "pino" (relleno):

300 gr de carne picada
800 gr de cebolla
un puñado de pasas
sal
comino
pimienta
pimentón
4 huevos duros
aceitunas

hervir	extender
calentar	cortar
añadir	poner
freír	doblar

Dos personas están preparando unas empanadas. Escucha el diálogo para saber cómo se hacen. Puedes tomar notas.

Fíjate también en el tiempo que se utiliza para explicar esta receta. ¿Puedes sacar alguna conclusión más general sobre el uso del Imperativo?

ciento cuarenta y nueve ■ 149

Unidad 12 Gramática

■ Imperativo afirmativo

■ El Imperativo afirmativo solo tiene formas especiales para la segunda persona del singular (**tú**) y para la segunda del plural (**vosotros/as**).

Tú: El Imperativo es igual que la tercera persona del singular del Presente de Indicativo.

• **Pasa**, por favor.

Corre, corre, que llegamos tarde.

Hay, sin embargo, ocho excepciones.

poner	**pon**	ser	**sé**
decir	**di**	ir	**ve**
hacer	**haz**	tener	**ten**
salir	**sal**	venir	**ven**

Vosotros/as: Para obtener la forma del Imperativo, sustituimos la **r** del Infinitivo por una **d**. No hay excepciones.

sali**r** → sali**d**

• **Pasad**, por favor.
• **Corred, corred**, que llegamos tarde.

■ Para referirnos a **usted**, **ustedes** o **nosotros/as**, utilizamos las formas correspondientes del Presente de Subjuntivo.

• **Pase**, por favor.
• **Corran, corran**, que llegamos tarde.
• **Pensemos** todo esto un poco más.

■ Con todas las formas del Imperativo afirmativo, los pronombres van detrás y unidos al verbo.

• Tráigan**la** mañana, por favor.
• Déja**lo** ahí encima.

■ En los verbos reflexivos, desaparece la **d** final de la segunda persona del plural y la **s** final de la primera persona del plural. En la lengua oral, sin embargo, con muchos verbos es muy frecuente sustituir la **d** por una **r**: **iros**, **veniros**...

calla**d** + os → callaos
vayamo**s** + nos → vayámonos

• **Callaos**, por favor.
• **Vayámonos** ya, que es muy tarde.

■ Cuando hay más de un pronombre, ponemos primero el Objeto Indirecto y después el Directo.

• Trác**melo**, por favor.
• Cómpren**selo**. Es muy bueno.

■ Imperativo negativo

■ Usamos, para todas la personas, las formas del Presente de Subjuntivo.

• **No lleguéis** tarde.
• **No coma** grasas **ni beba** alcohol.

■ Los pronombres se colocan delante del verbo. Recuerda que, cuando **le** o **les** acompaña a un pronombre de OD de tercera persona, se transforman en **se**.

• No **lo** hagas así.
• No **se lo** digan todavía.

Gramática Unidad 12

■ Usos del Imperativo

■ Conceder permiso:

● ¿Puedo abrir la ventana?
○ Sí, claro, **ábrela.**

En español, para conceder permiso, solemos repetir alguno de los elementos de la aceptación. Frecuentemente repetimos el Imperativo.

¿Puedo abrir la ventana?

Sí, ábrela, ábrela.

■ Dar instrucciones:

● **Seguid** recto por esta calle y, al final, **girad** a la izquierda.
● **Ponga** el agua a hervir, **eche** las patatas…

■ Dar consejos y recomendaciones:

● **No vayan** por esa carretera, que está muy mal.
● **Tómese** estas pastillas y **descanse** mucho.

■ Ofrecer algo:

● **Tome** un poco más de té, señora Hernández.
● **Siéntense**, por favor.

■ Dar órdenes, solo en relaciones muy jerarquizadas o de mucha confianza:

● Niños, **apagad** la tele de una vez.
● **Mande** este fax inmediatamente. Es muy urgente.

■ Tener que + Infinitivo y hay que + Infinitivo

■ Usamos **tener que** + Infinitivo para expresar el compromiso, la obligación o la necesidad de hacer algo, o para dar instrucciones.

● Primero **tienes que** enchufarlo y luego **tienes que** apretar este botón.
● Mañana **tengo que** ir al médico.

■ Usamos **hay que** + Infinitivo para expresar, de forma impersonal, la obligación o la necesidad de hacer algo.

● Primero **hay que** enchufarlo y luego **hay que** apretar este botón.

Unidad 12 Gramática

■ Hasta/hasta que/cuando

■ Con la preposición **hasta** introducimos el punto final; el momento o el lugar en el que acaba algo.

- Pensamos ir **hasta** Sevilla.
- Vamos a quedarnos **hasta** la hora de cenar.

■ Con verbos conjugados usamos **hasta que**.

- Vivió en Madrid **hasta que** terminó sus estudios.

■ Con frases temporales referidas al futuro, también utilizamos el Presente de Subjuntivo. Lo mismo sucede con **cuando**.

- Caliente la margarina **hasta que** hierva.
- **Cuando** hierva, añada el azúcar.
- **Cuando** tenga dinero, me compraré un coche.

■ Introducir una justificación: es que

■ Para presentar una justificación o una excusa utilizamos **es que**.

- ¡Es tardísimo!
- Lo siento. **Es que** he tenido muchísimo trabajo.

■ Pedir algo a alguien

■ Para pedir algo, utilizamos la construcción ¿**Puede/s** + Infinitivo?

- ¿**Puedes pasar**me la sal, por favor?

■ También podemos utilizar el Presente de Indicativo en forma interrogativa.

- ¿Me **traes** un vaso de agua, por favor?
- ¿Nos **pasa** la sal, por favor?

¿Me **pasas** el aceite?
Sí, toma.

■ Pedir permiso

■ Para pedir permiso, usamos ¿**Puedo** + Infinitivo? Generalmente hay que justificar la petición. Para ello usamos **es que**...

- ¿**Puedo** abrir la ventana? **Es que** tengo mucho calor...

■ Ofrecerse para hacer algo y reaccionar

■ Para ofrecerse a hacer algo, utilizamos ¿**Quiere/s/n / Queréis** + **que** + Presente de Subjuntivo?

- ¿**Queréis que vaya** a la farmacia un momento?

■ Para rechazar el ofrecimiento:

- **No, no hace falta, gracias.**
  No, no se preocupe / no te preocupes.

■ Cuando aceptamos la ayuda, normalmente justificamos la aceptación.

- Ah, pues sí, **muchas gracias. Muy amable. Es que yo ahora no puedo ir.**

Actividades **Unidad** 12

3 Aquí tienes los ingredientes de una receta para ponerse triste. Léela. Luego, mira los otros temas. En parejas, tu compañero/a va a escoger el que más le gusta y tú tienes que explicarle qué tiene que hacer para conseguirlo. Las ilustraciones te pueden ayudar. Dale las instrucciones en Imperativo o usando **tienes que** + Infinitivo. Antes de empezar, podéis hacer una lista de las palabras que vais a necesitar y buscar en el diccionario las que no sepáis.

Para ponerse triste

· Leer las noticias del periódico.
· Mirar la televisión, especialmente los informativos y los documentales.
· Recordar algún amor imposible.
· Quedarse en casa el domingo por la tarde.

Para no mojarse cuando llueve
Para ponerse contento por la mañana
Para conseguir el amor de tu vida
Para leer el periódico sin ponerse de mal humor
Para convertirse en un buen cocinero
Para no gastar tanto
Para ser un buen estudiante de español
Para ser una persona elegante

● Para no mojarte cuando llueve, coge el paraguas antes de salir de casa, o no salgas...

ciento cincuenta y tres ■ **153**

Unidad 12 Actividades

4 Un amigo te ha escrito este e-mail en el que aparece la siguiente petición. ¿Por qué no le contestas?

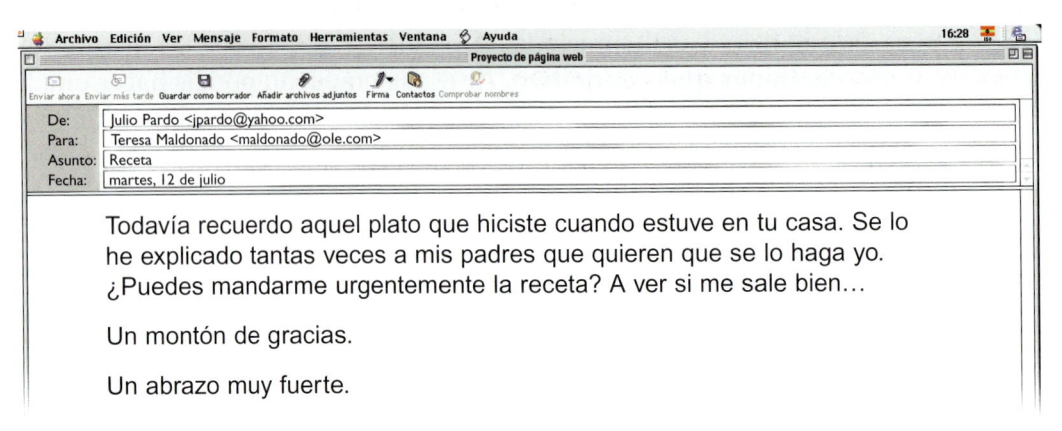

> De: Julio Pardo <jpardo@yahoo.com>
> Para: Teresa Maldonado <maldonado@ole.com>
> Asunto: Receta
> Fecha: martes, 12 de julio
>
> Todavía recuerdo aquel plato que hiciste cuando estuve en tu casa. Se lo he explicado tantas veces a mis padres que quieren que se lo haga yo. ¿Puedes mandarme urgentemente la receta? A ver si me sale bien…
>
> Un montón de gracias.
>
> Un abrazo muy fuerte.

5 Tus compañeros y tú trabajáis en una agencia de publicidad. La empresa "Vivieco" os ha encargado una campaña publicitaria sobre cómo vivir ecológicamente y habéis realizado este anuncio.

TODO LO QUE QUIERES SABER PARA VIVIR ECOLÓGICAMENTE Y NUNCA TE HAS ATREVIDO A PREGUNTAR…

Vivimos en un mundo de locos, un mundo de consumo que crea el espejismo de la "felicidad por el consumo". En realidad, cada día tenemos menos tiempo libre porque vivimos preocupados por conseguir más dinero para consumir más. Tenemos que llevar una vida sana y gratificante, y podemos conseguirlo viviendo con simplicidad y ecológicamente.

Para ello tenemos que:

- andar, montar en bici, usar el transporte público,
- estar en contacto con la naturaleza, conocerla y cuidarla,
- comer alimentos frescos y preferir el pescado a la carne,
- usar con moderación la sal y el azúcar,
- no hacer caso de la publicidad,
- no consumir drogas, ni alcohol, ni tabaco, ni demasiado café,
- no correr tanto… no tener siempre prisa,
- participar, no ser solo espectador en la sociedad, ser actor,
- tener contacto con la gente de otros países, conocer sus costumbres,
- ser respetuosos con la Humanidad, con la Naturaleza, con los animales y con las cosas, en general,
- ser generosos.

Y no tenemos que:

- dejarnos manipular,
- ser violentos…

Ahora os han encargado otra campaña para que los ciudadanos se alimenten de forma sana. Primero, subrayad del texto anterior los temas y los recursos que podáis volver a utilizar. En lugar de **tener que** + Infinitivo, para ser más directos, usad Imperativos.

Actividades **Unidad** 12

6 La tecnología avanza una barbaridad. Mira todo lo que hacen estos robots. Pero hay un pequeño problema: las instrucciones de uso están desordenadas. Intenta ordenarlas. Luego, en grupos de tres, cada uno/a explica a sus compañeros cómo funciona uno de los robots. Así podéis comprobar si habéis ordenado las secuencias de la misma manera.

Máquina para cambiar de canal de televisión sin mando a distancia

- sentarse en el sofá
- bostezar cada vez que un programa no te gusta; automáticamente la máquina cambia de canal
- seleccionar un programa de televisión
- encender el televisor
- encender la máquina con el botón que pone *start*
- apagar la máquina con el botón que pone *stop*

Máquina para hacer croissants por las mañanas

- volver a apretar el botón rojo hasta oír la canción *Frère Jacques...*
- esperar unos minutos
- apretar el botón rojo
- desenchufar
- escribir con un bolígrafo en la pantalla el número de croissants
- enchufar
- recoger los croissants con cuidado porque están calientes

Máquina que te sustituye en el trabajo o en la escuela

- cerrar
- apretar el botón que pone *start*
- abrir la parte superior
- cuando la pantalla se ha encendido, escribir en el teclado:
  - la hora de llegada al trabajo o a la escuela
  - las cosas que tiene que hacer
  - la hora de salida
- comprobar si hay pilas
- meterse de nuevo en la cama
- apretar la tecla que pone *OK*
- abrir la puerta de casa
- decirle adiós a la máquina

● ¿Cómo funciona la máquina para hacer croissants?
○ Mira, primero tienes que enchufarla. Luego, hay que apretar el botón rojo...

Unidad 12 Actividades

7 Tu compañero/a y tú estáis en estas situaciones. Uno de los dos pide permiso al otro y éste se lo concede. Piensa, en cada caso, si tienes que usar **tú** o **usted**. Recuerda que, en relaciones formales, hay que justificar la petición. El ejemplo os puede servir de ayuda.

→ Estás viajando en un tren. Hace mucho calor y quieres abrir la ventanilla.

● Perdone, ¿puedo abrir un momento la ventanilla, por favor? Es que tengo mucho calor.
○ Sí, ábrala, ábrala.

1. Estás en una reunión de trabajo y tienes que hacer una llamada telefónica.

2. Estás en casa de un amigo y ves unas fotos encima de la mesa. Tienes muchas ganas de mirarlas.

3. Estás en casa de una amiga y ves unos discos compactos que te gustaría llevarte a tu casa para escucharlos.

4. Has dejado tu habitación del hotel Marisol, pero quieres dejar tus maletas en la recepción.

5. El pasajero que está sentado a tu lado en el avión ya ha leído el periódico. Estás muy aburrido y te gustaría leer un rato su periódico.

6. Estás en casa de un amigo tuyo charlando. La televisión está encendida y el volumen está demasiado alto.

8 Estas personas tienen una serie de problemas. ¿Cuántas maneras diferentes de ofrecerles ayuda se te ocurren?

● ¿Quieres que vaya a la farmacia?

Actividades Unidad 12

9 En parejas, uno/a va a hacer de médico y el/la otro/a de enfermo/a. Aquí tenéis unas fichas: escoge una de ellas, cuéntale al médico lo que te pasa o lo que te ha pasado y éste te va a aconsejar lo que tienes que hacer. Luego, cada pareja representará el diálogo ante la clase.

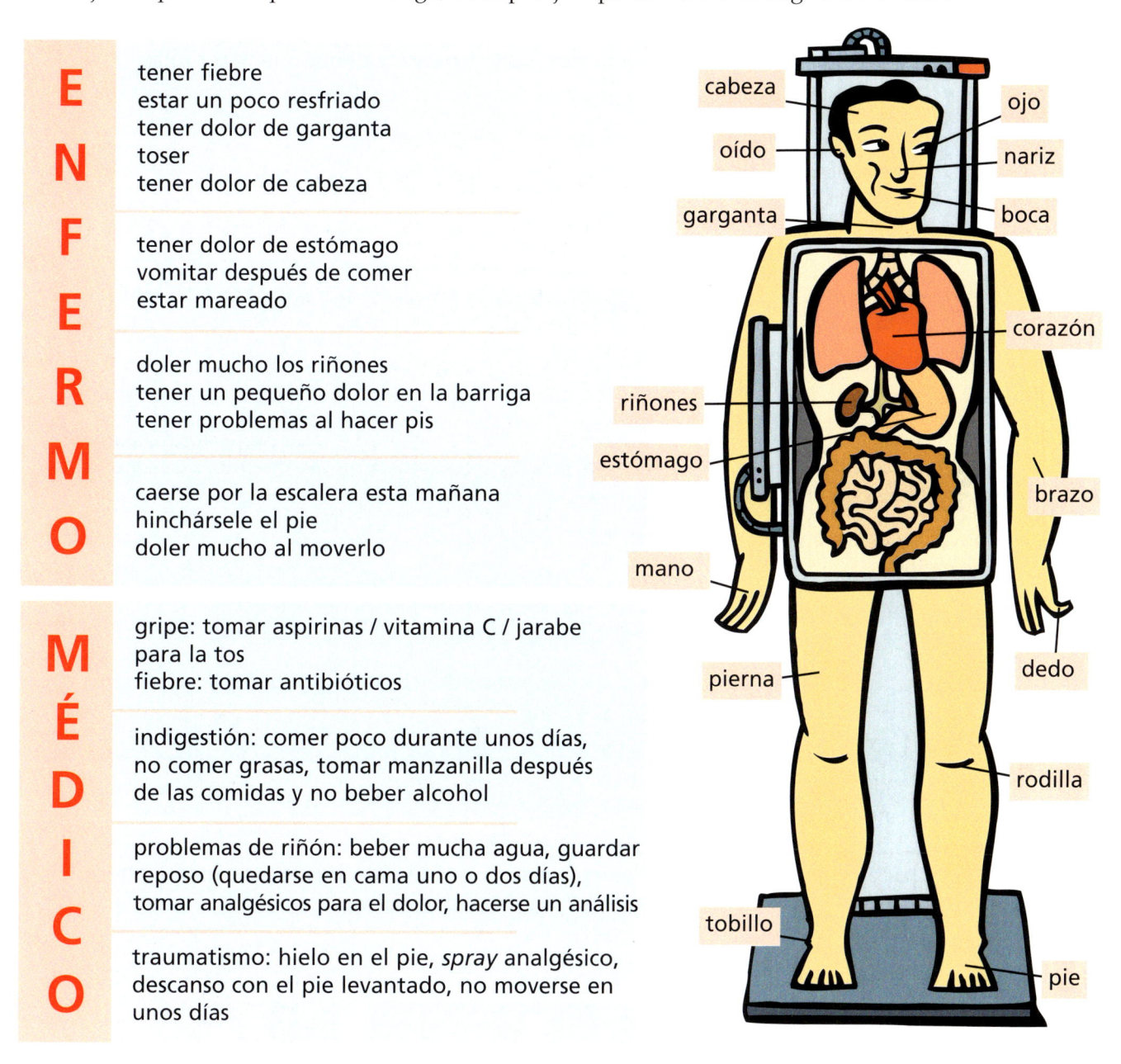

ENFERMO

tener fiebre
estar un poco resfriado
tener dolor de garganta
toser
tener dolor de cabeza

tener dolor de estómago
vomitar después de comer
estar mareado

doler mucho los riñones
tener un pequeño dolor en la barriga
tener problemas al hacer pis

caerse por la escalera esta mañana
hinchársele el pie
doler mucho al moverlo

MÉDICO

gripe: tomar aspirinas / vitamina C / jarabe para la tos
fiebre: tomar antibióticos

indigestión: comer poco durante unos días, no comer grasas, tomar manzanilla después de las comidas y no beber alcohol

problemas de riñón: beber mucha agua, guardar reposo (quedarse en cama uno o dos días), tomar analgésicos para el dolor, hacerse un análisis

traumatismo: hielo en el pie, *spray* analgésico, descanso con el pie levantado, no moverse en unos días

Partes del cuerpo: cabeza, ojo, oído, nariz, garganta, boca, corazón, riñones, estómago, brazo, mano, pierna, dedo, rodilla, tobillo, pie.

● Mire, doctor, no me encuentro muy bien. Tengo dolor de estómago y estoy mareado.
○ ¿Tiene fiebre?

Mira estas dos conversaciones para fijarte en cómo funciona el verbo doler.

● ¿Qué le pasa?
○ Pues, mire, no me encuentro bien. Me duele mucho la garganta.

● ¿Qué le pasa?
○ Me duelen muchísimo los riñones.

¿Crees que es como aprender**, como** irse **o como** gustar**? Fíjate en las terminaciones del verbo y en los pronombres. Fíjate también en qué hay detrás del verbo.**

Ahora escribe tres frases con el verbo **doler** de acuerdo con tus hipótesis.

ciento cincuenta y siete ■ 157

Unidad 12 Actividades

10 Imagina que tu compañero/a y tú estáis en estas situaciones. En parejas, uno/a pide el favor al otro/a la otra y éste/a se lo concede o no. El ejemplo os puede servir de ayuda.

➤ Al salir del trabajo descubres que no tienes dinero. Es tarde, los bancos están cerrados, has olvidado tu tarjeta de crédito en casa y tienes que hacer unas pequeñas compras…

- Oye, ¿puedes hacerme un favor? Es que me he quedado sin dinero y tengo que hacer unas compras. ¿Puedes prestarme treinta euros?
○ Claro, toma.
- Mañana mismo te los devuelvo.
○ Tranquilo, no te preocupes.

1. Te duele la cabeza y no tienes aspirinas en casa. Una amiga tuya ha venido a verte y le pides que vaya a la farmacia un momento.

2. Estás en casa de unos conocidos. Es un poco tarde y tienes que hacer urgentemente una llamada telefónica fuera de tu ciudad.

3. Necesitas ir urgentemente a un pueblo vecino. Tienes el coche estropeado. Tu compañero de trabajo puede acompañarte.

4. Necesitas una traducción de una carta, pero está en ruso y tú no conoces esa lengua. Tu compañera sí.

5. Has cerrado la puerta de tu casa y te has dejado el dinero y las llaves de la casa dentro. Llamas a tu vecino para usar un momento su teléfono.

6. Estás un poco mareado y no te atreves a volver solo a casa. Llamas por teléfono a un amigo para que te venga a recoger y te lleve a casa.

7. Tienes un billete de diez euros y quieres llamar por teléfono desde una cabina. Pregunta a la primera persona que pase por la calle si tiene cambio.

11 Vas a escuchar a unas personas que te piden permiso, que te piden un favor o que se ofrecen para ayudarte… ¿Qué les dices en cada caso? Escribe tus reacciones.

Actividades Unidad 12

12 Aquí tienes un anuncio de la Dirección General de Tráfico de España. En él se dan unas instrucciones para los conductores. Léelo.

TIENE 12 MESES PARA CELEBRAR EL AÑO NUEVO

Después de las 12 campanadas comienza un nuevo año lleno de fiestas que celebrar. Si va a conducir en Nochevieja, una sola copa de más puede arruinar la celebración de todas las demás fiestas de su vida. Puede evitarlo siguiendo nuestros consejos.

En los largos desplazamientos:

- Revise los puntos vitales de su vehículo.
- Abróchese siempre el cinturón.
- Respete los límites de velocidad.
- Mantenga la distancia de seguridad.
- No adelante si no hay visibilidad.
- Al mínimo síntoma de cansancio, no conduzca.
- Póngase el casco si viaja en moto o ciclomotor.

LA VIDA ES EL VIAJE MÁS HERMOSO

Dirección General de Tráfico
Ministerio del Interior

¿Dice esto el texto? ¿Sí o no?

- haga siempre la revisión del coche (frenos, aceite, neumáticos…),
- lleve siempre puesto el cinturón de seguridad,
- corra si tiene un coche potente,
- acérquese al coche de delante,
- no pase a otro coche si no ve claramente que puede hacerlo,
- no conduzca cuando está cansado,
- no vaya en moto sin casco.

Pero, además de estas recomendaciones, este documento es especialmente interesante porque refleja algunas costumbres de los españoles. Puedes descubrirlas respondiendo a estas preguntas.

¿En qué momento exacto empieza el Año Nuevo?
¿Qué crees que significa "campanada"?
¿Cómo llaman los españoles a la noche del 31 de diciembre?
¿Sabías que los españoles, para celebrar el Año Nuevo, toman doce uvas, una en cada campanada?
¿Qué crees que suelen beber los españoles esa noche?

¿Sabías que...?

Según la tradición, las personas que consiguen tomar una uva en cada campanada van a tener un año feliz. En el dibujo hay un reloj. Es el reloj de la Puerta del Sol de Madrid, el lugar más tradicional para celebrar el Año Nuevo.

ciento cincuenta y nueve ■ 159

Unidad 12 Actividades

13 Ya hemos visto en las unidades 1 y 11 que la entonación está muy relacionada con la sintaxis. Fíjate ahora en la entonación del Imperativo.

> Aprieta el botón.
>
> Ponga el agua a hervir.
>
> Apagad la tele de una vez.

Observa que el tono de voz desciende de una manera muy pronunciada al final de la frase. Esto también pasa en los enunciados.

> Tienes que enchufar.
>
> Hay que apretar este botón.

A veces, sin embargo, en español podemos pedir cosas con otra entonación.

> ¿Me traes un vaso de agua, por favor?
>
> ¿Nos pasa la sal, por favor?

Cuando cambiamos la sintaxis y los verbos, cambiamos también la entonación. Cuando aprendas una nueva estructura, fíjate siempre en la entonación que le corresponde.

Para usar todo lo que hemos aprendido hasta ahora...

Hoy vamos a crear un programa dedicado a la salud. Hay mucha gente que quiere dejar de fumar o de beber o que quiere adelgazar o prevenir enfermedades. Podéis explicarles qué tienen que hacer y qué no tienen que hacer.

Podéis pensar también en algún problema de salud y diseñar una campaña de prevención.

Los oyentes de habla española no saben cómo celebráis la Nochevieja en vuestro país. Explicadles vuestras costumbres. Y no os olvidéis de grabarlo.

Unidad 13

Aprenderemos...

- a relacionar circunstancias y acciones

- a relatar historias complejas y cuentos

- a reaccionar ante un relato

- el Pretérito Imperfecto de Indicativo

Unidad 13 Textos

1 Aquí tienes una extraña historia que le sucedió a Manuel hace algún tiempo. Léela.

Llegué pronto al aeropuerto de Barajas, a las diez y media. Facturé mis maletas y recogí la tarjeta de embarque. Me dirigí a Salidas Internacionales. Allí entré en el "duty-free" para comprar una botella de jerez para mi amigo Pablo, que vive en Paraguay. Y entonces la vi por primera vez. Me puse a su lado. La miré. Ella a mí no me miró y siguió hojeando una revista. Por los altavoces llamaron a los pasajeros con destino a Asunción. Embarcamos enseguida. Yo me senté en el asiento 21C y ella (¡qué casualidad!) en el 21D. Antes de sentarse, puso su abrigo y una bolsa en el maletero. El avión despegó a las 12.54h.

Las azafatas explicaron el funcionamiento de las máscaras de oxígeno, sirvieron un desayuno muy malo y nos dieron periódicos y caramelos. En un momento determinado, ella se levantó y se fue al servicio. Estoy seguro. La vi entrar. Pasó una hora. Antes de aterrizar, avisé a una azafata.

– Hay una pasajera en el servicio, la pasajera del 21D – le dije.

Ella fue a mirar y volvió.

– Perdone, señor, en el servicio no hay nadie. Y el 21D ha estado libre en este viaje.

Después de aterrizar, miré en el maletero. Allí encontré un abrigo verde y una bolsa de piel negra. Y en la bolsa encontré un extraño mensaje: "Manuel, le espero esta noche en el Hotel Buenos Aires". Yo me llamo Manuel.

Observa el texto. ¿Qué tiempo del pasado se utiliza?
Haz un esquema de los sucesos que se narran en esta historia: **llegar al aeropuerto, facturar las maletas... Guarda este esquema para más adelante.**

Textos **Unidad 13**

2 Lee, ahora, esta nueva versión del texto y compárala con la anterior. Observa que aparece un nuevo tiempo para relatar acciones pasadas. ¿Crees que estas acciones son informaciones "clave" o informaciones que dependen de otras?

> Llegué pronto al aeropuerto de Barajas, a las diez y media. No había mucha gente, facturé mis maletas y recogí la tarjeta de embarque. Me dirigí a Salidas Internacionales. Allí entré en el "duty-free" para comprar una botella de jerez para mi amigo Pablo, que vive en Paraguay. En la tienda había mucha gente. Estaba yo mirando unas corbatas cuando la vi por primera vez. Ella llevaba un abrigo verde y una bolsa de piel negra. Era muy guapa. Me puse a su lado. La miré. Ella a mí no me miró y siguió hojeando una revista que estaba llena de fotos de princesas y famosos. Por los altavoces llamaron a los pasajeros con destino a Asunción. Embarcamos enseguida. El avión era grande y éramos pocos pasajeros. Yo me senté en el asiento 21C y ella (¡qué casualidad!) en el 21D. Antes de sentarse, puso su abrigo y una bolsa en el maletero. El avión despegó a las 12.54h.
>
> Las azafatas explicaron el funcionamiento de las máscaras de oxígeno, sirvieron un desayuno muy malo (el café sabía fatal, el zumo de naranja no era natural y el pan estaba durísimo) y nos dieron periódicos y caramelos. Ella seguía leyendo sin hacerme caso. En un momento determinado, ella se levantó y se fue al servicio. Estoy seguro. La vi entrar. Pasó una hora. Yo estaba extrañado y preocupado porque ella no volvía a su asiento. Antes de aterrizar avisé a una azafata. Me parecía rarísimo. Eran las 14h.
>
> – Hay una pasajera en el servicio, la pasajera del 21D – le dije.
> Ella fue a mirar y volvió.
> – Perdone, señor, en el servicio no hay nadie. Y el 21D ha estado libre en este viaje. Esta plaza no estaba reservada.
>
> Después de aterrizar, miré en el maletero. Allí encontré un abrigo verde y una bolsa de piel negra. Eran de la mujer desaparecida. Y en la bolsa encontré un extraño mensaje que decía: "Manuel, le espero esta noche en el Hotel Buenos Aires". Yo me llamo Manuel y antes creía que estas cosas solo sucedían en las películas.

Aquí tienes una serie de informaciones. Busca en el texto las frases que describen las circunstancias en las que ocurrieron.

Antes de aterrizar, avisé a una azafata.
La vi por primera vez.
Yo me senté en el asiento 21C.
Facturé mis maletas y recogí la tarjeta de embarque.
Sirvieron un desayuno muy malo.

Ahora toma el esquema que has hecho en el ejercicio 1. ¿Ha cambiado la historia o es la misma? ¿Cuál es el tiempo verbal que hace avanzar la historia?
¿Qué hace el Imperfecto: hace avanzar la historia o describe las circunstancias de cada momento de la historia?

ciento sesenta y tres ■ **163**

Unidad 13 Textos

3 En la estación de esquí de Sierra Nevada (Granada) hay mucha gente pasando sus vacaciones. Unos acaban de llegar y otros ya llevan algunos días. ¿Qué tiempos usan y qué reacciones tienen las personas que escuchan un relato?

- ¿Y cómo fue?
- Pues bajaba yo muy rápido por ahí y un chico se puso en medio y...
- ¡Qué mala suerte!

- ¿Y ayer dónde estuvisteis?
- Nos quedamos en el apartamento. Es que hacía un tiempo horrible...
- ¡Qué pena!

- ¿Y Luisa?
- Tenía exámenes y se ha quedado en casa.
- ¡Qué lástima!

- Anteayer hizo un tiempo maravilloso. Esquiamos todo el día.
- ¡Qué bien! A ver qué tal hoy...

- ¿No tenías que volver a Madrid?
- Sí, pero he decidido quedarme unos días más.
- Ah, perfecto...

- ¿Sabes a quién vimos el domingo?
- No, ¿a quién?
- A María.
- No me digas... ¿No estaba en Alemania estudiando?
- No, ya ha vuelto. ¿No lo sabías?

- Y entonces nos invitó a todos a cenar a un restaurante andaluz buenísimo porque era su cumpleaños...
- ¿Y cuántos erais?
- Doce.
- ¡Anda!

Gramática **Unidad** 13

■ **Pretérito Imperfecto**

■ Todas las personas de verbos de la primera conjugación se forman con **-aba** más los elementos característicos de cada persona. Los verbos de la segunda y tercera conjugación se construyen con **-ía** más los elementos característicos de cada persona.

	estudi**ar**	com**er**	viv**ir**
yo	estudi**aba**	com**ía**	viv**ía**
tú	estudi**abas**	com**ías**	viv**ías**
él, ella, usted	estudi**aba**	com**ía**	viv**ía**
nosotros/as	estudi**ábamos**	com**íamos**	viv**íamos**
vosotros/as	estudi**abais**	com**íais**	viv**íais**
ellos, ellas, ustedes	estudi**aban**	com**ían**	viv**ían**

Hay tres verbos irregulares:

	ser	ver	ir
yo	era	veía	iba
tú	eras	veías	ibas
él, ella, usted	era	veía	iba
nosotros/as	éramos	veíamos	íbamos
vosotros/as	erais	veíais	ibais
ellos, ellas, ustedes	eran	veían	iban

■ El Pretérito Imperfecto es un tiempo del pasado que sirve para describir situaciones en las que se produjeron otras acciones pasadas.

llovía

ponían una película muy buena en la tele

estaba esperando una llamada

Me quedé en casa

● ¿Qué **hiciste** el sábado?
○ Nada. **Llovía**, **ponían** una película muy buena en la tele, **estaba esperando** una llamada y **me quedé** en casa toda la tarde.

ciento sesenta y cinco ■ **165**

Unidad 13 Gramática

- El Pretérito Imperfecto siempre presenta una información como dependiente de otro verbo (en Pretérito Perfecto o en Pretérito Indefinido).

• Ayer **llovía** y me quedé en casa.

El Pretérito Indefinido y el Pretérito Perfecto, en cambio, presentan una información completa, la que hace avanzar las historias, y que no depende de otras.

• Ayer **llovió** mucho.

• Esta mañana **ha llovido** mucho.

Muchas veces se combinan:

situación/circunstancias	+	información
Imperfecto		Indefinido/Perfecto

• **Estaba** muy cansado y no **fui** a clase.

• ¿Por qué no **fuiste** a clase?
○ Es que **estaba** muy cansado.

• No **fui** a clase.
○ **Estabas** muy cansado, ¿no?

Pues ayer estaba paseando por el parque, hacía sol, no había nadie...

¿Y qué?

■ Reaccionar ante un relato

- Cuando alguien relata algo, solemos reaccionar mostrando interés.

compartir la alegría
¡Qué bien! ¡Qué suerte! ¡Qué bueno!

compartir la pena o la decepción
¡Qué pena! ¡Qué lástima! ¡Qué mala suerte!

manifestar sorpresa
¡Anda! No me diga/s. ¿Sí? ¿De verdad?

pedir más información o más detalles
¿Y cómo fue? ¿Y qué pasó (entonces)? ¿Y entonces? ¿Y (qué)?

¿Y cómo fue?

Actividades **Unidad** 13

4 ¿Cómo se conocieron estas personas? Entre todos vais a describir y completar las circunstancias en las que estas parejas se encontraron por primera vez.

1
- (ser) domingo
- (hacer) sol
- (haber) ——
- (ser) otoño
- (estar, ella) ——
- (estar, él) sentado en el mismo banco

→ ... y se pusieron a hablar.

2
- (ser) un sábado por la noche
- (ella, ir) en moto hacia su casa
- El semáforo (estar) rojo para él
- (ella, venir) ——
- (ser) una moto muy grande
- (ella, no llevar) casco
- (él, ir) ——
- (él, estar) muy cansado y medio dormido

→ Estuvieron a punto de chocar, pero no pasó nada. Y luego se fueron a tomar algo para tranquilizarse.

3
- (ella, ser) alemana
- (ella, vivir) ——
- (ella, dar) clases de alemán
- (él, trabajar) en una empresa hispanoalemana
- (él, necesitar) perfeccionar su alemán
- (él, ser) ——

→ Un día salieron juntos de clase y decidieron ir al cine a ver una película.

¿Y tú? ¿Cómo conociste a tu pareja, a tu mejor amigo o a alguien importante? ¿Por qué no se lo cuentas a tus compañeros?

● Iba en autobús y en el asiento de delante se sentó un chico que parecía extranjero...

Unidad 13 Actividades

5 Muchas veces tenemos que justificar lo que hemos hecho en el pasado o preguntar a otros por qué han hecho o no han hecho algo. En parejas vais a simular estas conversaciones.

	A	B
1. **A** tenía que ir a casa de **B** y no fue.
2. **B** quería ir al Perú de vacaciones y fue a México.
3. **A** salía con Laura y ya no salen juntos.
4. **B** quería jugar al tenis el sábado y no jugó.
5. **A** se ha comprado un ordenador nuevo.
6. **B** tenía una casa muy bonita, pero se mudó.

- ¿Por qué no viniste a casa?
- Es que no me encontraba muy bien. Tenía fiebre.
- ¡Qué pena!

6 Estas personas han tenido pequeños accidentes. Imagínate que te han sucedido a ti y responde a las preguntas con Gerundio o **estaba** + Gerundio.

¿Qué te ha pasado?

¿Qué tienes en el pelo?

¿Qué te has hecho en la mano?

¿Qué tienes en el brazo?

¿Cómo fue?

- Iba andando por la calle y...

168 ciento sesenta y ocho

Actividades **Unidad 13**

7 A veces algo muy simple se convierte en una cosa muy complicada. Esto le ha pasado a Manuela, que solo quería un huevo para hacer un pastel. Entre todos reconstruid la historia con los verbos en los tiempos adecuados. A veces tendréis que añadir algunas palabras para organizar la historia (**porque**, **pero**, **y**, **como**…).

1. Manuela (*estar*) haciendo un pastel de naranja
2. no (*tener*) ningún huevo
3. (*necesitar*) uno
4. (*ser*) domingo y las tiendas (*estar*) cerradas
5. (*ir*) a casa del vecino del 5º A, José Luis
6. el vecino del 5º A no (*estar*)
7. entonces
8. (*decidir*) bajar al 3º B
9. (*tomar*) el ascensor
10. (*estropearse*) el ascensor entre el 5º y el 4º
11. (*empezar*) a gritar
12. no (*haber*) nadie
13. al cabo de un rato
14. (*llegar*) la portera y (*sacarla*) del ascensor
15. (*ir*) al 3º B a pie
16. allí (*vivir*) la Sra. Montera
17. la Sra. Montera tampoco (*tener*) huevos
18. así que
19. (*subir*) al 6º C
20. allí (*vivir*) la Sra. Pueyo
21. no (*estar*) en casa
22. o sea que
23. (*tener que*) llamar al 6º B
24. allí (*vivir*) un señor muy antipático, el Sr. Fernández
25. por suerte
26. el Sr. Fernández (*dejarle*) un huevo
27. al bajar al 5º (*caerse*) por las escaleras y…
28. (*romperse*) el huevo
29. total que
30. (*hacer*) un pastel de naranja buenísimo, pero sin huevo

ciento sesenta y nueve ■ **169**

Unidad 13 Actividades

8 Aquí tienes un pequeño cuento al que le puedes añadir una serie de circunstancias que rodean los hechos. Prepáralo, primero, individualmente y, luego, discútelo con tus compañeros para llegar a una única versión.

Una vez había una bruja que se llamaba Pirulina. Pirulina era una bruja malísima, como todas las brujas. Pero tenía un problema: ...

Un día todos los brujos y brujas hicieron una fiesta **porque**... Allí Pirulina conoció al brujo Lucianus. El brujo Lucianus...

Bailaron todos con sus escobas, tomaron varias pócimas mágicas, comieron murciélagos asados y lo pasaron muy bien. Pirulina se enamoró locamente del brujo Lucianus **porque él**... Pero él no le hizo ningún caso durante toda la fiesta.

Al cabo de unos días, Pirulina fue a visitar a Tarantulina, una bruja amiga suya **porque**... Ésta le dio una pócima mágica para solucionar su problema. La pócima...

Algunos minutos después, Pirulina se convirtió en la más fea de todas las brujas. Fue a visitar a Lucianus y éste, al verla, **como**..., también se enamoró.

Desde entonces, volaron juntos con su escoba, especialmente **cuando**... Prepararon brujerías terribles y fueron muy felices.

Observa cómo se pasa de una viñeta a otra. ¿Qué expresiones se usan para relacionar los distintos momentos temporales?

Actividades Unidad 13

9 Éstas son las historias de tres jóvenes que llegaron a España por diferentes razones. Léelas y trata de escribir los motivos por los que se fueron de sus países.

◀ *Sociedad*

Liam Cunningham
Un irlandés con acento andaluz

Liam Cunningham. 36 años. Soltero. Cork (Irlanda). Llegó a España hace seis años. Habla español e inglés. Actualmente trabaja como director de producción en cine y televisión.

Liam es un apasionado de la cultura española y por eso decidió irse a vivir a España. Cuando llegó a Málaga, empezó a trabajar como camarero en un bar. Le gustaba bastante, pero sentía que esa no era su vocación: quería trabajar en el campo audiovisual. Hace dos años, finalmente, lo consiguió. Gracias a un amigo suyo, encontró un trabajo como auxiliar de producción en una productora de televisión. El año pasado firmó el contrato de alquiler de un piso en el barrio de Pedregalejo y encontró novia: su primera novia española. En los poquísimos ratos libres que le quedan, le gusta leer a Machado y escuchar flamenco, jazz y merengues.

Zhang Lee
Un chino aventurero

Zhang Lee. 28 años. Soltero. Guilin (China). En España desde hace cinco años. Habla chino, alemán y español. Actualmente, trabaja de mediador social en Valencia.

Zhang Lee nació en una familia pobre de China para la cual la emigración a Europa y a Estados Unidos es casi una tradición: tiene parientes en Nueva York y en casi toda Europa. En 1992, un pariente suyo que vivía en Alemania le ofreció un trabajo en una fábrica metalúrgica de Frankfurt y Zhang no lo dudó ni un instante. En Alemania tenía que trabajar muchas horas y disponía de poquísimo tiempo libre. A finales de los 90, decidió irse a Valencia. Al principio, trabajaba más de 12 horas al día en la cocina de un restaurante hasta que decidió proponerse al Ayuntamiento como mediador con las comunidades de extranjeros. Le dieron el trabajo y ahora es un hombre feliz. Zhang está convencido de que ninguna cultura es superior a otra y de que la vida armónica en una sociedad multicultural se consigue eliminando todos los prejuicios.

Indira Niang
Una senegalesa en Valladolid

◀ *Indira Niang. 26 años. Soltera. Dakar (Senegal). Llegó a España hace tres años. Habla wolof, francés y español. Trabaja en una ONG.*

La vida en Senegal era muy dura. Vivía con sus padres, sus 8 hermanos pequeños y con otra familia en una casa de 70 m², sin luz eléctrica ni agua corriente. Indira decidió estudiar Filología Hispánica en la Universidad de Dakar. El último año de carrera se murió su padre y pocos días después le concedieron una beca de posgrado de un año en Valladolid. Decidió aceptarla y vino a España. Al principio le fue fatal. Además de estudiar, trabajaba de asistenta en una casa y nunca tenía un duro. Luego, las cosas mejoraron: empezó a trabajar en una academia y más tarde en una ONG. Su sueño es quedarse en España y encontrar un trabajo interesante en alguna ciudad costera, ya que para Indira es vital vivir cerca del mar.

¿Y tú? ¿Conoces la historia de algún extranjero que llegó a tu país y las razones y circunstancias que le hicieron emigrar? Explícaselo a tu compañero.

Unidad 13 Actividades

10 ¿Qué les dirías a estas personas? Escúchalas y reacciona. Mientras lo escuchas, puedes escribir tus reacciones.

11 Una revista ha publicado este test para conocerse mejor uno mismo. ¿Por qué no lo haces?

Conócete mejor a ti mismo

1 *Últimamente, ¿te has enfadado con alguien? ¿Por qué?*
- a Teníamos un problema y estábamos nerviosos.
- b Yo tenía razón. El otro era un estúpido.
- c Porque tenía ganas de pelearme con alguien.

2 *Esta semana, ¿te has puesto nervioso en algún momento? ¿Por qué?*
- a Llegaba tarde a una cita.
- b Mi jefe estaba de mal humor.
- c Siempre me pongo muy nervioso cuando algo no sale bien.

3 *La semana pasada, ¿le regalaste algo a alguien? ¿Por qué?*
- a Porque me apetecía.
- b Porque era el cumpleaños de…
- c Porque no tenía otra opción.

4 *¿Conociste a alguien el mes pasado? ¿Cómo?*
- a Estábamos en el metro (o en el autobús).
- b Fui a una fiesta.
- c Me presentaron a alguien muy antipático.

5 *El fin de semana pasado, ¿dijiste alguna mentira a alguien? ¿Por qué?*
- a Porque no quería poner triste a alguien.
- b Dije una mentira, pero no era nada importante.
- c Porque era más práctico.

6 *¿Tuviste la semana pasada algún problema en el trabajo o en la escuela? ¿Por qué?*
- a Quería trabajar más y mejor, pero no pude.
- b Siempre hay algún problema con los compañeros.
- c Mis compañeros estaban insoportables.

a 30 puntos
b 20 puntos
c 0 puntos

■ Si has sacado más de 120 puntos, eres maravilloso, tienes un carácter fantástico.

■ Entre 60 y 120, tienes un carácter normal. A veces, bueno y, a veces, malo.

■ Si estás por debajo de 60, tienes que cambiar. No se puede ser tan negativo.

Actividades **Unidad 13**

12 Así empiezan las páginas del diario de Mario Cruz. ¿Cómo crees que podría seguir? Inventa la continuación con uno/a o varios/as compañeros/as.

> *"Hacia las 7 de la tarde del martes 24 de abril de 1997, estaba leyendo una novela policíaca en el salón de mi apartamento de la calle Serrano de Madrid, cuando recibí la visita de mi hermana Claudia. Hacía más de 12 años que no la veía, desde que se fue a vivir a la India con Gabriel, su novio. En todos esos años, ni una carta, ni una llamada. Nada. Me sorprendió mucho su aspecto: al contrario de cuando se marchó, vestía de forma muy elegante."*

¿Qué quería Claudia? ¿Por qué regresaba después de 12 años?
¿Tenía problemas o se trataba de una simple visita?
¿Iba bien vestida por alguna razón especial?

13 Las consonantes palatales.

Existen en español una serie de consonantes que se pronuncian apoyando el dorso de la lengua en el paladar. Se representan mediante las letras **ñ**, **ch**, **ll** e **y**. Algunas no existen en otras lenguas.

Para pronunciar **ñ**, una parte del aire sale por la nariz. Escucha las siguientes palabras:

ñ →	niño	caña	piña	eñe	año	montaña

Para pronunciar el sonido representado por **ch**, hay que interrumpir un momento la salida del aire y realizar después un sonido muy parecido al representado por la letra **t**. Escucha:

ch →	coche	chocolate	chino	chica	mucho

Los sonidos representados por **ll** e **y** son muy parecidos. Para pronunciar **ll**, el aire sale por los lados de la boca. En cambio, para pronunciar **y**, los lados de la lengua se mantienen pegados al paladar y el aire sale por el centro de la boca. Escucha:

ll →	llueve	pollo	paella	ella	silla

y →	mayoría	tuyo	yo	hielo	hierba	yeso

Sin embargo, hay que señalar que, como estos dos sonidos se parecen mucho, en algunas zonas de los países donde se habla español, se pronuncian igual; se realizan como el representado por **y**; es decir, en **playa** y en **pollo**, se realiza el mismo sonido.

ciento setenta y tres ■ **173**

Unidad 13 Actividades

14 Escucha esta leyenda chilena. Intenta entender lo esencial de la historia.

¿Quién?
¿Dónde?
¿Qué pasó?

Chile

¿Conoces alguna leyenda de tu país o de tu región? Escríbela y léesela, después, al resto de la clase.

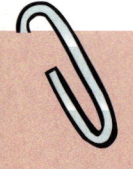

Para usar todo lo que hemos aprendido hasta ahora...

Los oyentes de habla española seguro que no conocen algunos de los cuentos infantiles de vuestras culturas. Podéis explicárselo en el programa "Cuentos de aquí y de allá" de vuestra emisora. Pero antes hay que preparar el guión en grupos.

Primero, buscad las palabras clave de vuestro cuento (los personajes, los nombres de los lugares en los que se desarrolla la acción, los objetos que aparecen...).

Por ejemplo:
caperucita, abuelita, lobo, cazador, bosque, camino, merienda, cesta, escopeta...

Luego, haced un esquema de la historia y revisadlo.

Finalmente, pensad en los efectos especiales (ruidos, música...) que pueden amenizar el cuento. No os olvidéis de grabarlo.

174 ciento setenta y cuatro

Unidad 14

Aprenderemos...

- a hablar de hábitos y de costumbres

- a hablar de las características de un determinado momento del pasado

- a referirnos al inicio, repetición o interrupción de una acción

- a comparar el pasado y el presente

- a referirnos a las personas en general

Unidad 14 Textos

1 Aquí tienes la traducción al español de un fragmento de una carta que ha escrito una chica extranjera que está pasando unos meses en Madrid. En ella cuenta algunas de las cosas que le sorprenden de la vida en España. Lee el texto y mira las fotos que le envía a una amiga.

Y cómo hablan los españoles… Hablan muchísimo y son muy directos. Si tienen algo que decir, lo dicen y ya está. No se andan con rodeos. En los restaurantes la gente habla muy alto y es bastante difícil oír lo que te dicen las personas que hablan contigo. Además, cuando hablan, gesticulan mucho, y hacen algunos gestos diferentes a los nuestros. Es muy complicado conseguir hablar en una discusión. No sé cómo lo hacen, pero la persona que está hablando nunca puede terminar de hablar. Cuando alguien quiere decir algo, lo dice, o, al menos, eso me parece a mí. Quizá hay algunas reglas para tomar la palabra, pero yo todavía no las he descubierto. O sea, que casi nunca puedo decir nada en las discusiones porque no sé cuándo puedo hablar.

Otra cosa que me sorprende mucho son los horarios. En Madrid, por ejemplo, todo pasa muy tarde. Los días laborables casi todos empiezan a trabajar a las nueve —bueno, todo el mundo no, pero sí la mayoría—, comen a las tres, cenan a las diez y se acuestan a las doce o más tarde. Y al mediodía comen mucho: dos platos y postre. Siempre igual, siempre son dos platos y un postre. Los sábados y domingos se levantan aún mucho más tarde. Yo, a veces, salgo a las diez de la mañana a comprar el periódico y casi no hay nadie por la calle. Eso sí: las noches de los sábados son una locura y la gente normalmente se acuesta tardísimo, a las cuatro o a las cinco de la mañana.

Otra cosa que me choca es que la hora de la comida es intocable. Casi todas las tiendas cierran y no puedes comprar nada. Además, en España casi no hay servicios de 24h. Y, en verano, las tiendas cierran todo un mes. Es increíble. Incluso los programas de televisión dejan de emitir en verano. De la televisión, también me ha sorprendido mucho que en algunos canales las pausas para la publicidad son muy largas; ¡a veces duran 10 minutos o más!

¿Y los bares? En las ciudades y en los pueblos hay bares por todas partes. Bares, bancos y cajas de ahorros. Aquí en Madrid hay gente que se pasa la vida en el bar: primero desayunan café con leche y churros o un croissant. Después, a media mañana, vuelven a tomar un "cafecito". Luego, hacia la una, toman el aperitivo (patatas fritas, canapés, aceitunas o cosas así con vino o cerveza…). Después de comer, se toman otro café en el bar y mucha gente merienda a media tarde. A mí me impresiona mucho la importancia de los bares en la vida española. Pero me estoy acostumbrando porque es divertido.

La verdad es que lo estoy pasando muy bien. En general, los españoles son simpáticos y amables, fuman demasiado, para mí, y siempre están pegados al móvil, pero, son muy divertidos. Venir a estudiar unos meses aquí es muy agradable. ¿Vas a venir a verme? Por cierto, estos días no está haciendo mucho calor así que podemos aprovechar para hacer excursiones por los pueblos de la sierra.

Haz una lista de los temas que le han sorprendido a esta chica. ¿Qué le ha sorprendido de cada tema? ¿Y a ti? ¿Te ha chocado lo que ha explicado? ¿Por qué?

Textos **Unidad 14**

Cuando nos acercamos a otra cultura, siempre hay cosas que no entendemos, reglas que desconocemos, o comportamientos que valoramos desde nuestra cultura o desde los estereotipos. Es lo que le pasa a esta chica. Lo mejor, sin embargo, es tratar de buscar explicaciones. Entre todos, tratad de plantearos preguntas como éstas:
¿Los españoles siempre hablan mucho o solo en algunas situaciones?
¿Crees realmente que se pasan el día en el bar?

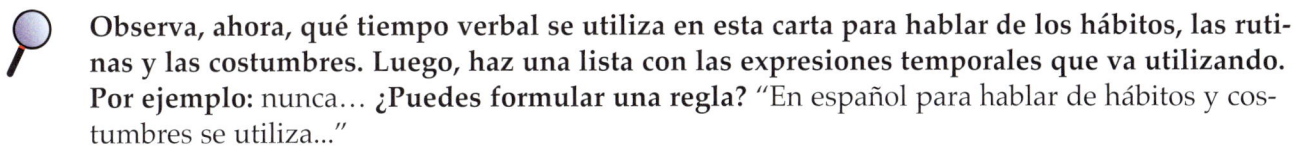

Observa, ahora, qué tiempo verbal se utiliza en esta carta para hablar de los hábitos, las rutinas y las costumbres. Luego, haz una lista con las expresiones temporales que va utilizando. Por ejemplo: nunca… **¿Puedes formular una regla?** "En español para hablar de hábitos y costumbres se utiliza…"

2 Los hijos ya no son lo que eran. Escucha a este padre que explica cómo son los jóvenes de ahora y cómo era él cuando era joven. Toma notas para poder reconstruir, luego, la información.

> Que no, que no, que los jóvenes de ahora no son como éramos nosotros… En mi época, cuando yo tenía dieciséis o diecisiete años, salíamos por la tarde con los amigos y llegábamos a casa a las diez de la noche. A las diez en punto. Y ahora… ahora es que nunca sabes cuándo van a llegar…

**¿Qué tiempo verbal usa cada vez que se refiere a su juventud, a la época en la que él era joven? ¿Por qué crees que utiliza este tiempo?
¿Y qué tiempo utiliza para referirse a la juventud actual?**

¿Crees que los padres de tu país opinan lo mismo? ¿Qué otras cosas dicen?

Unidad 14 Gramática

■ Hablar de hábitos y de costumbres

■ Para hablar de hechos que suelen repetirse habitualmente o que se realizan con cierta frecuencia, utilizamos el Presente de Indicativo, generalmente asociado a expresiones como las siguientes:

> siempre
> todos los días/meses/años
> los lunes/martes…
> normalmente/generalmente
> muchas veces
> a menudo
> de vez en cuando
> dos/tres… veces al año / al mes / a la semana
> a veces
> alguna vez
> algún día / alguna tarde / alguna noche
> muy pocas veces
> casi nunca
> nunca

¿Tú vas mucho al campo?

No, muy pocas veces. Alguna vez en verano.

- ¿Qué **hacéis** vosotros los fines de semana?
- Normalmente **vamos** al pueblo de nuestros abuelos.

■ Para hablar de los hábitos y de las costumbres del pasado, utilizamos el Pretérito Imperfecto de Indicativo con las mismas expresiones que para el Presente.

- Cuando eras joven, ¿qué **hacías** los domingos por la tarde?
- Pues a veces **iba** al cine y otras veces **me quedaba** en casa.

- En 1990 estuve viviendo en Ecuador.
- ¿Ah, sí? ¿Y qué **hacías**?
- **Trabajaba** en una empresa petrolífera y los fines de semana **recorría** el país en coche.

■ Para referirnos a un momento ya mencionado, utilizamos expresiones como **antes**, **en aquella época**, **en aquel tiempo**, **entonces**, etc.

- **En 1993** fui a estudiar un curso de posgrado en Estados Unidos.
- Pues yo **en aquella época** estudiaba en la Universidad.

Gramática **Unidad** 14

■ Empezar a + Infinitivo
■ Utilizamos esta perífrasis para referirnos al inicio de la acción que expresa el Infinitivo.

empezar a + Infinitivo

● ¿Cuándo **empezaste a** estudiar español?
○ Hace un año.

¿Cuándo vas a empezar a hacer régimen?

Ya he empezado.

■ Volver a + Infinitivo
■ Utilizamos esta perífrasis para referirnos a la repetición de la acción que expresa el Infinitivo. Es más frecuente utilizar esta perífrasis que la expresión **otra vez**.

volver a + Infinitivo

● ¿Has **vuelto a** ver a Manolo?
○ Sí, lo he visto esta mañana.

■ Dejar de + Infinitivo, ya no + verbo conjugado
■ Utilizamos estas perífrasis para referirnos a la interrupción de lo expresado por el Infinitivo.

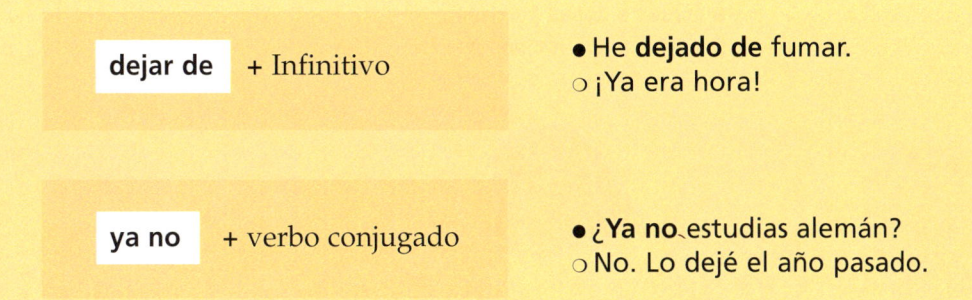

dejar de + Infinitivo

● He **dejado de** fumar.
○ ¡Ya era hora!

ya no + verbo conjugado

● ¿**Ya no** estudias alemán?
○ No. Lo dejé el año pasado.

■ Referirse a las personas en general
■ Para referirnos a las personas en general, usamos las expresiones **la gente** y/o **todo el mundo**. Las dos expresiones van en singular.

● En España **la gente** come bastante tarde. A las dos y media o a las tres.
○ Sí, pero no **todo el mundo**. En el campo, por ejemplo, **todo el mundo** come más temprano.

Unidad 14 Actividades

3 La empresa "Rutinalem" está interesada en conocer las costumbres de los estudiantes de español. Hazle esta encuesta a un/a compañero/a.

RUTINALEM S.A.	nunca	casi nunca	alguna vez	a veces / de vez en cuando	bastantes veces	muchas veces	una vez / X veces por semana	una vez / X veces al mes	todos los días/meses...
bailar									
viajar al extranjero									
cantar en la ducha									
pasear por el campo									
ir a la montaña									
ir a la playa									
conducir									
leer el periódico									
ver la tele									
cocinar									
tocar la guitarra									
leer poesía									
ir a un museo									
tomar el desayuno en la cama									
navegar por Internet									
viajar en barco									
enfadarse									
enamorarse									

● ¿Tú vas mucho a bailar?
○ Sí, todos los fines de semana voy a la discoteca.

Ahora, os reunís con otras dos parejas para buscar las cinco cosas que la clase hace más a menudo.

4 Vamos a participar en un concurso. Tienes que encontrar a dos compañeros que se vistan en el mismo orden. Para ello, tendrás que hacerles una serie de preguntas.

● ¿Qué te pones primero?
○ Yo, primero, me pongo...

corbata, americana, gabardina, jersey, camiseta, calzoncillos, camisa, abrigo, calcetines, medias, pijama, bragas, camisón, pantalones, chaqueta, sujetador, cinturón, zapatos, falda

Ahora tienes que encontrar a dos compañeros que hagan lo mismo, desde que llegan a casa hasta que se van a dormir.

Actividades **Unidad** 14

5 Lee estas frases que explican manías que tiene la gente.

- Hay gente que siempre suma los números de la matrícula de los coches que ve.
- Hay gente que no puede dormir con la puerta cerrada.
- Hay gente que tiene que poner todas las cosas simétricas.
- Hay gente que, para empezar a trabajar, tiene que hacer las mismas cosas cada día.
- García Márquez solo puede escribir con un ramo de flores amarillas cerca del ordenador.

¿Y tú? ¿Tienes alguna manía? Explícale al resto de la clase qué manías tienes tú o alguna persona que conoces. Después, pregunta a tus compañeros.

• Yo, siempre que cruzo la calle por un paso de cebra, intento pisar solo las rayas blancas.

6 El domingo es un día excepcional. Explica a tus compañeros las cosas que sueles hacer. Aquí tienes una lista de algunas cosas habituales.

levantarse tarde
navegar por Internet
descansar
hacer una sobremesa
dormir la siesta
practicar algún deporte
pasear
ir a la playa
ir al campo
hacer una barbacoa
ver la tele
escuchar música
hacer crucigramas
leer el suplemento dominical de los periódicos
ir a casa de los abuelos o de familiares
salir con los amigos
ir al fútbol

• Yo, los domingos, normalmente me levanto tarde, a las once o a las doce, y por la tarde casi siempre voy al fútbol con mis amigos.

Y los lunes, ¿qué haces? ¿Y los sábados por la noche?

ciento ochenta y uno ■ **181**

Unidad 14 Actividades

7 Aliénez, el extraterrestre, lleva ya bastantes días en tu país. Tiene que escribir una carta explicando las costumbres que, como extranjero, más le han sorprendido, y te pide ayuda. Escríbele tú la carta y, luego, entre todos, elaborad la versión definitiva con las ideas más interesantes de cada uno.

Si escribes a una persona importante de Alienilandia, al empezar debes poner:

> Muy señor/a mío/a:
> Distinguido/a señor/a:
> Estimado/a señor/a:

Y para despedirte:

> Un cordial saludo,
> Atentamente,

Si escribes a un amigo, al empezar debes poner:

> Querido/a X:

Y para despedirte:

> Besos,
> Abrazos,
> Un abrazo,
> Un fuerte abrazo,

Observa que siempre se ponen dos puntos (:) después de los encabezamientos y una coma (,) después de las despedidas.

8 Aquí tienes a María Vanessa hace quince años y ahora. ¿Puedes reconstruir con tus compañeros los cambios que ha sufrido?

• Antes iba en bicicleta y ahora va en coche.
○ Y ya no escucha a Supertramp. Ahora escucha jazz.

¿Qué hacías tú hace diez años? ¿Por qué no se lo cuentas a tus compañeros?

• Yo vivía en Portugal hace diez años.
○ Ah, ¿sí? ¿Y qué hacías en Portugal?
• Trabajaba en una empresa textil holandesa.

182 ciento ochenta y dos

Actividades **Unidad** 14

9 Vamos a jugar al juego de las diferencias. Aquí tienes una serie de fotografías. En todas ellas el tiempo ha producido una serie de cambios. ¿Por qué no los comentas? A ver quién encuentra más cambios en menos tiempo.

● Antes no había árboles...

ciento ochenta y tres ■ **183**

Unidad 14   Actividades

10 Escucha a este chico que explica cómo eran los viajes que hacía antes con sus padres y cómo son los viajes que hace ahora solo. Toma notas de lo que cuenta.

¿Estás de acuerdo con él? Cuéntales a tus compañeros tus experiencias en este aspecto.

• Yo casi siempre viajo con amigos. Normalmente dormimos en albergues y nos desplazamos en tren o en autobús.

11 Un/a compañero/a te va a preguntar una serie de cosas: qué cambios has vivido en los últimos diez años, qué sigues haciendo, qué hábitos tenías antes que no tienes ahora, etc. Tú le respondes y, luego, lo hacéis al revés. Os podéis preguntar, por ejemplo:

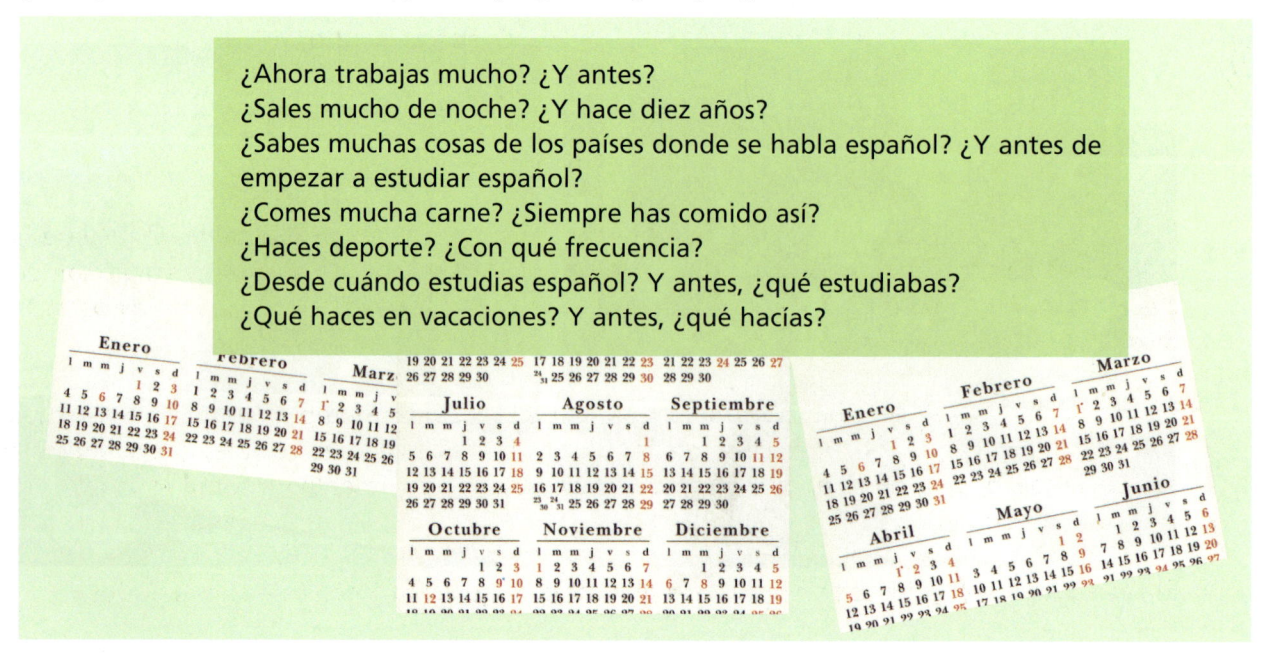

¿Ahora trabajas mucho? ¿Y antes?
¿Sales mucho de noche? ¿Y hace diez años?
¿Sabes muchas cosas de los países donde se habla español? ¿Y antes de empezar a estudiar español?
¿Comes mucha carne? ¿Siempre has comido así?
¿Haces deporte? ¿Con qué frecuencia?
¿Desde cuándo estudias español? Y antes, ¿qué estudiabas?
¿Qué haces en vacaciones? Y antes, ¿qué hacías?

184 ciento ochenta y cuatro

Actividades **Unidad 14**

12 Una persona te va a explicar cómo se celebra la Navidad en la mayor parte de España. Luego, vas a escuchar a una mexicana, una colombiana y un chileno que explican cómo se celebra la Navidad en sus países. ¿Qué diferencias hay? Mientras escuchas, puedes tomar notas en tu cuaderno.

24 DICIEMBRE Nochebuena
25 DICIEMBRE Navidad
28 DICIEMBRE Día de los Inocentes
31 DICIEMBRE Nochevieja
6 ENERO Reyes

13 La letra **s**, en español, puede representar dos sonidos diferentes. Observa las siguientes palabras y frases:

jóvenes	Ha**s** vuelto
estudiar	¿Trabaja**s** mucho?
sobremesa	¿Hace**s** deporte?
salir	¿No bebe**s** nunca agua?

En las palabras de la izquierda, la letra **s** se encuentra al principio de la palabra, al final de la palabra, entre vocales o junto a una consonante sorda (aquéllas que no necesitan la acción de las cuerdas vocales, que se representan con las letras: **p**, **t**, **qu**, **f**, **c**, **j**, **ch**). En todos los casos, la letra **s** representa un sonido sordo.

En las palabras de la derecha, en cambio, la letra **s** se encuentra siempre junto a una consonante sonora (es decir, aquéllas que necesitan el movimiento de las cuerdas vocales, que se representan con las letras: **b**, **d**, **g**, **m**, **n**, **ñ**, **l**, **ll**, **rr**, **y**). En estos casos la **s** representa un sonido sonoro.

Busca algunos ejemplos más de palabras que conoces que contengan estos dos sonidos.

Unidad 14 Actividades

14 Aquí tienes una entrevista a Ismael Urquiaga, fundador del mítico grupo Mar adentro. Léela y luego intenta contestar a las preguntas.

- **¿Cómo se conocieron Ismael y Julián?**
- **¿Cuándo se formó el grupo?**
- **¿Cuándo publicaron su primer disco?**
- **¿Por qué se separaron?**
- **¿Por qué han decidido volver?**

¿Cómo fueron los inicios de Mar adentro?
A ver... El grupo se formó en 1991, en el mes de mayo. En aquella época yo trabajaba en una tienda de instrumentos musicales y estaba en contacto con muchos músicos. Un día entró en la tienda un chico, se acercó a mí, y me preguntó si quería formar un grupo con él. Yo entonces tenía 20 años y la verdad es que tenía muchísimas ganas de montar una banda, así que no lo dudé ni un instante.

El chico en cuestión supongo que era Julián Figueroa.
Sí, exactamente, era Julián Figueroa. La verdad es que todavía no sé por qué se fijó en mí, pero bueno... Empezamos a tocar juntos todas las tardes después del trabajo. Y la verdad es que nos entendíamos muy, muy bien. Al cabo de unos meses ya se unieron Pedro Bermúdez y David Cardoso y fue entonces cuando nos pusimos el nombre Mar adentro.

¿Cómo fueron los primeros conciertos?
Empezamos a tocar en bares de la ciudad por poquísimo dinero. De hecho, me acuerdo que muchas veces tocábamos gratis. Hasta que un día una compañía discográfica nos fichó y publicamos nuestro primer disco: "Ya no te quiero". Eso fue a finales de 1993, en noviembre. Y fue un éxito total. Vendimos 200 000 copias en solo 2 meses.

Sí, pero a pesar de este inicio fulgurante, las cosas no acabaron de funcionar. Hubo peleas internas, Pedro Bermúdez dejó el grupo y finalmente en el verano de 1994 saltó la noticia: Mar adentro se separa. Pero, ¿qué pasó realmente?
Es difícil hablar de los motivos. Supongo que no éramos lo suficientemente maduros como para saber llevar todo ese éxito repentino. Éramos muy jóvenes y nos peleábamos mucho, tuvimos problemas también con nuestro manager, que nos presionaba... Fueron muchas cosas y al final explotamos y lo dejamos.

Pero ahora volvéis.
Sí. Durante todos estos años, he pensado muchas veces en volver a reunir el grupo, porque tenía muchas ganas de volver a tocar. El problema es que no me atrevía a llamarlos. Un día, sin embargo, hace un año más o menos, decidí hacerlo. Llamé, primero, a Julián, y luego, a Pedro y a David. Quería saber si les apetecía volver a intentarlo. Y todos me dijeron que sí. Resulta que ellos también tenían muchas ganas de volver a tocar.

"Volver a empezar" es un disco grabado en directo, y en él recuperáis temas viejos e incluís algunos nuevos. ¿Cómo pensáis que va a responder el público?
No sé cómo va a responder el público, espero que bien, por supuesto. De todas formas, lo más importante es que este disco sea el principio de una nueva etapa del grupo, una etapa más productiva y sobre todo más duradera que la anterior.

Nosotros también lo esperamos.

Ahora imagina que eres un periodista musical y que tienes que entrevistar a tu cantante o grupo preferido. Escribe las preguntas que le harías.

Para usar todo lo que hemos aprendido hasta ahora...

En vuestra emisora habéis decidido hacer hoy un programa llamado "Hace diez años". Se trata de hablar de cosas que hayan cambiado mucho en los últimos diez años.

Reúnete con un grupo de compañeros a los que les interese el mismo tema que a ti. Juntos vais a hacer un pequeño guión y, luego, lo grabáis mientras lo explicáis al resto de la clase.

Podéis hablar, por ejemplo, de los siguientes temas:
- la moda,
- la música,
- el deporte,
- vuestra ciudad o vuestro país,
- los niños,
- la televisión,
- la vida cotidiana,
- la vivienda,
- la escuela,
- la informática,
- ...

Unidad 15

Aprenderemos...

- a hablar de acciones o acontecimientos futuros

- a dar informaciones con diferentes grados de seguridad

- a desenvolvernos en el ámbito de los viajes

- a formular hipótesis

- el Futuro y el Futuro Perfecto de Indicativo

Unidad 15 Textos

1 A veces no tenemos información sobre las cosas que ocurren, pero tratamos de encontrar una explicación. Mira la ilustración y escucha los diálogos.

- A lo mejor se ha mareado alguien y se ha caído al suelo.
- O igual es alguien famoso. No sé, un actor o un cantante…

- Quizá estén rodando una película o un programa de televisión.
- Sí, tal vez.

- ¿Qué habrá pasado?
- Habrá habido un accidente de tráfico o algo así.

- No veo ambulancias, ni policía… Seguramente no es nada grave.
- Ojalá.

- ¿Y no será un atraco?
- Sí, puede ser, porque por aquí hay muchos bancos.

- Seguro que es un accidente de moto. Es que los jóvenes van como locos…
- No, mujer, no será nada importante. Ya verás. La gente parece tranquila.

- ¿Qué estará haciendo toda esa gente?
- No sé. Voy a ver.

Ninguna de estas personas sabe lo que ha ocurrido realmente, pero todas intentan encontrar una explicación. Fíjate en qué tiempos verbales y en qué expresiones utilizan para formular hipótesis. Anótalos. ¿Crees que todas las expresiones expresan el mismo grado de seguridad? ¿Con qué formas crees que se manifiesta más seguridad y con cuáles menos?

¿Y tú? ¿Tienes alguna hipótesis sobre lo que ha pasado? Cuéntasela al resto de la clase usando alguno de los recursos que acabas de observar.

188 ■ ciento ochenta y ocho

Textos **Unidad 15**

2 Tina va a hacer un viaje por Venezuela. Lee el folleto de la agencia de viajes y luego escucha cómo se lo comenta a su amigo Valentín.

VENEZUELA

Salidas: lunes, viernes, sábados y domingos. Estancia mínima en Venezuela: 4 noches.

Primer día:
MADRID/CARACAS
Salida en vuelo de línea regular con destino Caracas. Llegada y traslado al hotel. Recorrido en autocar por la ciudad y cena en un restaurante típico en Sabana Grande (centro).

Segundo día:
CARACAS / ISLA MARGARITA
Traslado al aeropuerto y vuelo con destino Porlamar. Llegada, recepción y traslado al hotel.

Tercer y cuarto días:
ISLA MARGARITA
Días libres para descansar y disfrutar de la playa.

Penúltimo día:
ISLA MARGARITA / MADRID
Traslado al aeropuerto para tomar vuelo de regreso, vía Caracas. Noche a bordo.

5 DÍAS DESDE 1000 DÓLARES

Tercer día: **CANAIMA / CARACAS o ISLA MARGARITA**
Por la mañana sobrevuelo en bimotor DC 3 del Salto del Ángel. Traslado al aeropuerto para salir con destino Caracas o Porlamar.

3 DÍAS DESDE 600 DÓLARES

EXCURSIÓN AL DELTA DEL ORINOCO (CAMPAMENTO BOCA DE TIGRE)

Primer día: **CARACAS / MATURÍN / CAMPAMENTO BOCA DE TIGRE (DELTA DEL ORINOCO)**
Vuelo regular con destino a Maturín. Llegada, recepción y traslado a San José de Buja para, desde allí, viaje en lancha típica por los Caños hasta llegar al campamento Boca de Tigre, ubicado en un islote del Delta del Orinoco. Después, excursión a pie para observar la abundante flora y fauna de la zona.

Segundo día: **CAMPAMENTO BOCA DE TIGRE (DELTA DEL ORINOCO)**
Si lo desea, puede realizar un paseo en lancha al amanecer para observar la naturaleza en todo su esplendor. Salida a la pesca de la piraña. Por la tarde, visita en lancha a una comunidad de indios warao.

Tercer día: **CAMPAMENTO BOCA DE TIGRE / MATURÍN / CARACAS**
Salida en lancha hasta San José de Buja. Llegada y traslado al aeropuerto de Maturín. Vuelo y traslado al hotel.

3 DÍAS DESDE 700 DÓLARES

EXCURSIÓN OPTATIVA A CANAIMA

Primer día: **ISLA MARGARITA / PARQUE NACIONAL DE CANAIMA**
Este Parque Nacional, de 3 000 000 de hectáreas, es el más grande de Venezuela y el sexto del mundo. En él se encuentran las dos caídas de agua más altas del mundo: el salto del Ángel (1002 metros) y el salto Kukenán (760 metros). El Parque Nacional Canaima, con su enorme variedad de fauna y flora, constituye una de las áreas naturales más importantes de América. El alojamiento es en cabañas distribuidas junto a la Playa de la Laguna. Paseo en lancha por la Laguna.

Segundo día: **CANAIMA**
Día libre. Recomendamos excursiones opcionales como la Isla Orquídea, navegando entre la selva por el Río Carrao, o la de Kavac, con visita a las Cuevas en la Gran Sabana.

Hay cosas sobre las que Tina no está completamente segura o no tiene información. En la conversación usa una serie de expresiones para marcar diferentes grados de seguridad.
Vuelve a escucharla y trata de utilizar esas expresiones para responder a estas preguntas.

¿Con quién irá? ¿Cuándo?
¿Con qué compañía viajarán?
¿Irán a Isla Margarita?
¿Visitarán los Andes?
¿Verán cosas interesantes? ¿Cuáles?

¿Adónde irán primero desde Isla Margarita?
¿Qué ciudades visitarán?
¿Dónde se alojarán?
¿Cuántos días durará el viaje?
¿Tina cree que lo pasarán bien?

ciento ochenta y nueve ■ 189

Unidad 15 Gramática

■ Futuro de Indicativo

■ Las terminaciones del Futuro de Indicativo se añaden al Infinitivo del verbo y son iguales para las tres conjugaciones.

	estar	ser	ir
-é	estaré	seré	iré
-ás	estarás	serás	irás
-á	estará	será	irá
-emos	estaremos	seremos	iremos
-éis	estaréis	seréis	iréis
-án	estarán	serán	irán

Algunos verbos tienen, para el Futuro, una raíz irregular, pero mantienen las mismas terminaciones.

querer	querr-
decir	dir-
hacer	har-
haber	habr-
saber	sabr-
poder	podr-
poner	pondr-
venir	vendr-
tener	tendr-
salir	saldr-
caber	cabr-

salir	venir
saldré	vendré
saldrás	vendrás
saldrá	vendrá
saldremos	vendremos
saldréis	vendréis
saldrán	vendrán

Los verbos derivados tienen las mismas irregularidades: **rehacer** ⟶ **rehar-**.

■ Hablar del futuro

■ En español podemos referirnos de varias maneras a acciones o a sucesos futuros. No depende de la realidad sino del punto de vista que adoptamos.

Futuro de Indicativo	● En enero **iré** a Roma.
Presente de **ir a** + Infinitivo	● En enero **voy a ir** a Roma.
Presente de Indicativo	● En enero **voy** a Roma.

■ Solemos usar el Futuro para hacer referencia a acciones futuras sin marcar su relación con el momento en el que hablamos.

  ● Mañana **lloverá** y **bajarán** las temperaturas.

■ Cuando remarcamos que se trata de un plan o de un proyecto, usamos **ir a** + Infinitivo.

  ● El año que viene **voy a estudiar** en el extranjero.

■ Usamos el Presente de Indicativo en los siguientes casos:
  Cuando hablamos de algo cíclico.

  ● El día 13 **es** martes.   ● El día 13 ~~será~~ martes.

  Cuando queremos subrayar que se trata de una decisión, de un compromiso.

  ● Este mes **me tomo** unos días de vacaciones.

  Por esta razón también usamos el Presente para asegurar o prometer algo.

  ● No se preocupe, ahora mismo **llamo** al médico.

> En algunas variantes latinoamericanas el Futuro de Indicativo se usa solo en registros formales.

Gramática **Unidad 15**

■ Formular hipótesis

■ Para hacer hipótesis sobre cosas que tal vez están ocurriendo ahora, usamos el Futuro.

¿Quién será?

- ¿Qué **estará** haciendo esa gente?
- **Estarán** esperando para entrar.

Será mi hermano.

■ Para formular hipótesis que consideramos probables o posibles, referidas al presente, al pasado o al futuro, usamos las siguientes construcciones:

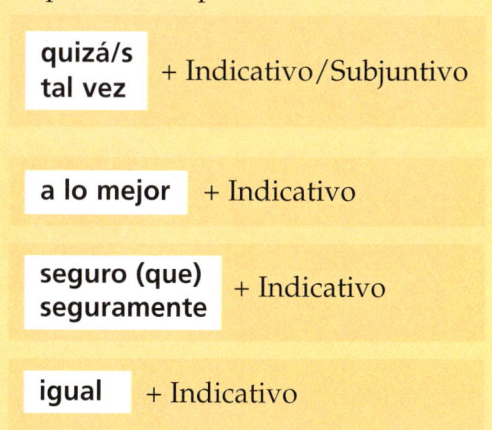

| **quizá/s tal vez** + Indicativo/Subjuntivo |

- **Quizá** llegará más tarde.
- **Tal vez** llamó y no estábamos.
- **Quizá** venga a vernos.
- **Tal vez** venga a cenar.

| **a lo mejor** + Indicativo |

- No ha venido.
- **A lo mejor** se ha olvidado.

| **seguro (que) seguramente** + Indicativo |

- **Seguro que** ha tenido algún problema.
- **Seguramente** ha tenido algún problema.

| **igual** + Indicativo |

- ¡Qué raro! Ya son las diez…
- **Igual** no encuentra la casa. ¿Seguro que tenía la dirección?

■ Cuando algo nos parece muy probable, pero no disponemos de información o de pruebas:

| **Suponer que** + Indicativo |

- ¿Ana? **Supongo que** está en casa.

¿Va a venir Diego?
No sé. Espero que sí.

■ Cuando deseamos que suceda un acontecimiento futuro:

| **Esperar que** + Subjuntivo |

- **Espero que** venga Luis hoy.

■ Para descartar una hipótesis:

| **No creer que** + Subjuntivo |

- ¿Vendrá Óscar esta tarde?
- No, **no creo que** venga.

■ Futuro Perfecto de Indicativo

■ Cuando las hipótesis se refieren a algo que ya ha ocurrido, utilizamos el Futuro Perfecto.

Futuro de haber + Participio pasado

yo	habré	bail**ado**
tú	habrás	habl**ado**
él, ella, usted	habrá	com**ido**
nosotros/as	habremos	beb**ido**
vosotros/as	habréis	viv**ido**
ellos, ellas, ustedes	habrán	…

- ¿Qué **habrá pasado**?
- **Habrá habido** un accidente.

■ Cuando + Indicativo/Subjuntivo

*¡Atención! En las preguntas con **cuándo** sí podemos usar el Futuro: ¿Cuándo irás a ver a Miguel?*

■ Utilizamos **cuando** + Indicativo para expresar acciones habituales o para situar un hecho del pasado.

- **Cuando** me levanto, estoy de mal humor.
- Se fue **cuando** llegó Ana.

■ Pero cuando no conocemos el momento futuro exacto de realización de una acción o ésta depende de otra acción, utilizamos **cuando** + Presente de Subjuntivo.

- **Cuando** tenga tiempo, iré a visitar a mis padres.

ciento noventa y uno ■ 191

Unidad 15 Actividades

3 Imagina que estás con uno/a de tus compañeros en estas situaciones. En parejas, especulad sobre lo que ha pasado o sobre lo que está pasando en estas seis situaciones y discutid las diferentes hipótesis. Intentad formular el máximo número de hipótesis para cada situación.

- ¿Qué estará pasando?
- Seguro que ha habido un atraco.
- Igual han secuestrado a alguien.

192 ciento noventa y dos

Actividades **Unidad** 15

4 Imaginad que os encontráis en estas situaciones. Ninguno de vosotros sabe qué pasa exactamente, pero intentáis buscar explicaciones. En cada caso, podéis formular hipótesis con las propuestas del recuadro o inventar otras. El ejemplo os puede ayudar.

1. Ana, una amiga vuestra, tenía que llegar a tu casa a las siete de la tarde. Son las ocho y todavía no ha llegado.

tiene problemas de tráfico
se ha olvidado
le ha pasado algo
se ha perdido
...

● Seguro que Ana se ha olvidado.
○ No hombre, no. Habrá tenido problemas de tráfico. Como viene en coche...
■ ¿Y no le habrá pasado algo? A lo mejor está enferma.

2. Subís al autobús para iros de excursión, pero no se pone en marcha.

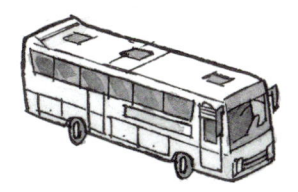

no hay gasolina
ha hecho mucho frío por la noche y está frío
alguien ha desconectado algún cable
lo ha cogido alguien y lo ha estropeado
...

3. Estáis invitados en casa de Igor porque es su cumpleaños. Hace un rato que estáis llamando a la puerta, pero no contesta nadie.

está comprando algo para la fiesta
os habéis equivocado de día
está duchándose y no oye el timbre
os habéis equivocado de puerta
...

4. Estáis en clase de español. Vais a escuchar una canción, pero el CD no funciona.

el profesor ha colocado el CD en el vídeo
no está enchufado
alguien lo ha estropeado y no ha dicho nada
el profesor no ha apretado el botón correcto
...

5. Llegáis a la clase de español a la hora en punto, pero no hay nadie.

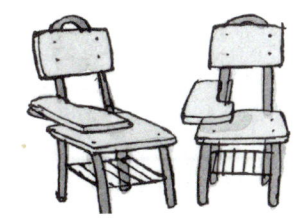

es una broma
es fiesta
el profesor está enfermo
la clase es hoy en otra aula
...

6. Has comprado un kilo de patatas, pero, cuando llegas a tu casa, en la bolsa hay plátanos.

has cogido una bolsa equivocada
te han entendido mal
los del supermercado son muy despistados
tienes que mejorar tu pronunciación
...

ciento noventa y tres ■ **193**

Unidad 15 Actividades

5 Vamos a hacer un poco de "futurología". ¿Crees que en este siglo sucederán estas cosas?

- ¿Habrá grandes problemas con la falta de agua en el planeta?
- ¿Nos comunicaremos con seres de otros planetas?
- ¿Desaparecerán los libros en soporte de papel?
- ¿Usaremos más energías alternativas?
- ¿Las mujeres lograrán la igualdad?
- ¿Se curarán todas las enfermedades?
- ¿Habrá más justicia social?
- ¿Desaparecerá el racismo?
- ¿Utilizaremos robots en el trabajo y en casa?
- ¿Los seres humanos respetaremos más la naturaleza?
- ¿Tu país ganará más de tres mundiales de fútbol?
- ¿El número de habitantes de la Tierra seguirá creciendo?
- ¿Mejorará la situación económica de tu país?
- ¿Desaparecerán algunas religiones?
- ¿Viajaremos a otras galaxias?

● Yo creo que en este siglo habrá grandes problemas con el agua.
○ Hombre, seguramente pronto podremos utilizar el agua de mar.
● Sí, quizá.

Reuníos, ahora, en pequeños grupos e inventad cinco preguntas más de este tipo. Luego, haced una encuesta a los compañeros de clase para ver qué piensa la mayoría.

¿Qué crees que debe ocurrir para que sucedan algunas de las cosas anteriores? Coméntalo con tu compañero.

Nos comunicaremos con seres de otros planetas **cuando**...
Los libros desaparecerán **cuando**...
Usaremos más energías alternativas **cuando**...
...

● Usaremos más energías alternativas cuando se termine el petróleo.

194 ciento noventa y cuatro

Actividades **Unidad 15**

6 Entrevista a tu compañero sobre cómo imagina su futuro. Para responder a las preguntas de la entrevista, podéis marcar los diferentes grados de seguridad con: **quizá, tal vez, a lo mejor, seguro que, seguramente, igual, supongo que, espero que, (no) creo que...** ¿Crees que tu compañero es una persona optimista o pesimista? Razónalo ante el resto de la clase.

casarse / no casarse
tener hijos / no tener hijos
vivir en el mismo país / vivir en países diferentes
vivir en la ciudad / vivir en el campo
hablar muy bien español algún día / no hablar bien español nunca
aprender otro idioma / no aprender otro idioma
ser famoso / no ser famoso
encontrar el amor de tu vida / no encontrar el amor de tu vida

● ¿Te casarás?
○ No, no creo que me case nunca.

7 ¿Conoces el cuento de la lechera? Osvaldo es un joven informático muy soñador y muy optimista. Hoy se presenta a una entrevista de trabajo. Con un compañero, intenta continuar la historia.

> Me entrevistarán y seguro que me darán el trabajo. Seguramente cuando empiece a trabajar, verán que soy un informático muy bueno. Probablemente cuando vean que soy un muy buen informático, me subirán de categoría y me nombrarán jefe... Cuando me nombren jefe... Cuando... Cuando... Cuando...

Ahora, leed en voz alta algunas de vuestras historias. Seguro que habéis imaginado cosas diferentes.

ciento noventa y cinco ■ **195**

Unidad 15 Actividades

8 Uno de vosotros no sabe cuándo van a hacer estas cosas estas personas. En parejas, uno pregunta y el otro responde.

¿Cuándo...?

Alfredo / casarse
Rita / marcharse a Panamá
Víctor / venir a cenar
Jorge / vivir en el Caribe
Los Pérez / tener hijos
Carmen y Paco / ir a esquiar
Vosotros / tener vacaciones
Usted / poder comprar el piso

Fechas:

la semana que viene
el año que viene
tener menos trabajo
terminar la carrera
encontrar piso
salir de la escuela
dentro de un rato
jubilarse
poder cambiarse de casa
el próximo fin de semana
tener un fin de semana libre
estar arreglados los esquís
dentro de quince días
conseguir un crédito en el banco

● ¿Cuándo se casará Alfredo?
○ Cuando encuentre piso y consiga un crédito en el banco.

9 Haz preguntas a un compañero para saber qué va a hacer en al menos cinco de las siguientes fechas. Al contestar, tendrá que pensar si lo tiene decidido o si tiene dudas, así como explicar las condiciones que pueden afectar su decisión.

esta noche
el próximo fin de semana
dentro de tres meses
cuando (*terminar*) el curso
cuando (*saber*) mucho español
las próximas Navidades
el domingo que viene por la tarde
cuando le (*tocar*) la lotería

el próximo sábado por la noche
cuando (*ser*) abuelo
el día 15
el día de su cumpleaños
cuando (*conocer*) el amor de su vida
el día que (*cumplir*) 50 años
el día que (*comprar*) una casa
cuando (*jubilarse*)

● ¿Qué vas a hacer esta noche?
○ Seguramente voy a ir al cine.
● ¿Al cine? ¡Qué bien!
○ Bueno, sí... Iré si no estoy muy cansado.

10 Vas a oír una conversación entre una empleada de Iberia y una persona que quiere información sobre un viaje. Escúchala y trata de contestar a las siguientes preguntas.

¿Sobre qué vuelos quiere información?
¿De dónde salen los vuelos?
¿Cuántos vuelos directos hay y cuál es la hora de salida?
¿Cuánto dura el viaje? ¿A qué hora llegan?
¿Hay algún vuelo que no sea directo? ¿Cuándo? ¿Dónde hace escala?
¿Cuánto vale un billete de ida y vuelta?
¿Se puede enlazar desde Frankfurt?

Escribe en tu cuaderno todas las palabras que sirven para hablar de viajes.

Actividades **Unidad 15**

11 Vas a escuchar una canción del grupo de rock peruano NoSeQuien y los NoSeCuantos. Para prepararte, primero lee las preguntas a las que, luego, deberás responder.

-los patos y las patas-

El día empieza, iremos hacia el Sur,
qué caro está el peaje,
qué caro está el Perú,
Kilómetro 40, doblando a la derecha
un camino de tierra,
el cielo azul anuncia un día de luz.
La arena quema, no hay sitio alrededor,
primer problema: buscar ubicación
junto a un grupo de chicas
que presten atención a estos guapos
muchachos y que presten
también su bronceador.
Los Quispe gozan también del vacilón
cebiche en bolsa y sopa en botellón,
mientras que a cuatro metros
los Müller sin hablar vigilan la parrilla,
mientras esperan que encienda el carbón.
Pero si tú no llegas, ya no hay sol,
si tú no llegas, pierdo la ilusión,
me escondo en mi toalla,
espero a que se vayan
si no llegas, ya no hay calor.
El sol avanza, mi piel ya se quemó
tengo la panza color de un camarón,
pero a mi lado un gringo,
se ha quedado dormido
y ahora está encendido.
¡Que vengan los bomberos, por favor!
Llegó el momento del rico chapuzón,
no vengas Pablo porque eres un meón,
el hijo de los Quispe,
que no sabe nadar,
lleva tres litros de agua,
entró flaquito y sale barrigón.
El sol se marcha, la gente se quitó
unos en lancha, los otros en camión,
pero en el fondo todos
regresan a sus casas muy agradecidos,
pues todos son iguales bajo el sol.

Letra: Coque Romero - Música: V. Lago

¿Hacia dónde van?
¿Por dónde van?
¿Dónde está el lugar exacto al que van?
¿Qué día hace?
¿Dónde han llegado?
¿Hay mucha o poca gente?
¿Dónde quieren instalarse?
¿Qué han llevado los Quispe para comer?
¿Y los Müller?
¿Cuál es la diferencia entre ambas familias?

¿A quién espera el protagonista?
¿Qué pasa si no llega?
¿Ha pasado bastante rato?
¿Qué le ha pasado con el sol a él y al americano?
¿Es lo mismo o hay alguna diferencia?
¿Qué le ha pasado al hijo de los Quispe?
¿Cuándo se van?
¿Quiénes crees que se van en lancha y quiénes en camión?

En la canción hay elementos que reflejan irónicamente la cultura peruana. ¿Puedes señalarlos? ¿Cuál crees que es el mensaje de esta canción?

12 Escucha estas frases y trata de observar qué pasa con las vocales. Señala las que se pronuncian unidas como en el ejemplo.

Yo no iré al cine hoy.

Ana va a ir a un concierto
¿Vendrá esta noche Alberto?

Visitaré España en verano.
¿Qué día hace hoy?

En español, cuando dos vocales entran en contacto, aunque pertenezcan a palabras diferentes, se pronuncian como una sola sílaba. Este fenómeno se llama "sinalefa". A veces, incluso, se enlazan tres sílabas de tres palabras diferentes.

Si dos o tres vocales iguales se suceden, se pronuncian como una sola, ligeramente más larga. Escucha:

Ana va a Ávila.

ciento noventa y siete ■ 197

Unidad 15 Actividades

13 Aquí tienes unos fragmentos de algunos poemas del célebre poeta sevillano Antonio Machado. Lee primero la biografía y, luego, los poemas. ¿Cómo los interpretas? ¿Te gustan? Coméntalo con un compañero.

Antonio Machado (Sevilla 1875 - Colliure 1939) es, junto a Unamuno, Azorín y Baroja, uno de los mejores representantes de la llamada "Generación del 98". Autor de algunos de los más conocidos versos escritos en lengua española, la obra de Machado estuvo enormemente influenciada por el paisaje castellano y por la prematura muerte de su mujer Leonor. Obras como *Soledades*, *Proverbios y Cantares* o *Campos de Castilla* le han colocado en un lugar de privilegio en la historia de la poesía española.

Cuando recordar no pueda
¿dónde mi recuerdo irá?
Una cosa es el recuerdo
y otra cosa es recordar.

(de *Proverbios y Cantares*)

- Nuestro español bosteza.
¿Es hambre? ¿Sueño? ¿Hastío?
Doctor, ¿tendrá el estómago vacío?
- El vacío es más bien en la cabeza.

(de *Proverbios y Cantares*)

Si me tengo que morir
poco me importa aprender.
Y si no puedo saber,
poco me importa vivir.

(de *Apuntes Parábolas*, *Proverbios y Cantares*)

Escribiré en tu abanico:
te quiero para olvidarte,
para quererte te olvido.

(de *Canciones a Guiomar*)

Para usar todo lo que hemos aprendido hasta ahora...

Hoy en la emisora vais a hacer un programa de entrevistas titulado "Nuestro mundo, mañana". Vais a hablar sobre cómo será en el futuro la vida cotidiana, las relaciones personales y familiares, el medio ambiente, las relaciones entre los países, los avances tecnológicos, etc.

En pequeños grupos, decidid a quién vais a entrevistar (un economista, un científico, un ecologista, un sacerdote...).

Luego, prepararéis el guión de las preguntas del periodista y las respuestas del personaje entrevistado.

Al final, representaréis la entrevista. No os olvidéis de grabarlo...

Unidad 16

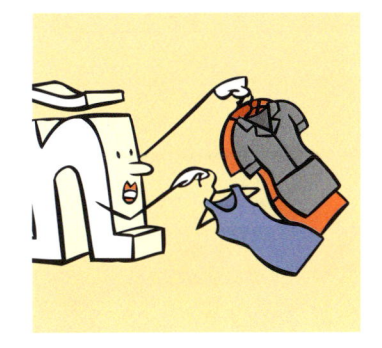

Aprenderemos...

- a expresar condiciones

- a formular propuestas y a rechazarlas

- a expresar deseos

- las oraciones condicionales

- el Condicional y el Pretérito Imperfecto de Subjuntivo

Unidad 16 Textos

1 Lupe, Javier y Carla, tres amigos que estudian en Madrid, están preparando un viaje de estudios de tres meses de duración, en primavera, a otra ciudad española. Tienen que discutir diferentes posibilidades para alojarse. Lee los anuncios y piensa en qué ventajas y en qué inconvenientes tiene cada una de las posibilidades.

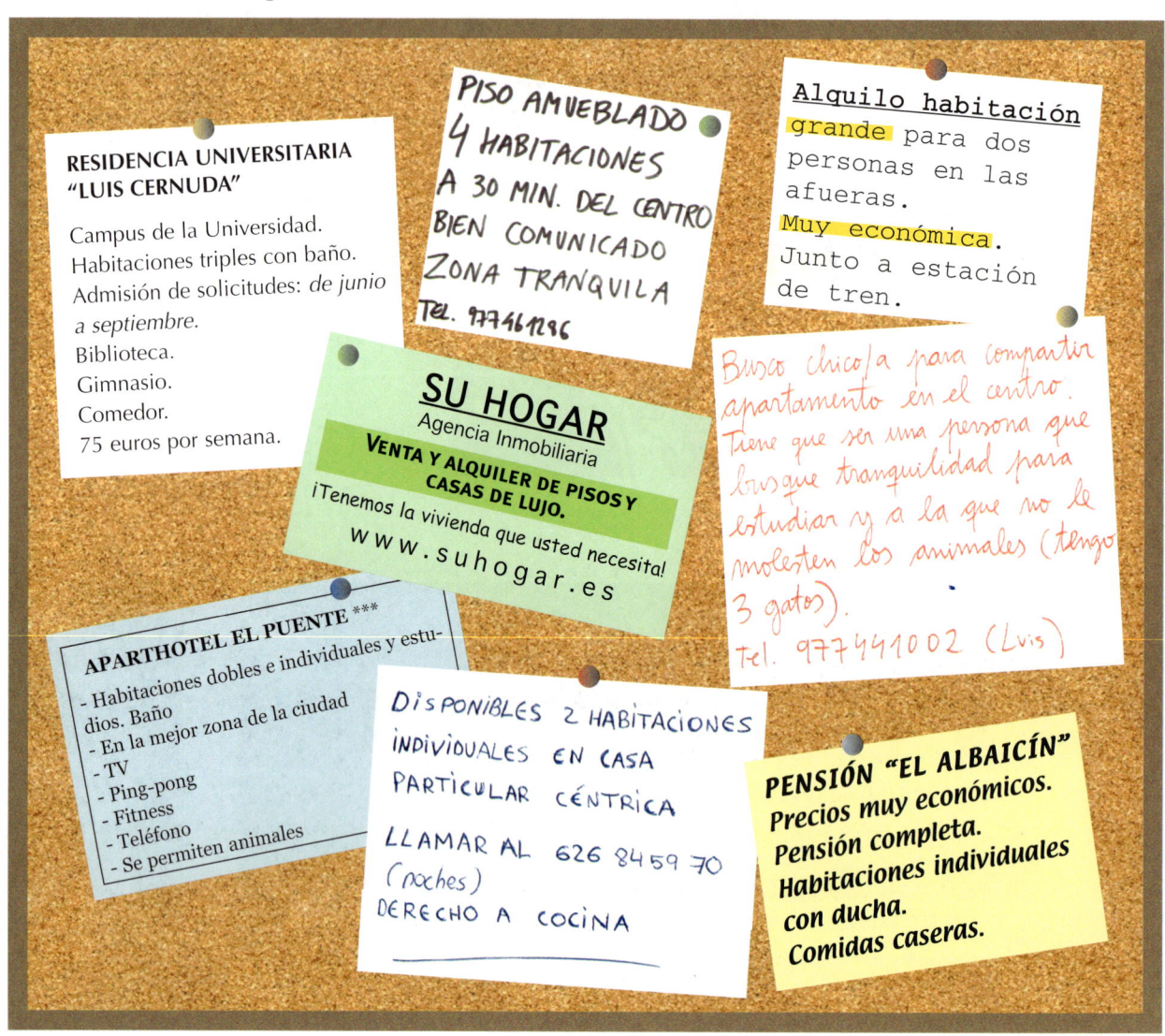

RESIDENCIA UNIVERSITARIA "LUIS CERNUDA"
Campus de la Universidad.
Habitaciones triples con baño.
Admisión de solicitudes: *de junio a septiembre*.
Biblioteca.
Gimnasio.
Comedor.
75 euros por semana.

PISO AMUEBLADO
4 HABITACIONES
A 30 MIN. DEL CENTRO
BIEN COMUNICADO
ZONA TRANQUILA
Tel. 977461296

Alquilo habitación <u>grande</u> para dos personas en las afueras.
<mark>Muy económica</mark>.
Junto a estación de tren.

SU HOGAR
Agencia Inmobiliaria
VENTA Y ALQUILER DE PISOS Y CASAS DE LUJO.
¡Tenemos la vivienda que usted necesita!
www.suhogar.es

Busco chico/a para compartir apartamento en el centro. Tiene que ser una persona que busque tranquilidad para estudiar y a la que no le molesten los animales (tengo 3 gatos).
Tel. 977441002 (Luis)

APARTHOTEL EL PUENTE ***
- Habitaciones dobles e individuales y estudios. Baño
- En la mejor zona de la ciudad
- TV
- Ping-pong
- Fitness
- Teléfono
- Se permiten animales

DISPONIBLES 2 HABITACIONES INDIVIDUALES EN CASA PARTICULAR CÉNTRICA
LLAMAR AL 626 845970 (noches)
DERECHO A COCINA

PENSIÓN "EL ALBAICÍN"
Precios muy económicos.
Pensión completa.
Habitaciones individuales con ducha.
Comidas caseras.

¿Cuál crees que deben elegir en las siguientes condiciones?

Si quieren cocinar en casa, ...
Si no quieren gastar mucho dinero, ...
Si quieren vivir en el centro, ...
Si quieren vivir los tres juntos, ...
Si quieren invitar a amigos o hacer fiestas, ...
Si quieren tener habitaciones individuales, ...
Si quieren elegir entre muchos pisos, ...
Si quieren tener una mascota, ...
Si quieren tener mucho contacto con otros estudiantes de la ciudad, ...

Si estuvieras en la misma situación que Lupe, Javier y Carla, ¿dónde te gustaría alojarte? Pregúntaselo también a un compañero.

● A mí me gustaría alojarme en...

Textos **Unidad 16**

Escucha, ahora, cómo hablan del tema con Nacho, otro compañero que conoce la ciudad a la que van. Luego, lee la transcripción.

JAVIER: ¿Y si buscáramos un hotel?
LUPE: Anda, ¡un hotel saldría muy caro!
NACHO: Depende… Tengo la dirección de una pensión que no es muy cara… Así podríais estar los tres juntos.
CARLA: A mí, la verdad, me gustaría alquilar un piso.
LUPE: ¿Y si habláramos con mi amiga Marisa? Ella vive en un piso muy grande y tiene una habitación libre…
JAVIER: ¿Los tres en una habitación?
LUPE: Hombre, solo los primeros días…
CARLA: Sí, porque, luego, lo mejor será buscar un piso que tenga tres habitaciones.
LUPE: Y que no sea muy caro.
JAVIER: ¿Y si preguntáramos en las residencias universitarias?
NACHO: Es que en esta época del año no hay habitaciones libres.
LUPE: Claro… También hay familias que alquilan habitaciones. Yo he encontrado una. Mira…
JAVIER: Sí, pero entonces no podríamos estar juntos. Es difícil encontrar familias que alquilen tres habitaciones, ¿no crees? Y, además, a mí me gustaría tener más independencia… Ya sabes, los horarios...
CARLA: ¿Y si llamásemos a una agencia?
NACHO: Yo, la verdad, me instalaría en una pensión los primeros días y, cuando estéis allí, buscáis un piso para los tres.
LUPE: Sí, sería más fácil. Podríamos buscar en el periódico o ir a una agencia.
CARLA : No es mala idea… Quizá, cuando estemos allí, conozcamos a alguien que quiera compartir piso.
LUPE: Tú, Nacho, tienes la dirección de una pensión, ¿no?
NACHO: Sí, aquí está. A ver… Pensión "El Albaicín".
CARLA: ¿Por qué no llamamos para preguntar si tienen habitaciones libres en marzo?
JAVIER: Vale.

En la conversación cada uno hace propuestas para resolver el tema. Señala en el texto las formas que utilizan para hacerlo.

En el texto aparecen dos tiempos nuevos: el Condicional y el Imperfecto de Subjuntivo. ¿Cómo crees que se forman? ¿Puedes formular alguna hipótesis sobre su uso?

Unidad 16 Gramática

■ Condicional

■ Igual que en el Futuro, en el Condicional las terminaciones se añaden directamente al Infinitivo del verbo. Las terminaciones son las mismas para todos los verbos.

	estar	ser	ir
-ía	estaría	sería	iría
-ías	estarías	serías	irías
-ía	estaría	sería	iría
-íamos	estaríamos	seríamos	iríamos
-íais	estaríais	seríais	iríais
-ían	estarían	serían	irían

■ Las irregularidades son las mismas que en el Futuro: **podr-, tendr-**...

• **Podríamos** ir a Guatemala este verano, ¿no te parece?

■ Utilizamos el Condicional para referirnos a planes o ideas que podrían realizarse o que desearíamos realizar.

• **Podríamos** ir en avión en lugar de en coche.
• Ahora mismo **me tomaría** un zumo de naranja.

■ También utilizamos el Condicional para pedir algo de forma cortés, sobre todo cuando la petición entraña algún tipo de dificultad o molestia.

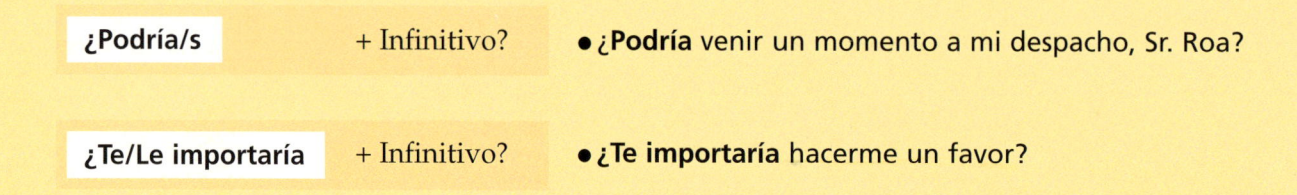

| ¿Podría/s | + Infinitivo? |

• ¿**Podría** venir un momento a mi despacho, Sr. Roa?

| ¿Te/Le importaría | + Infinitivo? |

• ¿**Te importaría** hacerme un favor?

■ También utilizamos el Condicional para dar o pedir consejos.

• **Podrías** hablar con el jefe, a ver si te sube el sueldo.
• **Tendrías que** dormir más.
• ¿Crees que **debería** ir a trabajar?
• Yo **iría** al médico.

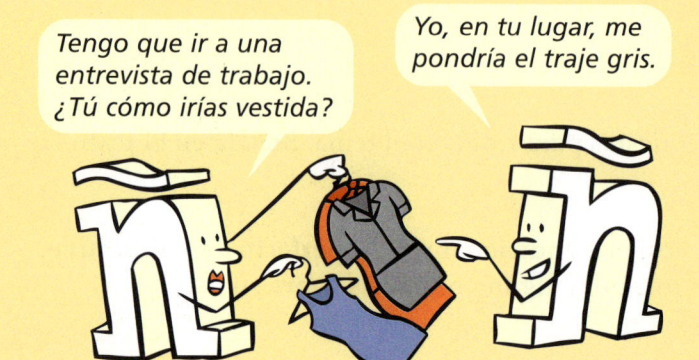

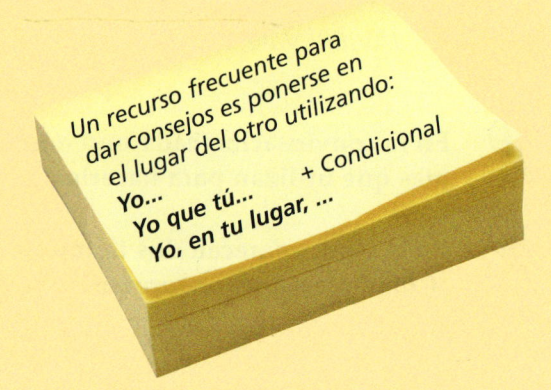

Tengo que ir a una entrevista de trabajo. ¿Tú cómo irías vestida?

Yo, en tu lugar, me pondría el traje gris.

Un recurso frecuente para dar consejos es ponerse en el lugar del otro utilizando:
Yo...
Yo que tú... + Condicional
Yo, en tu lugar, ...

202 ■ doscientos dos

Gramática Unidad 16

■ Pretérito Imperfecto de Subjuntivo

■ El Imperfecto de Subjuntivo se forma a partir de la tercera persona del plural del Pretérito Indefinido, a la que se quita la terminación **-ron** y se añaden las terminaciones del Imperfecto de Subjuntivo. Existen dos formas: la forma **-ra** y la forma **-se**. Las dos son equivalentes en casi todos los usos. Fíjate en que las formas de la primera persona del plural llevan acento.

			estar	escribir	ser
vinie~~ron~~	-ra	-se	estuviera/se	escribiera/se	fuera/se
traje~~ron~~ +	-ras	-ses	estuvieras/ses	escribieras/ses	fueras/ses
tuvie~~ron~~	-ra	-se	estuviera/se	escribiera/se	fuera/se
	-ramos	-semos	estuviéramos/semos	escribiéramos/semos	fuéramos/semos
	-rais	-seis	estuvierais/seis	escribierais/seis	fuerais/seis
	-ran	-sen	estuvieran/sen	esccribieran/sen	fueran/sen

■ Uno de los usos del Imperfecto de Subjuntivo es expresar condiciones que nos parecen irreales o improbables en el presente y/o en el futuro.

si + Imperfecto de Subjuntivo, Condicional

- Si **tuviese** más tiempo, aprendería a bailar el tango.
- Si **supiera** más español, me iría a vivir a México.

■ Oraciones de relativo: Indicativo/Subjuntivo

■ Las oraciones de relativo sirven para dar informaciones sobre el antecedente (la persona, cosa o lugar al que se refiere el relativo), determinándolo o calificándolo. Cuando el antecedente es concreto o conocido, usamos Indicativo.

He encontrado <u>un piso</u> que **tiene** cuatro habitaciones.

Conozco <u>un hotel</u> adonde Arturo **puede** ir en agosto.

Hay <u>mucha gente</u> que **ve** este programa.

■ Cuando nos referimos a un antecedente cuya existencia no conocemos o negamos, utilizamos oraciones de relativo con Subjuntivo.

Busco <u>un piso</u> que **tenga** cuatro habitaciones.

No encuentro <u>un hotel</u> adonde Ana **pueda** ir en agosto.

No hay <u>mucha gente</u> que **vea** este programa.

Si el verbo va con una preposición, ésta se mantiene y se añade el artículo correspondiente.
hablar con: *una persona* **con la que** *se puede/a hablar*
ir a: *un lugar* **al que** *se puede/a ir (en coche)*

doscientos tres ■ 203

Unidad 16 Gramática

■ Expresar condiciones

■ Cuando consideramos lo que expresa la oración condicional como algo posible en el presente o en el futuro, utilizamos:

Oración condicional	Oración principal
si + Presente de Indicativo	Presente de Indicativo Futuro Imperativo

- **Si tenemos** tiempo, **vamos** a la fiesta.
- **Si llueve**, **nos quedaremos** en casa.
- **Si te encuentras** mal, **tómate** una aspirina.

■ Cuando consideramos lo que expresa la oración condicional como algo irreal o improbable en el presente o en el futuro, utilizamos:

Oración condicional	Oración principal
si + Imperfecto de Subjuntivo	Condicional Imperativo

- **Si tuviera** dinero, **me compraría** un coche. (= *no tiene dinero*)
- **Si** no **pudieras** ir, **llámame**. (= *seguramente sí puede ir*)

■ Formular propuestas y rechazarlas

■ Uno de los recursos más frecuentes para hacer propuestas es:

¿Por qué no + 1ª persona plural del Presente de Indicativo?

- ● ¿**Por qué no vamos** al cine hoy?
- ○ Es que hoy estoy ocupadísima...

■ Cuando invitamos a nuestro interlocutor a participar en algo que tenemos planeado, usamos:

¿Por qué no vienes/venís...?

- Esta tarde vamos a dar un paseo en bici. **¿Por qué no venís?**

■ Cuando planteamos alternativas a otras propuestas, utilizamos:

¿Y si + Imperfecto de Subjuntivo?

- ¿**Y si** en lugar de ir a casa **fuéramos** a dar una vuelta?

■ Para declinar invitaciones, utilizamos:

Me gustaría/encantaría pero + justificación

- **Me gustaría pero** hoy no puedo.

■ Expresar deseos

Me gustaría + Infinitivo

- **Me gustaría visitar** a Julia.
  a mí   yo   (mismo sujeto real)

Me gustaría que + Imperfecto de Subjuntivo

- **Me gustaría que** Julia me **visitara**.
  a mí   ella   (sujetos reales diferentes)

*Otra manera de expresar deseo en español es con la partícula **ojalá** + Presente de Subjuntivo: **Ojalá haga sol mañana**.*

— A mí, la verdad, me gustaría ir al cine.
— Sí, podríamos ir a ver "En busca de la tilde perdida".
— ¿Os gustaría ir a dar un paseo?

Actividades **Unidad 16**

2 Imagina que tienes que ayudar a un estudiante español o latinoamericano a instalarse una temporada en tu país o en tu ciudad. Con un compañero trata de completar estos consejos. Para ello, puedes utilizar el Condicional, el Imperativo o las construcciones: **Tienes que** + Infinitivo o **Te aconsejo/recomiendo que** + Presente de Subjuntivo.

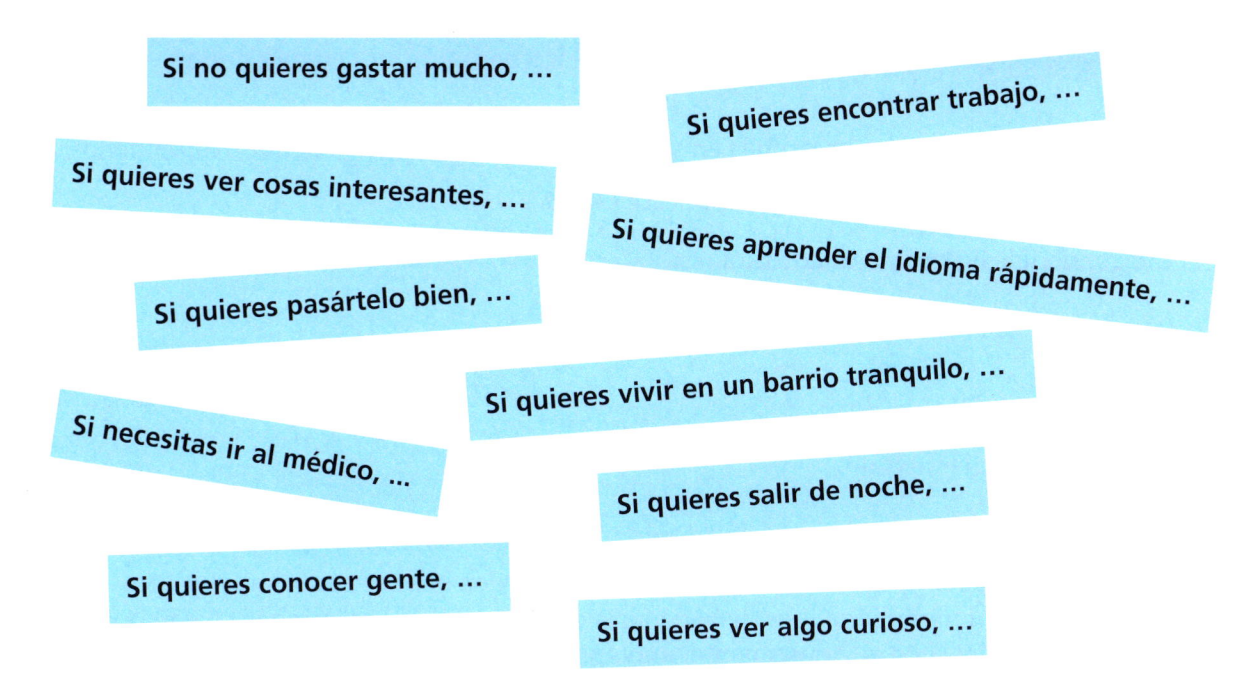

- Si no quieres gastar mucho, …
- Si quieres encontrar trabajo, …
- Si quieres ver cosas interesantes, …
- Si quieres aprender el idioma rápidamente, …
- Si quieres pasártelo bien, …
- Si quieres vivir en un barrio tranquilo, …
- Si necesitas ir al médico, …
- Si quieres salir de noche, …
- Si quieres conocer gente, …
- Si quieres ver algo curioso, …

3 Vamos a jugar al "Si fuera…". Uno de tus compañeros piensa en alguna persona famosa o en alguien de clase. Vosotros le tenéis que preguntar qué sería si fuera…

| un país | un animal | una comida | una película | una profesión |
| una lengua | un coche | un electrodoméstico | un cantante | un libro |

Gana el primero que adivine quién es la persona en la que está pensando el compañero.

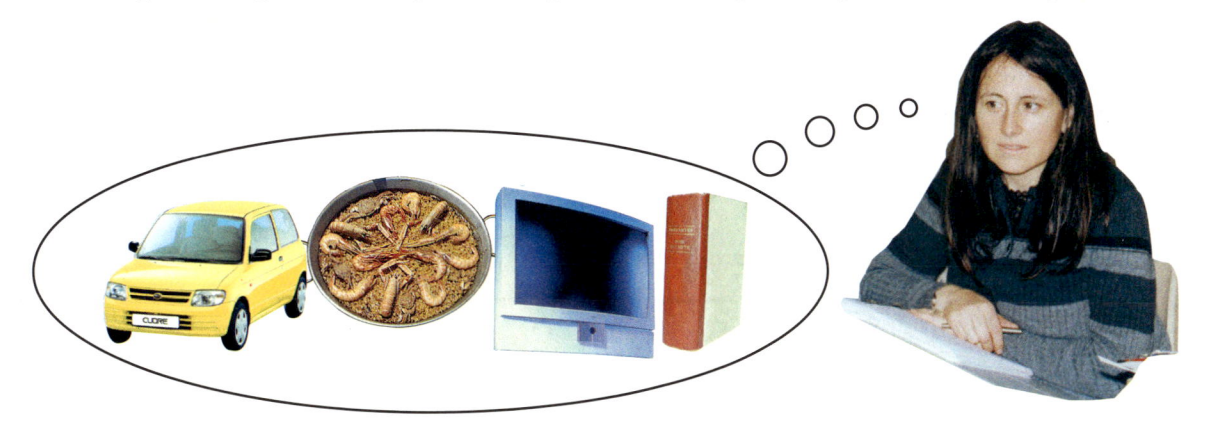

● Si fuera un país, ¿qué país sería?
○ Francia.
● Si fuera…

doscientos cinco ■ **205**

Unidad 16   Actividades

4 Entre tus compañeros de clase quizá hay alguien que...

escribe poemas	compra en las subastas de Internet	no tiene móvil
monta a caballo	diseña páginas web	es vegetariano
lee las manos	arregla ordenadores	baila el tango
predice el futuro	sabe preparar algún plato peruano	habla griego

Uno de vosotros hará las preguntas en voz alta a toda la clase y los demás responderán.

• ¿Hay alguien que escriba poemas?

Luego, podéis hacer una estadística.

¿Cuántas personas...?

En nuestra clase hay ... personas que ...
No hay nadie que ...

5 Vamos a trabajar en grupos de cuatro. Imaginad que dos buscan casa y que los otros dos trabajan en una agencia inmobiliaria. Los de la agencia escriben dos fichas como ésta, con dos casas o pisos imaginarios. Los que buscan casa anotan las características que desean formulándolas con adjetivos o con frases relativas.

(Apartamento)
Piso
Loft
Vivienda unifamiliar
Casa adosada

m²: 170
Situación: en las afueras, cerca de la estación de ferrocarril
N° habitaciones: 4
Baños: un baño y un aseo
Características: recién rehabilitada. Mucha luz. Vistas.
Servicios: piscina comunitaria y jardines

(amueblado)   sin muebles
compra   (alquiler)

Precio: 1000 euros/mes

Los que buscan casa explicarán qué condiciones piden y los demás deben ver si alguna de sus "ofertas" es adecuada, proponérsela al posible cliente y tratar de convencerle.

• Busco un piso de dos habitaciones, que esté en el centro y que tenga mucha luz.
○ Mira, tengo uno que se acerca a lo que necesitas. Tiene dos habitaciones y mucha luz. Está en las afueras, pero...

Actividades **U n i d a d   16**

6 En esta página web hay anuncios de todo tipo. Pensad en cosas que os gustaría encontrar, intercambiar, comprar... Cada uno escribe tres anuncios. Luego, los leéis en voz alta a toda la clase para ver si alguien está interesado en alguno de ellos o si tiene lo que pedís.

Tu Página.com

¡Tu página de ocasiones en la red!

Compra, venta, alquiler,...
Relaciones, amistades,...

Contactos
Alquileres
Compras

Viajar por España
Busco a chicos o a chicas que quieran ir a España, preferentemente a Galicia.
Ramón Zamora

Piso para compartir
Busco piso para compartir en el que cada uno tenga su habitación. Es importante que tenga luz natural.
Tel. 625345169
Felicidad.z@rapid.com

Alquilar local
Necesito alquilar local en el que pueda ensayar y que esté bien insonorizado. ¡Toco la batería!
Vicky Luna tel.645345871 (llamar de 18h a 21h)

7 En una revista habéis encontrado este análisis comparativo entre Cartagena de Indias y Mallorca. En grupos de tres, elegid, después de calcular muy bien las ventajas y los inconvenientes, uno de estos dos destinos, y explicad el porqué. Los que no han elegido el mismo destino, deberán criticar vuestros planes, poniendo de relieve los inconvenientes. Os será útil formular frases con **si**.

Cartagena de Indias
(Colombia)

Tú eliges...

Mallorca
(España)

ventajas:
- buen tiempo
- barato
- una parte turística y otra histórica
- comida exquisita
- zumos y ron
- artesanía y oro
- muchos monumentos: murallas, catedral y arquitectura colonial
- el Caribe
- mucha vida nocturna
- gente muy abierta

posibles inconvenientes:
- clima muy húmedo
- playas llenas de turistas

ventajas:
- viaje más barato
- comida mediterránea
- dulces buenísimos (ensaimadas)
- catedral interesante en Palma
- Sóller, pueblo muy típico
- clima agradable
- playas preciosas
- ver a gente famosa
- artesanía interesante

posibles inconvenientes:
- muy turístico
- lluvias en primavera y en otoño
- es una isla
- mucha gente habla mallorquín

● Si fuerais a Mallorca, no veríais nada auténtico, es todo muy turístico.
○ No es verdad. Nosotros iríamos a un pueblo del interior.

doscientos siete ■ **207**

Unidad 16 Actividades

8 Vamos a dejar volar la imaginación. En parejas, pensad sobre estos temas.

Si ahora mismo estuviéramos en una playa del Caribe…
Si yo fuera un personaje famoso…
Si habláramos perfectamente español….
Si pudiéramos viajar en el tiempo…
Si de pronto se presentara aquí un extraterrestre…
Si gobernáramos el mundo por un día…
Si me regalaran un millón de dólares…
Si supiéramos que el mundo se acaba…
Si me tocara, en un concurso, un viaje a cualquier lugar del mundo…
Si pudiera elegir una nacionalidad…

● Si estuviéramos en una playa del Caribe, tomaríamos el sol todo el día.
○ Sí, y nos bañaríamos en aguas cristalinas.

9 ¿Qué te gustaría pedir si tuvieras una varita mágica respecto a estos temas? Prepáralo y, luego, coméntalo con tus compañeros.

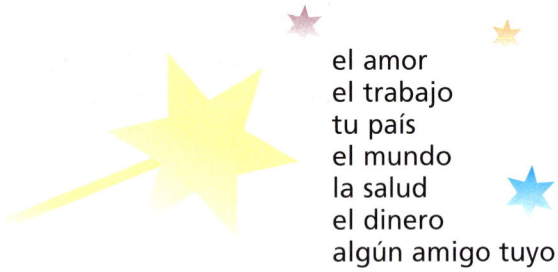

el amor
el trabajo
tu país
el mundo
la salud
el dinero
algún amigo tuyo
…

● Me encantaría estar siempre enamorado y, respecto a la salud, me gustaría no tener problemas.
○ Pues a mí me gustaría que se terminara el hambre en el mundo y que no hubiera guerras.

10 Aquí tienes un texto sobre la Tierra. Léelo y escúchalo.

"Si la Tierra tuviera solo unos pocos centímetros de diámetro y flotara unos pocos centímetros sobre el suelo, iría gente de todas partes a admirarla. Les encantarían sus grandes extensiones de agua, la finísima capa de gas que la rodea y el agua suspendida en el gas. La gente se quedaría maravillada de todos los seres que andan por la superficie y de los animales acuáticos y voladores. Todo el mundo la vigilaría y la protegería para que nadie le hiciera daño. La Tierra sería la mayor maravilla conocida y todo el mundo la amaría y defendería su vida. Si la Tierra solo tuviera unos pocos centímetros de diámetro…"

Responde brevemente a estas preguntas:

¿Cuál es la realidad de la Tierra según el autor?
¿La gente respeta los mares y los ríos?
¿Y a los animales?
¿Y a los otros hombres?
¿Y la capa de ozono?

¿La gente vigila la Tierra y la protege?
¿La amamos y la defendemos?
¿Por qué le hacemos daño a nuestro planeta con el tipo de vida que llevamos?

Ahora elige una de las preguntas y escribe un párrafo parecido al anterior dando tu opinión.

Actividades **Unidad 16**

11 Unas personas tienen una serie de problemas o necesitan cosas. Reúnete con un compañero y pensad en consejos que les podríais dar. Podéis formularlos con: **Podría/s** + Infinitivo, **¿Y si** + Imperfecto de Subjuntivo?, **Yo** + Condicional o **Debería/s** + Infinitivo. A ver a qué grupo se le ocurren los mejores consejos. El ejemplo os puede servir de ayuda.

Quiero hacer un curso de español en Colombia, pero no sé dónde buscar información.

● Quiero hacer un curso de español en Colombia pero no sé dónde buscar información.
○ ¿Y si preguntaras en la Embajada?
■ Yo buscaría información en Internet.

Siempre tengo dolor de estómago. He ido a varios médicos pero no saben lo que tengo.

Tengo ya 45 años y me gustaría casarme, pero no encuentro pareja.

No sé cocinar, pero me gusta comer cosas sanas y buenas...

No me gusta el trabajo que tengo y, además, mi jefe es insoportable.

Quiero alquilar un apartamento en Ibiza, pero no sé cómo.

Estoy buscando una casa que no sea muy cara pero que tenga jardín, aunque sea pequeño.

Mis vecinos hacen mucho ruido por la noche, escuchan música muy fuerte, dan fiestas...

Me cuesta recordar palabras nuevas en español.

12 Habéis decidido hacer un viaje de fin de curso, pero no sabéis a dónde ir, cómo ir, cuándo, durante cuánto tiempo, etc. Os reunís en pequeños grupos y acordáis un plan de viaje. Exponedlo al resto de la clase razonando sus ventajas. Luego, entre todos decidiremos un plan que guste a todo el mundo.

● Nosotros pensamos que podríamos ir a Andalucía, a Sevilla y a Granada, en primavera. En verano haría demasiado calor. Y así quizá podríamos estar en Semana Santa...
○ ¿Y si fuéramos en abril? En abril podríamos ver la Feria...

Unidad 16 Actividades

13 Ya hemos visto en las unidades 1, 11 y 12 la relación que existe entre la sintaxis y la entonación. Fíjate, ahora, en las curvas de entonación de estas frases condicionales.

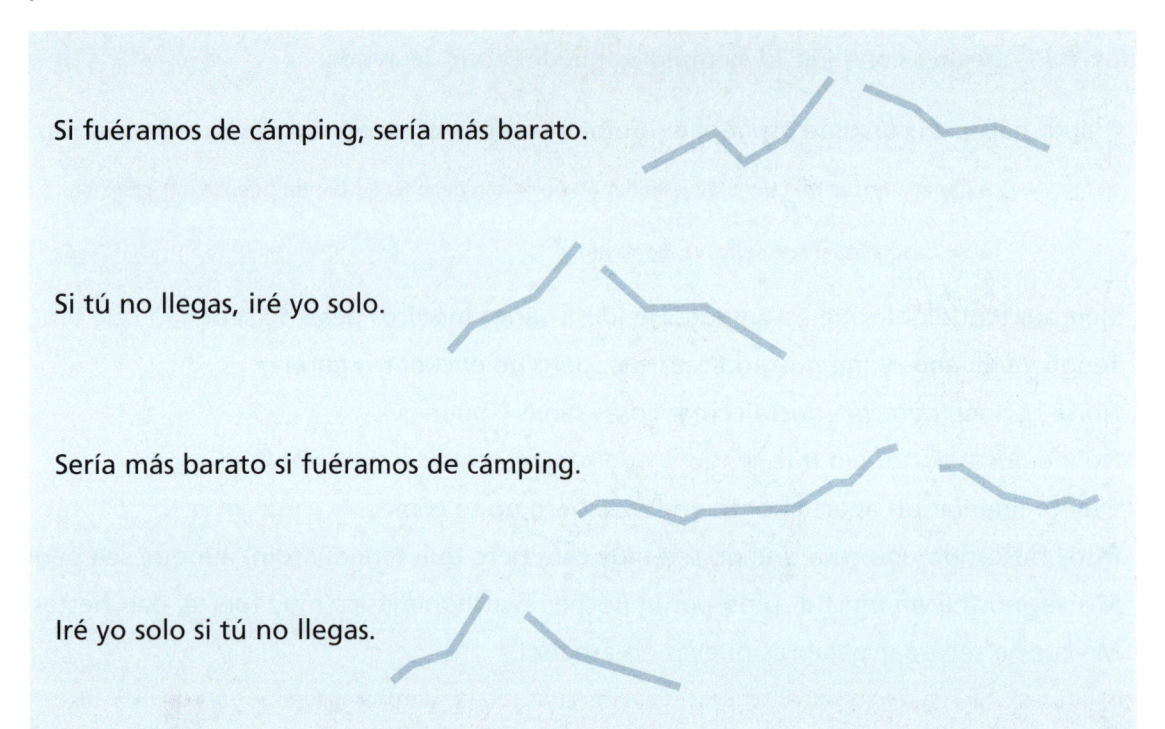

Si fuéramos de cámping, sería más barato.

Si tú no llegas, iré yo solo.

Sería más barato si fuéramos de cámping.

Iré yo solo si tú no llegas.

Observa que la curva de entonación que corresponde a cada tipo de frase puede dividirse en dos partes: la primera tiene un final que sube. La segunda tiene un final que baja, igual que el de las frases afirmativas.

Para usar todo lo que hemos aprendido hasta ahora...

Hoy vamos a pensar entre toda la clase qué cosas nos gustaría cambiar de nuestra sociedad, del mundo, de la conducta humana...

Vamos a escribir una serie de eslóganes, que podemos grabar como cuñas publicitarias para nuestra emisora. Podemos utilizar muchos de los tiempos verbales y de las estructuras que hemos visto en esta unidad.

Por ejemplo:

Si no hubiera ningún niño sin escuela, todo iría mejor.

Queremos una sociedad que dé trabajo a todo el mundo.

Unidad 17

Aprenderemos...

- a referir las palabras de otras personas

- a transmitir órdenes de otras personas

- a reaccionar ante una información

- el Pretérito Pluscuamperfecto de Indicativo

Unidad 17 Textos

1 En esta historia, Mariana y Santi no consiguen hablar. Escucha la cinta y lee los diálogos.

A 
- ¿Está Mariana?
- No, en este momento no está.
- ¿Sabe a qué hora volverá?
- Pues, la verdad, no lo sé. No me lo ha dicho.
- Bueno, gracias. Soy Santi. Volveré a llamar antes de las nueve.

B 
- Hola, Mariana. Te ha llamado Santi. Me ha preguntado cuándo volverías. Y ha dicho que te llamará antes de las nueve.

C 
- ¡Qué raro! Ha dicho que me llamaría antes de las nueve, ¿no?

D 
- Mamá, me voy al cine.
- ¿Y si llama ese chico?
- Pídele el teléfono y yo lo llamo…

E 
- ¿Está Mariana?
- No, se ha ido al cine. Me ha dicho que te pida el teléfono y que ella te llamará.
- Ah, vale. Es el 854 32 41 78. ¿Le puede decir por favor que me llame mañana a partir de las seis de la tarde?
- De acuerdo. Se lo diré.

F 
- Mariana, anoche, sobre las diez y media llamó ese chico, Santi, y me dijo que lo llamaras hoy a partir de las seis de la tarde.

212 ■ doscientos doce

Textos **Unidad 17**

🔍 **Observa las conversaciones de la página anterior. En algunas se transmite el contenido de conversaciones anteriores.**
¿Hay cosas que no se dicen? ¿Otras que se añaden?
¿Hay algún cambio de tiempo verbal?

🔍 **Ahora vamos a encontrar las reglas para transmitir palabras de otros:**

¿Qué verbos se utilizan antes de las palabras que se van a transmitir? ¿Se utiliza el mismo verbo si se transmite una pregunta, una información o una petición?

Cuando hay cambios en los tiempos verbales, ¿por qué crees que se han efectuado? ¿Dependen del tiempo cronológico, de la intención de la persona que habla o de las dos cosas?

Compara todos estos fenómenos con lo que haces en tu lengua materna al transmitir palabras de otros. Observa las similitudes y las diferencias.

2 En la página siguiente tienes una serie de tarjetas de un juego de mesa sobre el mundo hispano. Vamos a jugar. En parejas, uno irá leyendo las informaciones y el otro, al escucharlas, tiene que reaccionar. Luego, os intercambiaréis los papeles. Para reaccionar podéis usar las construcciones siguientes:

> **Sí, ya lo sabía.**
> **No lo sabía / No sabía que** + Imperfecto/Pluscuamperfecto
> **No tenía ni idea / No tenía idea de que** + Imperfecto/Pluscuamperfecto
> **No me acordaba. Creía/Pensaba que** + Imperfecto/Pluscuamperfecto
> **No estaba seguro. Creía/Pensaba que** + Imperfecto/Pluscuamperfecto
> **Creía/Pensaba que** + Imperfecto/Pluscuamperfecto

Cuando recibes una información, pero no acabas de creértela, puedes usar alguno de estos recursos:

> • **¿Estás / está usted seguro (de que** + información)?
> ○ **Sí, sí, completamente. / Sí, sí, lo pone aquí / lo ha dicho X/...**

¿Estás segura de que Leonardo de Caprez se ha vuelto a casar?

Sí, sí, segurísima. Lo pone aquí. Mira...

SOY MUY FELIZ

Poner es el verbo que se utiliza en español para hablar de lo que está escrito en los textos.

Unidad 17 Textos

Jóvenes

En los Juegos Olímpicos de 1992, la delegación española consiguió 22 medallas.

A los habitantes de Buenos Aires se les llama "porteños".

El "mojito" es una bebida cubana hecha a base de ron, hierbabuena y hielo.

En España el 28 de diciembre es el Día de los Inocentes. Se hacen bromas y se pegan muñecos en la espalda de la gente.

Por lo visto, algunas tribus amazónicas toman una droga hecha de raíces que se llama "ayahuasca". Dicen que es una droga telepática. Te permite saber y ver lo que está ocurriendo en otro lugar.

Los pasteles chilenos son de tradición alemana y muchos pasteles españoles proceden de recetas árabes o hebreas.

Las Cataratas de Iguazú pueden verse desde Argentina y Brasil.

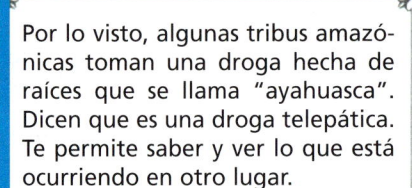

El director de cine Luis Buñuel, el poeta Federico García Lorca y el pintor Salvador Dalí coincidieron durante varios años en la Residencia de Estudiantes de Madrid y fueron muy amigos.

Según los entendidos, las mejores aceitunas españolas son las andaluzas.

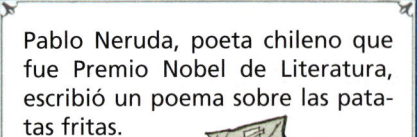

Nahiko ongui significa "bastante bien" en euskera y *oso ongui* significa "muy bien".

En algunos países de Latinoamérica como, por ejemplo, Colombia, el plátano se llama "banano".

Pablo Neruda, poeta chileno que fue Premio Nobel de Literatura, escribió un poema sobre las patatas fritas.

El Chupa Chups es un invento español.

En las playas del norte de Chile se come el alga "cachayuyo", que se toma con vinagre o dentro de los guisos y que también se emplea para quitar el dolor de muelas.

Pone en el periódico que los únicos chicles que se venden en China son españoles. Se llaman *Ta-Ta* que, en chino, significa "grande, grande".

Una de las comidas más típicas de Venezuela son las arepas, una masa de harina de maíz que se rellena con diferentes ingredientes.

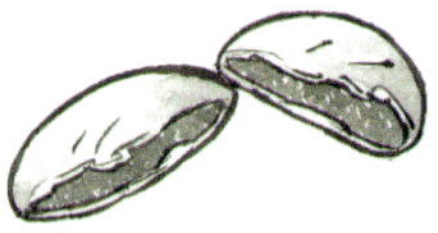

Al parecer, Tàpies es uno de los pintores españoles más conocidos internacionalmente y, también, uno de los más cotizados.

Ahora, vuelve a mirar las informaciones de las fichas y, si hay alguna que no te parece del todo creíble, coméntala con tus compañeros.

🔍 **En alguna de las informaciones se utilizan recursos para señalar alguna duda o distancia sobre el contenido que transmiten. A ver si los encuentras. Haz una lista.**

214 ■ doscientos catorce

Gramática **Unidad 17**

■ El discurso referido o estilo indirecto

■ En español, cuando transmitimos palabras de otras personas, se realizan una serie de cambios en nuestro discurso (elementos gramaticales como los posesivos, los demostrativos, expresiones de lugar y de tiempo, personas de los verbos, etc.).

> La última novela de García Márquez es buenísima.
>
> Mañana vengo y me la compro.

> En la librería Galdós me han dicho que la última novela de García Márquez es buenísima. Mañana voy y me la compro.

> Wilson me ha dicho que mañana se comprará la última novela de García Márquez.

■ Además de **decir**, para transmitir las palabras de otros, utilizamos, entre otros, verbos como los siguientes, según sea el contenido de lo transmitido.

Para dar una información	comentar...
PEPE: Me encuentro mal, mañana no iré al trabajo.	● Pepe me **ha comentado** que se encontraba mal y que mañana no irá al trabajo.
Para una valoración u opinión	comentar
SANDRA: Es un piso muy bonito.	● Sandra me **ha comentado** que es un piso muy bonito.
Para una explicación o justificación	explicar
EMILIO: No puedo ir porque es el cumpleaños de mi novia.	● Emilio me **ha explicado** por qué no puede venir.
Para una pregunta sin partícula	preguntar si
RUTH: ¿Has visto a Juan últimamente?	● Ruth me **ha preguntado si** he visto a Juan.
Para una pregunta con partícula	preguntar qué/quién/cuándo/dónde...
JULIO: ¿Cuándo se casó Natalia?	● Julio me **ha preguntado cuándo** se casó Natalia.
Para un relato	contar
NACHO: Me casé en marzo en Ibiza.	● Nacho me **ha contado** que se casó en marzo en Ibiza.

doscientos quince ■ **215**

Unidad 17 Gramática

Para una propuesta	**proponer** + Subjuntivo
MARTÍN: ¿Por qué no trabajas con nosotros?	• Martín me **ha propuesto** que trabaje con ellos.
Para una respuesta	**responder/contestar**
YO: ¿Quieres ir al cine? BERTA: No.	• Me **ha contestado** que no.
Para una orden o petición	**pedir/ordenar** + Subjuntivo
ANDRÉS: Pásame a recoger a la oficina.	• Andrés me **ha pedido** que le pase a recoger a la oficina.
Para un consejo	**aconsejar/recomendar** + Subjuntivo
EVA: Tienes que ir al médico.	• Eva me **ha aconsejado** que vaya al médico.

■ Los tiempos de los verbos cambian cuando las circunstancias temporales han cambiado y, por tanto, los tiempos empleados ya no son válidos.

Las circunstancias temporales no son las mismas (ya es más tarde).

— Iré a tu casa a las siete.

— ¡Qué raro! Me ha dicho que vendría a las siete.

■ Cuando no hay ninguna circunstancia temporal que obligue a cambiar los tiempos de los verbos, podemos cambiarlos si queremos subrayar que lo que estamos diciendo son palabras de otra persona.

Subraya que son palabras de otro.

— Roberto **es** un idiota.

— Me ha dicho que Roberto **era** un idiota.

Gramática Unidad 17

■ Los tiempos de los verbos, cuando cambian, lo hacen según la siguiente correlación:

Presente de Indicativo →	Imperfecto de Indicativo
• Luis **trabaja** mucho.	• Nos comentó que Luis **trabajaba** mucho.

Presente referido al futuro o Futuro →	Condicional
• Mañana te **devuelvo** el libro. • Mañana te **devolveré** el libro.	• Me prometió que al día siguiente me **devolvería** el libro.

Pretérito Perfecto →	Pretérito Pluscuamperfecto
• **He estado** de vacaciones.	• Nos contó que **había estado** de vacaciones.

Pretérito Indefinido →	Pretérito Pluscuamperfecto
• En mayo **estuve** en Lima.	• Nos contó que en mayo **había estado** en Lima.

Imperativo (o peticiones) →	Presente o Imperfecto de Subjuntivo
• **Espérame** aquí. • ¿Puedes esperarme aquí?	• Me ha pedido que lo **espere** aquí. / Me pidió que lo **esperara** allí.

Presente de Subjuntivo →	Imperfecto de Subjuntivo
• Es mejor que **vayas** tú.	• Me dijo que era mejor que **fuera** yo.

El Pretérito Imperfecto, el Condicional y el Pretérito Pluscuamperfecto no cambian.

■ Lógicamente, cuando transmitimos palabras de otros, no recordamos el tiempo que fue utilizado sino el sentido general de lo dicho.

• En junio iré a Bolivia. • En junio voy a Bolivia. • En junio voy a ir a Bolivia.	• Antes del verano me dijo que en junio **iría** a Bolivia.
• ¿Puedes recoger tú a los niños? • Recoge tú a los niños, por favor. • ¿Podrías recoger tú a los niños?	• Ayer me pidió que **recogiera** yo a los niños.

Bueno, pues... Adiós y gracias por todo. Y recuerdos a Pepa.

Se ha despedido, me ha dado las gracias y recuerdos para ti.

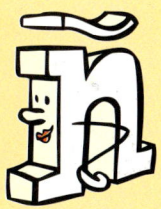

doscientos diecisiete ■ 217

Unidad 17 Gramática

■ Muchas veces, al referir las palabras de otros, marcamos cierta distancia respecto al contenido de lo que estamos diciendo con expresiones del tipo: **al parecer**, **por lo visto**, etc. A veces lo que hacemos es citar el origen de la información: **según dice X**, **según dicen**, **según X**, etc.

■ Cuando pedimos que se transmita una información o una orden, usamos el Imperativo.

- **Dile** a tu marido que me llame, por favor.
- **Dígale** al señor González que ha venido su hermano.

■ Pretérito Pluscuamperfecto de Indicativo

Imperfecto de **haber** + Participio pasado

yo	había	coment**ado**
tú	habías	explic**ado**
él, ella, usted	había	le**ído**
nosotros/as	habíamos	sal**ido**
vosotros/as	habíais	...
ellos, ellas, ustedes	habían	

■ Normalmente relatamos los acontecimientos en orden cronológico, pero, a veces, tenemos que hablar de algo anterior a lo que hemos dicho; para ello usamos el Pretérito Pluscuamperfecto.

- Cenó muy poco porque **había merendado** a las siete de la tarde.
  (Merendar es anterior a cenar)

Aplicamos la misma regla al referir palabras de otros.

- He visto a Nelson a las diez y me ha dicho que **había llegado** a las ocho.

■ Reaccionar ante una información

■ Muchas veces, al recibir una información, reaccionamos señalando que ya la poseíamos, que teníamos una información equivocada, o que suponíamos una cosa distinta a la que acabamos de saber. Para ello utilizamos el Imperfecto de Indicativo o el Pluscuamperfecto en expresiones del tipo:

Sí, ya lo sabía.	No sabía que…	
No lo sabía.	No tenía ni idea de que…	+ Imperfecto
No tenía ni idea.	Creía/Pensaba que…	Pluscuamperfecto
No me acordaba.		
No estaba seguro/a.		

- Ana está estudiando en San Francisco.
- Ah, **no sabía que estaba** en Estados Unidos.

- Ana ha estado estudiando en San Francisco.
- Ah, **no sabía que había estado** en Estados Unidos.

Actividades **Unidad 17**

3 Vamos a trabajar en parejas. Imagina que tu compañero busca trabajo y que tú lo entrevistas. Tienes que decidir si le das el puesto de trabajo y justificar tu decisión.

ALUMNO A: trabajas en la pizzería "Rocco" y entrevistas a B, que quiere trabajar como repartidor.

ALUMNO B: eres el gerente de la discoteca "Área reservada" y entrevistas a A, que quiere trabajar como camarero.

PIZZERÍA ROCCO

Guión de la entrevista:

¿Cuántos años tiene usted?
¿Qué ha estudiado?
¿Sabe idiomas?
¿Qué ingredientes lleva la pizza Margarita?
¿Tiene pareja?
¿Ha trabajado antes?
¿Va en moto normalmente?
¿Qué haría si se le cayera la pizza al suelo?
¿Es puntual?
¿Le gusta conducir rápido?
¿Es alérgico a algún alimento?
¿A qué hora cena normalmente?

Área reservada

Guión de la entrevista:

¿Tiene experiencia en este tipo de trabajo?
¿Dónde ha estudiado?
¿Cómo se prepara un *Bloody Mary*?
¿Cuáles son sus bebidas preferidas?
¿Sale con alguien?
¿A qué hora se acuesta normalmente?
¿Está en buena forma física?
¿Cuándo viajó por última vez y a dónde?
¿Sabe bailar?
¿Se considera usted una persona dinámica?
¿Cómo prefiere el café: solo o con leche?
¿Sabe leer los labios?

• No le voy a contratar porque me ha dicho que la pizza Margarita llevaba atún.

Ahora, comenta a toda la clase las respuestas más divertidas o más sorprendentes que te ha dado tu compañero.

4 Vamos a hacer un poco de teatro. Vamos a trabajar en grupos de tres. El profesor distribuirá los papeles: A es el jefe de una empresa, B, su secretario, y C el tercer empleado, que está situado lejos de estos dos. El jefe va a dar unas órdenes a B para C, cuatro de las que se proponen en la lista.

corregir una carta
hacer una traducción
ir inmediatamente a su despacho
pedir una factura de la última compra a la empresa Zaca
enviar un fax
encargar unos bocadillos
escribir una carta en el ordenador
archivar unos papeles
salir a la calle para ir a Correos
llamar al señor González y preguntarle si ha recibido el último pedido

• Lorenzo, dígale a Norman que corrija inmediatamente esta carta.
○ Norman, me ha dicho la jefa que tiene que corregir urgentemente esta carta.

Ahora, C va a explicar a toda la clase las órdenes que ha recibido.

• La jefa me ha pedido que corrigiera una carta, que...

doscientos diecinueve ■ **219**

Unidad 17 Actividades

5 Imagina que has mantenido estas conversaciones. ¿Cómo le cuentas a tu compañero las palabras de las personas con las que has hablado, teniendo en cuenta que las transmites en un contexto diferente y de acuerdo con las circunstancias que se señalan?

	Circunstancias en las que se refiere la conversación
Tú/Pepe ● ¿Qué tal estás? ○ Pues no muy bien. Tengo un dolor de cabeza horrible.	- una hora después, sin marcar que son palabras de otro - al cabo de tres días

● Hace una hora he hablado con Pepe y me ha dicho que le duele mucho la cabeza.
● Hace unos días hablé con Pepe y me dijo que le dolía mucho la cabeza.

Tú/Clara ● Esta novela es buenísima. Si quieres te la presto. ○ Ah, muy bien. El martes de la semana que viene te la traigo.	- al día siguiente, en tu casa - el miércoles de la semana que viene todavía no la ha traído
Tú/Fernando ● ¿Qué tal están los macarrones? ○ Están un poco salados.	- un minuto después - al día siguiente
Tú/Julia ● ¿Qué le vas a comprar a Pablo por su cumpleaños? ○ Pues todavía no lo sé. Esta tarde le compraré algo.	- unas horas después - el día del cumpleaños de Pablo
Tú/Ramón ● ¿Por qué no viniste el sábado a la discoteca? ○ Es que estuve estudiando Matemáticas todo el día.	- al cabo de unos días
Tú/Carmen ● ¿Qué te pasa? ¿Estás de mal humor? ○ No, es que estoy muy cansada. He trabajado mucho.	- un rato después - dos días después
Tú/Inés ● ¿Vendrás a la fiesta de Lupe pasado mañana? ○ No, pasado mañana a estas horas estaré volando hacia Quito.	- un rato después - el día de la fiesta de Lupe
Tú/Susana ● ¿Has visto a Beatriz últimamente? ○ Anteayer la llamé, pero no estaba.	- un rato después en su despacho - por la noche, en tu casa

6 Escribe una pequeña nota con el contenido que quieras (una petición, un comentario, una pregunta...) y fírmala (con un seudónimo, si quieres). El profesor recogerá todas las notas y las redistribuirá entre los compañeros. ¿Qué te dicen en la que te ha tocado a ti? Prepara tu respuesta por escrito e informa al resto de la clase.

¿Quieres ir a bailar conmigo esta noche?

David ♥

● A mí David me ha propuesto que vayamos a bailar. Y yo le he contestado que no, que no me gusta bailar.

Actividades **Unidad 17**

7 Imagina que hace unos días has estado en una fiesta en casa de Begoña, una amiga tuya. Escucha lo que te dicen unas personas. Luego escríbele un e-mail a un amigo y explícale las cosas de las que te has enterado.

Begoña me presentó a su novio. Me dijo que se llamaba Federico y que lo había conocido hacía seis meses en Menorca...

8 En varios periódicos y revistas has encontrado estas informaciones. Transmíteselas a tu compañero. Si alguna te parece poco creíble, utiliza los recursos que conoces para distanciarte de su contenido. Tu compañero reaccionará expresando conocimiento, sorpresa, duda, desconocimiento, etc.

Hoy
Aparece un dinosaurio vivo en el centro de Quito.

El Correo
Récord Guinness
Se ha fabricado una salchicha de 1500 kilómetros: empieza en Leipzig y llega a Barcelona.

La Voz
A partir de ahora, el Real Madrid y el FC Barcelona serán un único club.

Diario del Mundo
La Unión Europea obligará a todos los países a hacer corridas de toros los domingos por la tarde.

La Verdad
Descubrimiento: la leche, en especial la desnatada, es mala para la salud.

Actualidad
La policía descubre 10 000 kilos de ajos que iban a entrar clandestinamente en Francia.

El Pueblo
Prohibidas las vallas publicitarias en las calles de Montevideo.

• Por lo visto, ha aparecido un dinosaurio vivo en el centro de Quito.
○ ¿Estás segura?
• Segurísima. Lo he leído en el periódico.

9 Lee este trabalenguas y, luego, intenta traducirlo a tu lengua.

Me han dicho que has dicho un dicho
que han dicho que he dicho yo;
el que lo ha dicho, mintió,
y en caso de que hubiese dicho
ese dicho que tú has dicho
que han dicho que he dicho yo,
dicho y redicho quedó.
Y estaría muy bien dicho,
siempre que yo hubiera dicho
ese dicho que tú has dicho
que han dicho que he dicho yo.

Unidad 17 Actividades

10 Imaginad que queréis trabajar como detectives. Para contrataros, la agencia de detectives "Sergio Olmos" os pone esta prueba. ¿Quién es el ladrón? El que lo descubra primero, logrará el contrato.

SERGIO OLMOS Agencia de **detectives**

TEST DE PRUEBA

Los hechos

> Han robado un cuadro de Picasso en la casa de la joven marquesa Von Quisen a las seis y cuarto de la tarde. Ha sido una de estas personas.

marquesa Von Quisen

Edu Carnicero

Ramón Ladrón

Iván Tuerto

Gerardo Capone

> El cuadro estaba en su dormitorio, en el segundo piso.
> La marquesa siempre duerme dos horas de siesta, de tres y media a cinco y media, luego toma un té y a las seis en punto baja a nadar a su piscina.
> Todas las habitaciones tienen alarma y, además, en la casa hay un servicio de guardias de seguridad.
> El ladrón conocía perfectamente la casa y los hábitos de la marquesa.
> El día del robo había en la casa estas cuatro personas y la marquesa.
> Ramón Ladrón creía que el cuadro era de Miró.
> Gerardo Capone sabía que el cuadro era de Picasso.
> Iván Tuerto creía que el cuadro era de Juan Gris.
> Edu Carnicero pensaba que el cuadro era de Dalí.
> La persona que ha robado el cuadro sabía que había alarma en el dormitorio de la marquesa.
> La persona que pensaba que el cuadro era de Dalí ha dicho que a la hora del robo estaba en la piscina.
> La persona que pensaba que el cuadro era de Miró ha dicho que a la hora del robo estaba durmiendo.
> Edu Carnicero no sabía que había alarma en el dormitorio.
> La persona que pensaba que el cuadro era de Juan Gris ha dicho que a la hora del robo estaba en el jardín.
> El ladrón ha dicho que a la hora del robo estaba en la biblioteca.
> Ramón Ladrón, Iván Tuerto y Gerardo Capone sabían que había alarma en el dormitorio de la marquesa.

Actividades Unidad 17

11 Aquí tienes unos fragmentos de una Enciclopedia. ¿Ves algún fallo? Léelos atentamente y comenta con tus compañeros las informaciones que te parecen erróneas, las que desconocías, las que te sorprenden, etc.

América. Cristobal Colón descubrió América en 1942.
Avianca. Compañía de aviación cubana.
bandoneón. Instrumento típico del tango. Su inventor era alemán.
Barcelona. Fue la sede de los Juegos Olímpicos de 1996.
Berlín. El muro de Berlín cayó el 9 de noviembre de 1990.
Bolivia. Limita al norte y al este con Brasil, al sureste con Paraguay, al suroeste con Chile y al oeste con Perú.
Buenos Aires. La Avenida 9 de Julio de Buenos Aires es la más ancha del mundo.

España. Fue neutral en la IIª Guerra Mundial.
gallego. Lengua hablada en Galicia que se parece mucho al portugués.
Madrid. En Madrid se puede comer el mejor pescado de España.
Paraguay. Hay dos lenguas oficiales: el español y el guaraní.
San José. Capital de Costa Rica.
teléfono. Johan Philip Reis construyó el primer teléfono en 1861. Muchos creen que el primer teléfono lo construyó el escocés A. Graham Bell.

teléfono

420

• ¿Estáis seguros de que la Avenida 9 de Julio de Buenos Aires es la avenida más ancha del mundo? Yo creía que era la 5ª Avenida de Nueva York.

12 En esta unidad vamos a estudiar las entonaciones del estilo indirecto. Observa las diferencias.

Volveré a llamar antes de las nueve.

Ha dicho que volverá a llamar antes de las nueve.

¿Está Mariana?

Me ha preguntado si estabas.

Pídele el teléfono.

Me ha dicho que te pida el teléfono.

Cuando explicamos lo que ha dicho otra persona, es decir, cuando utilizamos el estilo indirecto, usamos siempre el mismo tipo de estructura entonativa, muy parecida a la de las oraciones afirmativas: una subida clara en la primera parte y un descenso suave al final.

doscientos veintitrés ■ 223

Unidad 17 Actividades

13 Vamos a jugar a recordar las siguientes cosas. En parejas, cuéntale a tu compañero:

> el mejor *piropo* o *elogio* que te han hecho
>
> la cosa más **sorprendente** o **indiscreta** que te han preguntado
>
> la historia más increíble que te han contado
>
> la cosa que te han dicho que más te ha servido en tu vida
>
> la historia más **divertida** que te han contado
>
> la cosa más *desagradable* que te han explicado
>
> la vez que has metido más la pata

● Una vez, iba andando por la calle y un desconocido se me acercó y me dijo que tendría un novio italiano. Y ahora tengo un novio italiano.
○ Pues a mí, una vez...

Para usar todo lo que hemos aprendido hasta ahora...

En todas las emisoras de radio, a primera hora de la mañana se comentan los titulares de los periódicos del día. En grupos, podéis redactar unos cuantos, o aprovechar los que han aparecido recientemente, para transmitirlos por vuestra emisora. No os olvidéis de grabarlo.

También podéis explicar y comentar las declaraciones más curiosas o más sorprendentes que hayan dicho los famosos en los medios de comunicación.

224 ■ doscientos veinticuatro

Unidad 18

Aprenderemos...

- a reaccionar expresando acuerdo y desacuerdo

- a pedir la opinión de otras personas

- a expresar finalidad

- a controlar la comunicación

- nuevos usos del Subjuntivo

Unidad 18 Textos

1 En la calle Galdós hay unos terrenos vacíos, pero no todos los vecinos están de acuerdo sobre qué hay que hacer con ese espacio. Mira la ilustración.

Textos **Unidad 18**

Estas noticias han aparecido en los periódicos en los últimos días.

EL PROPIETARIO DE LOS TERRENOS DE LA CALLE GALDÓS NO ESTÁ DISPUESTO A NEGOCIAR

"No acepto que me quiten lo que es mío. Voy a construir doscientas viviendas. Todo el mundo sabe que la ciudad necesita más viviendas", ha declarado esta mañana Ruiz Sanz.

Los vecinos de la calle Galdós en contra del proyecto del Ayuntamiento de construir una residencia para refugiados políticos

Los vecinos exigen al alcalde Enrique Pérez que construya un nuevo local para su asociación, un polideportivo y una guardería o una escuela. No quieren ni la residencia para refugiados ni el parking. *"El barrio está muy mal en lo que respecta a instalaciones deportivas y, por otra parte, es evidente que faltan plazas de guardería"* ha declarado Marta Gómez, presidenta de la Asociación de Vecinos.

La Asociación de Comerciantes de la calle Galdós pide al Ayuntamiento un parking para que se solucionen los problemas de aparcamiento del barrio

"Aunque algunos no lo acepten, todos necesitamos que se construya ese parking. El problema del aparcamiento se ha vuelto insostenible", ha dicho la presidenta de la Asociación de Comerciantes, Rosario Guzmán.

La Asociación CIUDAD VERDE a favor de conservar los árboles de la calle Galdós

"Cortar esos árboles, en el centro de la ciudad, sería una estupidez", ha declarado Rodolfo Ríos, portavoz de CIUDAD VERDE. *"Nosotros solo pedimos que se respete lo que es de todos: la naturaleza. Se podría limpiar la zona y convertirla en un parque, pero sin cortar los árboles".*

¿Cuántas posturas diferentes hay? ¿Cuáles? ¿Qué quiere cada grupo? Haz una lista así:

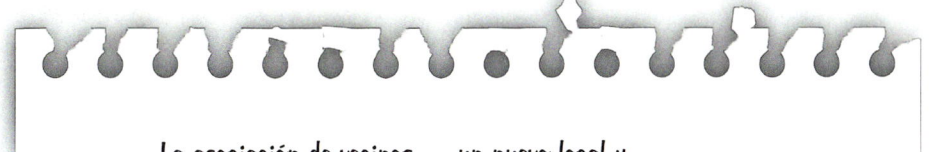

La asociación de vecinos ... un nuevo local y ...

¿Te has fijado en que aparecen nuevos usos del Subjuntivo? ¿En qué frases? ¿Qué tipo de verbos se utilizan en las frases principales?

A partir de la lista anterior, trata de hacer frases con la siguiente construcción:

Los vecinos **quieren que...**

doscientos veintisiete ■ 227

Unidad 18 Textos

2 En la televisión regional hay un debate sobre el tema de los terrenos de la calle Galdós. Escucha y lee lo que dicen los invitados.

presentadora
alcalde
portavoz de Ciudad Verde
presidenta de la Asociación de Comerciantes
asistente social
presidenta de la Asociación de Vecinos

- La residencia para refugiados políticos no es un capricho del Ayuntamiento, sino una necesidad de la ciudad. Los vecinos deberían comprenderlo: es un problema de todos.

- ¿Cree usted que los vecinos no quieren que se instalen refugiados políticos en el barrio?
- No, no, qué va, en absoluto... A nosotros nos parece muy bien que haya refugiados en el barrio... Lo que yo quiero decir es que la gente del barrio necesita un local para que haya más vida social y cultural...

- Nosotros, los comerciantes, no queremos que el barrio sea un caos sino que se viva mejor. Por eso pedimos un parking...
- No estoy en absoluto de acuerdo con usted. Lo único que ustedes quieren es defender sus intereses: aparcamientos para los clientes de sus tiendas y nada más. Y los niños, que jueguen en casa...

- No es verdad que la Asociación de Vecinos necesite un nuevo local. El local que tienen es suficiente...
- Mire, lo que nosotros pedimos es que nuestros hijos tengan lugares para hacer deporte, para reunirse...
- ¿Y para que jueguen los niños hay que cortar árboles?
- No entiendo qué quiere decir...
- Pues que lo de cortar árboles es una barbaridad...

- ¿Qué opina usted de la posibilidad de combinar varias soluciones? Es decir, una parte bosque, otra, instalaciones para el barrio, y una parte residencia, por ejemplo...
- Yo, personalmente, estoy totalmente de acuerdo con esa solución. Me parece muy bien... Pero es un tema muy complicado. Lo malo es que todo el mundo tiene razón en parte...

¿Quién crees que ha formulado cada una de las opiniones anteriores?

Ahora que ya tienes mucha información sobre el problema, si se tratara de tu barrio, ¿quiénes crees que tendrían razón? Escríbelo. Puedes usar la construcción siguiente:

Para mí, tienen razón...

Gramática **Unidad 18**

■ Usos del Subjuntivo: frases subordinadas sustantivas
■ Cuando en la frase principal expresamos la intención de un sujeto de influir en la acción de otro sujeto (con verbos como **querer, pedir, necesitar, exigir, ...**), el verbo de la frase subordinada va en Subjuntivo.

> Los vecinos quieren que el Ayuntamiento **construya** una residencia.

Sujeto de la frase principal		Sujeto de la frase subordinada
Los vecinos	*deseo de influir* →	el Ayuntamiento

■ Recuerda que para reaccionar ante informaciones y para expresar opinión con verbos en forma negativa, utilizamos el Subjuntivo.

- El gobierno va a privatizar muchas empresas públicas y, además, va a subir los impuestos.
- Es una barbaridad que **privatice** empresas públicas.
- Yo no creo que **suba** los impuestos.

■ Usos del Subjuntivo: **aunque**
■ A veces, una frase con **aunque** sirve para retomar algo ya dicho, conocido o presupuesto, que no presenta información nueva. En este caso, la frase subordinada se construye con Subjuntivo.

- **Aunque haga** calor, no voy a bañarme.

(Hace calor = *información presentada como compartida con el interlocutor*)

■ A veces, sin embargo, **aunque** sirve para introducir una información nueva. En este caso, la frase subordinada se construye con Indicativo.

- **Aunque hace** calor, no voy a bañarme.

(Hace calor = *información presentada como nueva*)

■ **Sino (que)**
■ Para negar un elemento y afirmar otro en su lugar, usamos normalmente **sino** o **sino que**.

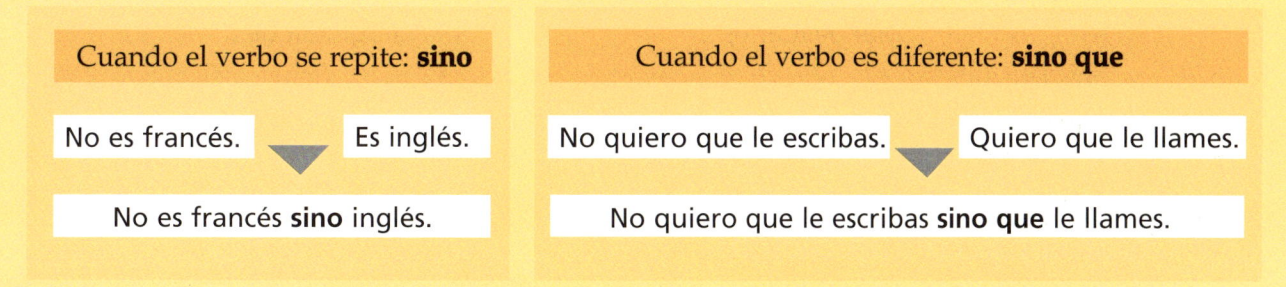

Cuando el verbo se repite: **sino**	Cuando el verbo es diferente: **sino que**
No es francés. Es inglés.	No quiero que le escribas. Quiero que le llames.
No es francés **sino** inglés.	No quiero que le escribas **sino que** le llames.

■ Expresar finalidad: **para (que)**
■ Para expresar la finalidad de algo, usamos **para** o **para que**.

sujetos distintos	un mismo sujeto
para que + Subjuntivo	**para** + Infinitivo

- Le he dado tu número **para que te llame**.
  (yo)   *(él)*
- ¿Quieres su número **para llamarle**?
  (tú)   *(tú)*

doscientos veintinueve ■ **229**

Unidad 18 Gramática

■ Construcciones con lo

■ Para referirnos a un tema que ya se ha mencionado o que es conocido por el interlocutor, en la lengua coloquial usamos la construcción **lo de** + sustantivo.

lo de + sustantivo

● ¿Cómo va **lo de** Luis?
○ Mal. Es que la cosa se complica cada vez más.
● Ya. Es una pena. Oye, ¿y esos problemas que tuvo con el viaje de novios?
○ Por suerte, **lo del** viaje ya está solucionado.

■ Para aludir a una de las cualidades o aspectos de algo, podemos usar la construcción:
lo + adjetivo + **es que**...

lo + adjetivo + **es que**

● **Lo** malo **es que** es muy caro.
● **Lo** raro **es que** no ha llamado.

Es muy bonito, me encanta el color.

Sí. Lo malo es que es muy caro.

■ Preguntar la opinión

¿Qué opinas de ¿Qué opina usted de	+ tema?
¿Crees que ¿Cree usted que	+ opinión?

■ Expresar acuerdo y desacuerdo

Yo estoy (totalmente) de acuerdo con Yo no estoy (en absoluto / nada) de acuerdo con	eso. María. lo de cambiar el horario.

Yo lo veo como	tú/ella... Manuel/Carlos...	Yo comparto	tu opinión la opinión de...

Yo creo que tiene razón tienen razón	Alberto / ella / el Ayuntamiento... los vecinos / todos...

■ Controlar la comunicación

■ Muchas veces surgen pequeñas dificultades en el desarrollo de la comunicación. Para seguir adelante, solemos hacer lo siguiente:

pedir aclaraciones	No entiendo qué quiere/s decir (con eso). No sé si te/le he entendido bien.
decir que no nos han entendido bien	Yo no quería decir eso...
reformular	Es decir, Lo que yo quiero decir es que + nueva formulación Pues que...

Actividades **Unidad** **18**

3 Entre estas once afirmaciones hay cinco falsas. Reúnete con uno o dos compañeros y decidid cuáles son. Luego, explicaréis a la clase vuestras conclusiones. Para señalar a qué tema os referís, podéis usar **lo de**.

La paella se hace con patatas.
Paraguay y Bolivia son los únicos países de América sin salida al mar.
El 25% de la producción industrial española está en Cataluña.
El flamenco es un baile típico de toda España.
La isla Margarita está en el Caribe.
Antonio Gaudí es un pintor español muy famoso.
Asunción es la capital de Cuba.
El baile más característico de Colombia es la "cumbia".
Hay dos ciudades españolas en la costa de Marruecos.
España es uno de los países más montañosos de Europa.
El tango es un baile mexicano.

• Lo de la paella no es cierto. Se hace con arroz.

4 Si alguien dice estas cosas, ¿cómo reaccionas?

Actualmente no hay ningún grupo de música realmente bueno.

Los hombres y las mujeres son muy diferentes.

Antes, los padres y los hijos no tenían tantos problemas.

Los jóvenes de ahora no respetan nada y no tienen ningún ideal.

Siempre ha habido ricos y pobres.

Ya no se escribe buena literatura.

Seguir la moda es una tontería. La moda es un montaje comercial.

La droga es el principal problema de la juventud.

Yo no veo que Internet sea tan útil.

Los políticos son todos corruptos.

La música electrónica no es música de verdad.

• Yo no estoy nada de acuerdo con lo de la música electrónica. Yo creo que sí es música de verdad.

doscientos treinta y uno

Unidad 18 Actividades

5 Aquí tienes algunas opiniones sobre las corridas de toros, una tradición española que despierta una gran polémica. ¿Con quién estás de acuerdo? Puedes usar estas construcciones:

> Yo (no) lo veo como…
> Yo (no) estoy de acuerdo con…

> Yo creo que X tiene razón…
> Yo no creo que X tenga razón…

¡Olé!

Laura TOMÁS ZAMBRANO
Empresaria
46 años

"Aunque sea un poco violento, es un espectáculo muy bonito. Claro que, podrían torear, pero sin matar al toro."

Margarita VEGA RÍOS
Estudiante de Biología
22 años

"Es una barbaridad. Es la tortura de un animal. Es una vergüenza que para los españoles sea una fiesta."

Nicolás BARRIOS LUQUE
Periodista
26 años

"Si no hubiera corridas, ya no existirían los toros bravos. Al menos los toros viven y crecen en la naturaleza. Hasta el momento de ir a la plaza, viven mucho mejor que los animales en las granjas."

Pedro SÁNCHEZ HINOJOSA
Jubilado
70 años

"Es arte, tradición."

Valentina PÉREZ GIL
Secretaria
24 años

"Tendría que estar prohibido. Es horrible."

Enrique CRUZ MOORE
Funcionario
45 años

"Se critica mucho a España por los toros, pero los ingleses, por ejemplo, tienen la caza del zorro, que también es muy salvaje, y nadie dice nada."

Actividades **Unidad** 18

Leandro PIÑAR COSTA
Profesor de Antropología
35 años

"La lucha entre el hombre y la bestia es histórica. El torero representa la muerte para el toro y viceversa. Para mí, es un arte injustamente criticado. Sin duda."

Rosa GIL HURTADO
Pintora
41 años

"Intelectuales y artistas han amado y aman los toros: Hemingway, Picasso... Dos cosas muy importantes están en juego: la lucha por la vida y la belleza".

Mario FIGUEROA ECHEVARRÍA
Traductor
33 años

"Es un espectáculo primitivo y cruel. Lo odio."

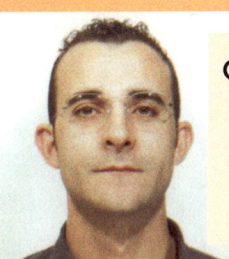

Carlos ANTÓN VILLA
11 años

"Yo, de mayor, quiero ser torero."

6 En parejas, vais a simular las siguientes conversaciones. Un estudiante (A) da un consejo u opinión y otro (B) lo rechaza usando **aunque,** explicando sus intenciones y justificándolas.

A y B, en una tienda, ven una chaqueta muy bonita, pero muy cara.	A. Es muy cara, ¿no crees? B. *(vas a comprártela, te encanta)*
B se encuentra mal y tiene fiebre. Estáis en casa.	A. Si tienes fiebre, no salgas. B. *(vas a salir, tienes una cita)*
B está programando unas vacaciones en España, quizá en la Costa Brava.	A. No vayas a la Costa Brava. Todo es muy caro y hay demasiada gente. B. *(te apetece mucho ir a la Costa Brava)*
Habláis de un amigo común.	A. Lucas es muy tímido, ¿no? B. *(Lucas es también muy simpático)*
Estáis preparando un examen de Matemáticas.	A. Esto es aburridísimo. B. *(tienes que estudiar, quieres aprobar)*

• Aunque sea cara, me la voy a comprar. Me encanta.

Dale, ahora, un consejo a alguno de tus compañeros. Si te dan uno a ti con el que no estás de acuerdo, reacciona usando **aunque**.

Unidad 18   Actividades

7 Aquí tienes el cartel de una campaña en favor de la igualdad y el respeto de los derechos humanos. Lee los artículos de prensa que contiene.

Para la Igualdad y el Respeto de los Derechos Humanos

Democracia es Igualdad

Algún día estas noticias desaparecerán de los periódicos

Los insumisos se manifiestan en contra de la compra de material armamentístico

Más de 300 000 insumisos se concentraron ayer en Madrid para denunciar la inversión millonaria del gobierno en material armamentístico.

Un grupo de jóvenes ataca a tres homosexuales en el centro de A Coruña

La Policía Municipal detuvo a uno de los cinco agresores, que pasó a disposición judicial.

Una mujer denuncia malos tratos

Clara Arenas denunció ayer a su marido, Fernando Vallejo, por malos tratos. Según la afectada, de 35 años, su marido la pegaba habitualmente en el domicilio familiar, situado en la localidad madrileña de Villaba.

Dos desconocidos prenden fuego a una casa con 14 inmigrantes subsaharianos dentro

Los afectados tuvieron que llamar ellos mismos a los bomberos ante la pasividad de los vecinos.

EL ALCALDE DE RODES QUIERE EXPULSAR A LOS MENDIGOS

El alcalde de Rodes, con apoyo de algunos vecinos, pide acelerar la expulsión de diez vagabundos que viven en las calles de esta población.

Una joven discapacitada pide un nuevo piso para poder salir a la calle

Sara Moreno, tetrapléjica, ha pasado seis años encerrada en su piso de Mollet del Vallés (Barcelona).

Se pueden hacer muchas cosas para que estas noticias desaparezcan. ¿Qué crees que se puede hacer?
- para que los minusválidos se integren completamente,
- para que desaparezca la violencia interracial,
- para que todos tengamos los mismos derechos,
- para que aprendamos a convivir pacíficamente,
...

Discútelo con el resto de la clase.

● Para que los minusválidos se integren completamente, hay que eliminar las barreras arquitectónicas.

Luego, entre todos podéis elaborar un documento, una especie de "declaración" por la igualdad. Le podéis dar forma de póster o de cartel y colocarlo en una pared del aula.

Actividades Unidad 18

8 Éstos son tres profesores y tres alumnos del Instituto García Lorca de Granada. Observando su carácter y sus costumbres verás que en algunas cosas se entienden y en otras, no. ¿Cómo crees que son sus relaciones? A ver quién formula un máximo de frases con estas construcciones:

> Fernando **no soporta** que Marta…
> A Cristina **le gusta mucho que** Raúl…
> Isabel **quiere que** sus alumnos…

Instituto García Lorca

Fernando Garcés
profesor de Historia

- sus clases son divertidas
- sus estudiantes tienen que leer en casa
- casi nunca pone exámenes
- no soporta los animales
- pregunta a los alumnos qué les interesa estudiar o discutir

Sofía Arnán
16 años
estudiante

- le interesa mucho la Literatura
- le encanta discutir sobre temas con sus compañeros
- no soporta los exámenes
- es muy comunicativa
- siempre habla en clase con sus compañeros o con amigos por el teléfono móvil

Instituto García Lorca

Instituto García Lorca

Cristina Hidalgo
profesora de Matemáticas

- pone muchos deberes y sus exámenes son muy difíciles
- no le gusta nada que los estudiantes lleguen tarde
- explica muy bien las Matemáticas
- tiene que haber silencio en clase

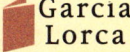

Raúl Castón
17 años
estudiante

- no le interesa nada el Inglés
- le interesan mucho las Matemáticas
- por la mañana siempre llega tarde
- es un poco tímido y no le gusta hablar

Instituto García Lorca

García Lorca

Isabel García
profesora de Inglés

- organiza debates con sus estudiantes
- trabaja en clase con canciones, vídeos, etc.
- sus estudiantes tienen que hablar en inglés en clase

Marta Sala
18 años
estudiante

- tiene un hámster y lo lleva a clase
- nunca hace los deberes
- le encanta el hip hop y la música soul
- siempre está escuchando su CD portátil
- le gustan los profesores que explican bien su materia

Instituto García Lorca

doscientos treinta y cinco ■ **235**

Unidad 18 Actividades

9 Aquí tienes cuatro citas de cuatro escritores. Léelas y relaciónalas con la ilustración que les corresponde. Puedes preguntar a tu profesor si hay algo que no entiendes. Luego, en grupos de tres, vais a:
- elegir una de las cuatro citas,
- determinar cuál es el tema al que se refiere,
- resumir la idea central,
- explicar qué quiere decir, dando ejemplos o diciéndolo de otra manera, o señalar si hay alguna parte que no entendéis,
- discutir sobre si estáis de acuerdo o no con la opinión que contienen.

Después, un portavoz del grupo explicará a los demás grupos la idea central de su cita y las diferentes opiniones que ha suscitado.

1 FERNANDO SAVATER

El mito de la Nación es agresivo en su esencia misma y no tiene otro sentido verdadero que la movilización bélica. Si no hubiera enemigos, no habría patrias.

2 IGNACIO ELLACURÍA

Las naciones poderosas de hoy nos dicen que vienen al Tercer Mundo para hacernos "ricos" y "demócratas". Pero estas generosas proposiciones ocultan, en realidad, un proyecto político muy diferente.

3 PAUL VALÉRY

La guerra es una masacre entre gente que no se conoce para provecho de gente que sí se conoce pero que no se masacra.

4 J. ORTEGA Y GASSET

La Historia no prevé el futuro, sino que tiene que aprender a evitar lo que no hay que hacer… Porque el pasado (…), si no se le domina con la memoria, se vuelve siempre contra nosotros.

Actividades **Unidad 18**

10 Aquí tienes una serie de informaciones discutibles, sorprendentes, preocupantes... Seguro que te sugieren algo. Trata, a partir de cada una, de hacer lo siguiente:

- resumir la idea central o sacar una conclusión **(O sea / Es decir que...)**,
- formularla de otra manera **(Esto quiere decir que...)**,
- pensar en algún fenómeno que contradice la información o que la matiza **(Sí, pero aunque...)**,
- manifestar duda o incredulidad respecto a una parte de la información **(Yo no creo que...)**,
- valorar el hecho o la información **(A mí me parece...)**.

Datos en cifras

➡ Cada año se gastan en el estado español más de 4500 millones de euros en publicidad, a través de la prensa, la radio, la televisión y las vallas. Los estudios recientes demuestran que, desde la infancia, la gente aprende a ignorar y a desconfiar de los anuncios (...). La mayoría de los niños de ocho años sabe que los anuncios intentan vender cosas y que más de la mitad de la publicidad que ven no es verdad.

➡ Un coche con un ocupante puede desplazar a éste entre 6,5 y 9,5 km por cada litro de combustible. La persona que viaja en un autobús junto con otros 40 pasajeros recorre con un litro 50 Km, lo mismo que si va en tren con 300 pasajeros.

➡ El europeo medio actual tiene tres veces más ropa que en los años cincuenta.

➡ Según un estudio reciente, las dos terceras partes de las noticias de televisión incluyen algún tipo de violencia, desde guerras internacionales a accidentes de coches y asaltos a casas. Otro informe señaló que, a los quince años, un niño medio que ve unas 19 horas de televisión semanales, ha presenciado 6500 matanzas y 10 400 tiroteos.

➡ El habitante cinco mil millones del planeta nació el 7 de julio de 1986; el número seis mil millones en 2001, y el siete mil millones, en 2012. Incluso los demógrafos más optimistas creen que la población del mundo no va a equilibrarse hasta llegar a los diez mil millones, quizá a finales del siglo XXI.

11 Escucha a estos jóvenes. Dan opiniones sobre las diferencias entre los chicos y las chicas. ¿Dicen estas cosas?

· Las chicas quieren parecer mayores de lo que son.
· Las chicas maduran antes.
· Los chicos y las chicas maduran igual. Depende de las personas y no del sexo.
· Los chicos maduran antes.

doscientos treinta y siete ■ **237**

Unidad 18 Actividades

12 Una de las fuentes más importantes de naturalidad en el momento de hablar o leer una lengua radica en hacer las pausas en los lugares adecuados. Fíjate en dónde las hacen los locutores que dicen estas frases y fíjate también en si la entonación sube, es plana o baja antes de cada pausa.

- La residencia de extranjeros no es un capricho del Ayuntamiento sino una necesidad de la ciudad.

- ¿Cree usted que los vecinos no quieren que se instalen extranjeros en el barrio?

- No, no, qué va, en absoluto… A nosotros nos parece muy bien que haya extranjeros en el barrio…

- Nosotros, los comerciantes, no queremos que el barrio sea un caos sino que se viva mejor.

- No estoy en absoluto de acuerdo con usted. Lo único que ustedes quieren es defender sus intereses.

- Yo, personalmente, estoy totalmente de acuerdo con esa solución.

Habrás observado que las pausas se sitúan después de una unidad de sentido y que las entonaciones son ascendentes o planas si la frase no ha terminado y descendentes si están al final de la frase. El lugar de las pausas es fundamental para la correcta comprensión del sentido total de la frase.

Para usar todo lo que hemos aprendido...

En vuestra emisora vais a programar un debate. Uno de vosotros será el moderador y los otros, personajes invitados. Para prepararlo podéis:
- elegir un tema polémico que os interese,
- hacer una lista de personajes que vais a invitar (tipos de personajes o personajes famosos concretos),
- decidir quién va a representar cada papel.

Cada uno va a preparar sus opiniones y, luego, vamos a simular el debate.

Llegamos al final del curso. ¿Habéis conservado los guiones de vuestros programas? ¿Los habéis grabado? Preparad un dossier con todos los trabajos del curso. Puede ser un buen modo de evaluar qué dificultades habéis tenido, qué habéis aprendido y cómo queréis seguir.

238 ◾ doscientos treinta y ocho

Examen

DELE Inicial

Introducción

Partes del examen, tiempo y puntuación:

A continuación te animamos a realizar un examen final para que puedas comprobar por ti mismo lo que has aprendido con este manual. Ya has completado los estudios de este libro y has seguido todas las lecciones paso a paso. Ahora posees un nivel intermedio de español que te permite poder comunicarte en diversos ámbitos de la vida cotidiana. Por tanto, tu nivel según el MCER (Marco Común Europeo de Referencia para las lenguas) del Consejo de Europa es de un B1. Te proponemos el siguiente examen con el que podrás demostrar que tienes capacidad para comprender y escribir textos breves, para entender mensajes y para mantener una conversación sencilla sobre temas de interés personal. Por tanto, eres competente en cuatro destrezas: comprensión lectora, expresión escrita, comprensión oral y expresión e interacción orales. Para poder evaluar estos conocimientos, puedes hacer este examen que te servirá, además, de preparación para el Diploma de Español (DELE) de Nivel Inicial; en él encontrarás las cinco pruebas características de este examen oficial de español lengua extranjera.

■ Prueba 1   Interpretación de textos escritos   Tiempo 40´

Esta prueba consta de tres partes.

En la primera parte, verás un texto informativo a modo de artículo periodístico y deberás responder a tres preguntas de respuesta múltiple.

En la segunda parte, leerás siete textos breves en forma de anuncio como los que puedes encontrar en tu vida cotidiana. Se te hará una pregunta sobre cada texto y deberás responder: verdadero-falso o bien, encontrarás opciones de respuesta múltiple.

En la tercera parte, tendrás que seleccionar información de un texto de una guía turística y responder a diez preguntas sobre el mismo.

No es necesario comprender todas y cada una de las palabras de los textos. Sólo debes concentrarte en la información que se te pide para responder correctamente. Te sugerimos leer el texto e ir subrayando la información relacionada con las preguntas que se te hacen.

Hay veinte preguntas en esta prueba. Por tanto, la puntuación máxima es de 20 puntos.

■ Prueba 2   Producción de textos escritos   Tiempo 50´

Esta prueba consta de dos partes.

En la primera parte, tendrás que completar un formulario dando tus datos personales y tu opinión sobre el tema que se te propone. No olvides rellenar todos los espacios en blanco y escribir frases completas. Ponte en la situación que se te pide e intenta que tus respuestas sean lo más naturales posibles. Recuerda que el lector del formulario debe comprender la información que pretendes comunicar. Sé claro y conciso.

En la segunda parte, deberás elegir entre dos opciones. La opción A es una nota personal y la B es una carta. No olvides escribir un mínimo de 80 palabras y un máximo de 100. Cuenta sólo las palabras que escribas. Si escribes números, hazlo en letras. Tu capacidad de síntesis es muy importante. Da mucha información en pocas palabras. Ten en cuenta el formato correcto del texto que debes escribir, la riqueza y adecuación del vocabulario, las estructuras gramaticales necesarias y la coherencia de lo que quieres comunicar. Intenta demostrar todo el vocabulario y la gramática que has aprendido en este curso.

La puntuación máxima de esta prueba es de 15 puntos. Por tanto, cada parte vale 7,5 puntos.

Introducción

■ Prueba 3 — Interpretación de textos orales ⏱ Tiempo 30´

Esta prueba consta de tres partes y oirás cada una de las audiciones dos veces:

En la primera parte, tendrás que completar diez diálogos breves entre dos personas. Escucharás la intervención de la persona que inicia el diálogo (●) y después deberás elegir la opción correcta de la persona que responde en ese diálogo (○). De las tres opciones que se te ofrecen, deberás seleccionar sólo una.

En la segunda parte, vas a oír siete diálogos breves completos e independientes. Tras escuchar cada uno de ellos, leerás atentamente la pregunta que se te hace y elegirás la imagen que se corresponde con el diálogo. Marca sólo una opción correcta de las tres propuestas.

En la tercera parte, prestarás atención a un aviso en una estación de metro y tendrás que marcar la respuesta correcta a las tres preguntas que se te hacen. Recuerda que no necesitas entender y recordar todo el mensaje. Solamente tienes que seleccionar la información precisa.

En la cuarta parte, oirás un diálogo telefónico entre dos personas que hablan sobre un tema específico y deberás responder a dos preguntas sobre la conversación. Ten en cuenta que la velocidad de la conversación será la normal, es decir, la de una conversación de la vida cotidiana entre hablantes nativos. No te preocupes y concéntrate en responder a las preguntas que se te formulan.

La puntuación máxima es de 22 puntos, puesto que cada pregunta vale un punto.

■ Prueba 4 — Conciencia comunicativa ⏱ Tiempo 40´

En esta prueba se evalúan tus conocimientos de gramática y vocabulario. Consta de tres partes.

En la primera parte, encontrarás cinco frases que tendrás que situar en un contexto comunicativo concreto. Para ello, elegirás una de las tres opciones que se te ofrecen.

En la segunda parte, deberás corregir diez frases en las que aparece un error marcado en negrita y tendrás que elegir la opción correcta en la lista de palabras que se te presentan. Debes relacionar los números de las frases con las letras de las opciones.

En la tercera parte, leerás un diálogo en el que deberás completar los huecos numerados. Para ello, tendrás que seleccionar una de las tres opciones (a, b o c) que hay para cada hueco. Hay 15 espacios para rellenar.

En esta prueba hay 30 preguntas. Por tanto, la puntuación máxima será de 30 puntos.

■ Prueba 5 — Expresión oral ⏱ Tiempo 10´

Para realizar esta prueba deberás solicitar la ayuda de un examinador o de un profesor de español. La finalidad es evaluar tu competencia oral de forma objetiva. La prueba consta de cuatro partes. Antes de iniciar la prueba, tendrás diez minutos para preparar la parte 2 (tarjeta de situación) y las partes 3 y 4 (lámina de historia muda). Puedes usar papel y bolígrafo para tomar algunas notas en forma de esquema, pero no podrás leerlo durante el examen. En la primera parte, deberás responder a algunas preguntas del examinador de carácter personal: ¿Cómo se llama? ¿Dé dónde es? ¿Cuáles son sus aficiones?, etc. Míralo a los ojos. A continuación, realizarás la segunda parte en la que deberás mantener un diálogo con el examinador en una situación simulada. Después harás la parte 3, en la que deberás describir las viñetas y narrar la historia completa de la lámina. Por último, en la parte 4, responderás a las preguntas del examinador sobre tus gustos, preferencias y experiencias personales relacionadas con el tema de la lámina propuesta.

Este examen es un reto y tú lo puedes superar. ¡Mucha Suerte!

Prueba 1   Interpretación de textos escritos

Parte 1

A continuación, usted leerá un texto y después deberá marcar la respuesta correcta a las tres preguntas que se le formulan.

> **¡Feliz cumpleaños CD!**
>
> El 17 de agosto de 1982 nació el primer CD de la cadena de producción Philips en Alemania. Hace 25 años, este hecho causó una gran revolución. El formato del disco se desarrolló conjuntamente entre esta empresa y Sony. Al principio, crearon grabaciones digitales de imágenes y un CD con el tamaño de un disco de 33 revoluciones. Como no tuvieron éxito, crearon un disco más pequeño dedicado únicamente a almacenar sonido. ¡Así nació el CD actual!
>
> El primer disco que salió al mercado fue el titulado *The Visitors* de ABBA y más tarde, un disco de Richard Strauss. En 1985 Dire Straits vendió más de un millón de discos con su *Brothers in Arms*. ¡El CD tenía futuro!
>
> Ahora, en 2007, unos expertos creen que el CD no cumplirá los 30 años y otros más optimistas piensan que sí. Es cierto que el CD está siendo reemplazado por los MP3 y por la posibilidad de bajar música de internet, pero estamos seguros de que el CD siempre tendrá un lugar en el mundo de la música.

1. En la noticia se dice que…
a) ☐ el primer CD que salió a la venta fue el de Richard Strauss.
b) ☐ el disco que se grabó por primera vez fue el del grupo ABBA.
c) ☐ los Dire Straits vendieron su primer disco hace 25 años.

2. Según el artículo, el CD…
a) ☐ fue un gran éxito en noviembre de 1982.
b) ☐ tuvo que hacerse en un tamaño más pequeño al de 33 revoluciones.
c) ☐ era un disco para almacenar imágenes.

3. En el texto se dice que en el futuro…
a) ☐ el MP3 sustituirá al CD y lo hará desaparecer.
b) ☐ se prohibirá bajar música de internet.
c) ☐ seguirá existiendo el CD.

Parte 2

Usted va a leer siete textos breves. Responda a las preguntas que se le formulan marcando la opción correcta en cada caso.

Texto A

> Se comunica a todos los vecinos que una vez más está estropeado el ascensor.
> Los técnicos pasarán a solucionar el problema mañana jueves a las 9 h.
> No usen el ascensor hasta nuevo aviso. Perdonen las molestias.   El Presidente

4. En esta nota se dice que el ascensor funciona mal por primera vez.
a) ☐ Verdadero.
b) ☐ Falso.

Interpretación de textos escritos **Prueba 1**

Texto B

¡POR FIN, VACACIONES!
Choco chocolat
Esta pastelería estará cerrada desde el 1 de agosto hasta el 31. Ambos incluidos. Abrirá de nuevo en septiembre.

5. Según este anuncio el día 1 y el 31 de agosto la pastelería no estará cerrada.
a) ☐ Verdadero.
b) ☐ Falso.

Texto C

Soy un estudiante japonés y busco profesor particular para clases de español. Tengo 20 años y hace 2 años que estudio español en la universidad de Tokio. Tengo un examen importante pronto y necesito aprender muy bien el subjuntivo. ¿Puede ayudarme?
Atsu 680 565 432. Llámeme, por favor.

6. El estudiante de este anuncio necesita clases privadas porque:
a) ☐ lleva menos de dos años estudiando español.
b) ☐ quiere entrar en la universidad de Tokio.
c) ☐ desea aprobar un test de español.

Texto D

Vendo ordenador portátil casi nuevo. Marca Toshibix T1300. Programa Wins HP y antivirus incluido. Precio: 300 €. También vendo la impresora Lexmat 630 que está en buen estado por 100 €. Te haré un precio especial si compras las dos cosas. Total: 350 €.
Juan 657 008 899

7. La impresora:
a) ☐ es más barata si la compras con el ordenador.
b) ☐ es más cara que el ordenador.
c) ☐ es gratis si lo compras todo.

Prueba 1   Interpretación de textos escritos

Texto E

> ¡Hola! Soy holandés. Vivo en Ámsterdam y tengo 22 años. Voy a viajar a Barcelona la próxima semana y busco a alguien que me enseñe la ciudad de noche. Me encanta bailar, conocer gente y escuchar música. Sólo detesto el hip-hop. No soporto a los fanáticos del fútbol ni de los deportes. ¿Quieres escribirme? Hans34@hotmail.com

8. Al chico de este chat le encanta la música hip-hop.
   a) ☐ Verdadero
   b) ☐ Falso

Texto F

> Cine **Glorias 2** presenta el ciclo de cine español:
>
> "Conoce a Almodóvar".
>
> El 50% del dinero obtenido en la venta de las entradas será para la ONG Amigos de Perú que tiene proyectos de ayuda con este país. El ciclo podrá verse del 7 al 14 de noviembre en las sesiones de las 18h y 20h. El precio de la entrada será de 6 €.

9. El cine Glorias 2:
   a) ☐ destinará 3 € por entrada a ayudar a una organización humanitaria.
   b) ☐ tendrá un ciclo español de una semana.
   c) ☐ hará una oferta del 50% en el precio de las entradas del 7 al 14 de noviembre.

Texto G

> RESTAURANTE ARGENTINO **LA VACA PACA**
>
> ESPECIALIDAD EN CARNES DE TERNERA ASADA
> MENÚ DEL DÍA: DÍAS LABORABLES: 9 €
> FINES DE SEMANA Y FESTIVOS: 12 €
>
> LUNES CERRADO. EXCEPTO FESTIVOS.
>
> RESERVAS: 912 345 671

10. El restaurante La Vaca Paca:
    a) ☐ no abre los festivos.
    b) ☐ tiene un menú más caro los sábados y domingos.
    c) ☐ todos los lunes del año está cerrado.

Interpretación de textos escritos **Prueba 1**

■ **Parte 3**

Usted encontrará un texto turístico sobre Argentina y diez preguntas sobre él. Responda marcando la opción correcta en cada caso.

Argentina

¿Cómo es el país?

Argentina es el segundo país en extensión de Sudamérica con 3800 Km. Limita con Bolivia y Paraguay por el norte, con Brasil, Uruguay y el Océano Atlántico por el este, con el Océano Atlántico y Chile por el oeste y el sur. Al oeste del país se extiende la Cordillera de los Andes con el cerro Aconcagua con 6959 m. Combina climas distintos: la Pampa Húmeda de clima templado y extensas playas sobre el Océano Atlántico, con la Patagonia de clima más frío con lagos y glaciares.

¿Cómo llegar?

Argentina cuenta con modernos medios de transporte. Por avión se llega al aeropuerto Internacional Ministro Pistarini en Buenos Aires. Las empresas de autobuses ofrecen cada media hora un servicio entre las 04.00 y las 21.00 h y el trayecto del aeropuerto al centro de la ciudad dura 40 minutos.

¿Cuál es la mejor época para viajar?

El verano (enero, febrero y parte de diciembre y marzo), con temperaturas suaves y días largos, es la estación más favorable en la Patagonia. En invierno (junio, julio y agosto) es recomendable viajar por el norte y noroeste, pues las lluvias son menos frecuentes y las temperaturas tropicales descienden. Julio y agosto son los meses más convenientes para la práctica del esquí en los variados centros invernales que posee nuestro país. Invierno y primavera son apropiados para conocer Misiones y sus Cataratas de Iguazú. Seleccione su ropa según la época del año y la zona. Los turistas pueden transportar al regresar a su país un equipaje personal con un máximo de 32 kilos.

¿Qué se puede conocer de su cultura?

El español es el idioma oficial y algunos hablan también inglés, francés e italiano. En algunas zonas se habla el guaraní y otras lenguas indígenas. En el Teatro Colón de Buenos Aires se encuentra una de las tres mejores salas líricas del mundo donde se dan cita las más importantes figuras del mundo de la música clásica, el ballet y la ópera. La música típica de la ciudad de Buenos Aires es el tango. La comida típica argentina es el asado de carne vacuna y la bebida es el mate. Se practican varios deportes, pero el fútbol es el más importante. El país por su extensión y diversos climas es apto para practicar toda clase de deportes tradicionales y de aventura.

¿Cuál es su moneda?

El peso argentino es la moneda oficial. El horario bancario es de lunes a viernes de las 10:00 a 15:00 h. Existen gran cantidad de cajeros automáticos en toda la ciudad de Buenos Aires y pueden ser utilizados para sacar dinero con las tarjetas de crédito Mastercard y Visa. Puede haber dificultades para el cambio de cheques de viaje fuera de las grandes ciudades.

Prueba 1 Interpretación de textos escritos

11. Argentina es un país que limita con:
a) ☐ Brasil, Uruguay y México.
b) ☐ Bolivia, Brasil y Chile.
c) ☐ Chile, Paraguay y Ecuador.

12. Las playas más extensas se encuentran en:
a) ☐ la Patagonia.
b) ☐ la Aconcagua.
c) ☐ la Pampa.

13. Existen autobuses:
a) ☐ que hacen un trayecto cada 40 minutos.
b) ☐ que sólo salen del aeropuerto a las 21 h.
c) ☐ que ofrecen sus servicios cada 30 minutos.

14. La mejor época para viajar a la Patagonia es:
a) ☐ el verano.
b) ☐ el invierno.
c) ☐ la primavera.

15. Para esquiar en Argentina los mejores meses del año son:
a) ☐ a partir de julio.
b) ☐ hasta agosto.
c) ☐ agosto y julio.

16. Todos los argentinos:
a) ☐ hablan inglés y español.
b) ☐ conocen el guaraní y el español.
c) ☐ tienen el español como lengua oficial.

17. En el Teatro Colón de Buenos Aires usted puede:
a) ☐ bailar tango.
b) ☐ tocar música clásica.
c) ☐ ver y escuchar ópera.

18. ☐ En Argentina se practica:
a) ☐ sólo el fútbol.
b) ☐ poco el fútbol y mucho los deportes de aventura.
c) ☐ todo tipo de deportes.

19. Usted puede sacar dinero si:
a) ☐ va a un banco de Buenos Aires todos los días de las 10 a las 15 h.
b) ☐ utiliza cualquier tarjeta de crédito en un cajero automático.
c) ☐ usa su tarjeta Visa.

20. Cambiar los cheques de viaje es fácil si usted lo hace en:
a) ☐ el campo.
b) ☐ las grandes ciudades.
c) ☐ cualquier ciudad de Argentina.

Producción de textos escritos P r u e b a   2

■ **Parte 1**

Rellene el siguiente formulario expresando su opinión sobre el campamento en el que ha pasado 15 días de sus vacaciones en España.

CUESTIONARIO DE OPINIÓN DEL CAMPING LAS 3 PALMERAS

¡Su opinión nos importa mucho! ¡Ayúdenos a mejorar, por favor!

DATOS PERSONALES

Apellido/s: ....

Nombre: ....

Edad: .... Sexo: ....

Estado civil: .... Nacionalidad: ....

Profesión/Estudios: ....

Dirección: ....

Código postal: .... Teléfono: ....

OPINIÓN PERSONAL SOBRE EL CAMPAMENTO

1. – La recepción: ....

2. – El servicio de nuestros empleados: ....

3. – La zona: ....

4. – Las instalaciones:

   a) El bar/restaurante: ....

   b) Las piscinas: ....

   c) Las pistas de tenis: ....

   d) Los aseos y las duchas: ....

5. – Los instructores deportivos: ....

6. – La enfermería: ....

SUGERENCIAS: ....

....

....

Firma:

...., ... de .... de ....

doscientos cuarenta y siete ■ **247**

Prueba 2 Producción de textos escritos

■ Parte 2

Elija sólo una opción de las dos que le presentamos:

Opción A: Usted lleva un mes en Barcelona estudiando español. Hoy después de clase se ha empezado a encontrar enfermo/a. Por la noche decide ir a urgencias al hospital más cercano. Escriba una nota informando a su compañero/a de piso. Indique los síntomas, qué le pasa y dónde ha ido para que no se preocupe (80-100 palabras).

Opción B: Usted ha viajado a Granada y ha pasado dos semanas en Sierra Nevada esquiando. Allí ha conocido a su hombre / mujer ideal. Decide quedarse a vivir en Granada y buscar trabajo. Quiere notificarlo a su familia en Alemania. Escriba una carta invitando a sus familiares a visitarles y explique sus planes de futuro (80-100 palabras). La carta empieza y termina de la siguiente manera:

> Querida familia:
>
> Estoy muy feliz. Tengo una gran noticia para contaros. He pasado dos semanas en Sierra Nevada, muy cerca de la ciudad de Granada. Allí he conocido a
>
> _____
> _____
> _____
> _____
>
> Espero que vengáis pronto. Después de cuatro meses en España os echo mucho de menos. Me gustaría que me visitarais. Podéis quedaros en casa.
>
> Besos y abrazos.
>
> Anna

Interpretación de textos orales Prueba 3

Parte 1

Va a escuchar la primera parte de diez diálogos cortos. Una persona está hablando con otra. Oirá los textos dos veces. Lea las posibles respuestas y marque la que considere correcta.

Diálogo 1

● ....

○ a) ☐ Pues cierra la ventana.
   b) ☐ Abre la puerta.
   c) ☐ Ya te dije que no vendría.

Diálogo 2

● ....

○ a) ☐ Que tengas buen viaje.
   b) ☐ Póngala aquí. Yo la vigilo.
   c) ☐ ¿Cómo la quiere: grande, mediana o pequeña?

Diálogo 3

● ....

○ a) ☐ No te preocupes, no pasa nada.
   b) ☐ No, gracias, no me apetece.
   c) ☐ Aquí la tienes.

Diálogo 4

● ....

○ a) ☐ Desde ayer por la mañana.
   b) ☐ Aquí, en la pierna derecha.
   c) ☐ Ahora vengo.

Diálogo 5

● ....

○ a) ☐ Bueno, hasta mañana.
   b) ☐ Yo tampoco la he oído.
   c) ☐ No, yo tampoco. Debe estar en sueco.

Diálogo 6

● ....

○ a) ☐ Habrá tenido algún problema.
   b) ☐ Estará todavía en la autopista.
   c) ☐ Algún pasajero habrá llegado pronto.

Diálogo 7

● ....

○ a) ☐ No nos quedan.
   b) ☐ Cuatro euros el kilo.
   c) ☐ En la frutería.

Prueba 3 Interpretación de textos orales

Diálogo 8

- ....
  - a) ☐ Nos vamos al Caribe, dos semanas.
  - b) ☐ Nosotros fuimos a Egipto.
  - c) ☐ Yo iba a Japón.

Diálogo 9

- ....
  - a) ☐ Al este de la ciudad, junto al paseo marítimo.
  - b) ☐ Allí, son aquellos aviones.
  - c) ☐ Acaba de salir.

Diálogo 10

- ....
  - a) ☐ Tómate una cerveza.
  - b) ☐ Pues, una cerveza.
  - c) ☐ Vale, hoy pago yo.

■ Parte 2

🎧 Va a escuchar siete diálogos breves. Oirá los textos dos veces. Después lea la pregunta que hay encima de los tres dibujos y elija la respuesta correcta.

Texto 1

11. ¿De qué plato está hablando?

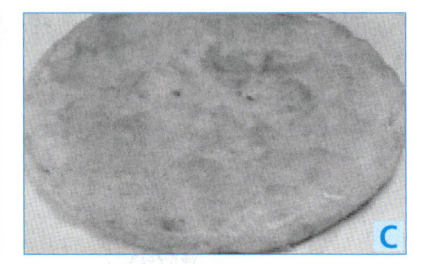

A B C

Texto 2

12. ¿De qué persona están hablando?

A B C

250 ■ doscientos cincuenta

Interpretación de textos orales Prueba 3

Texto 3

13. ¿A qué deporte se refieren?

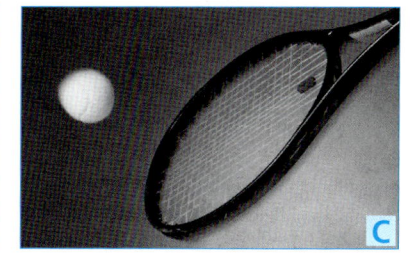

A B C

Texto 4

14. ¿Qué tipo de alojamiento prefieren?

A B C

Texto 5

15. ¿Con qué preparan el pollo?

A B C

Texto 6

16. ¿Cómo se divierten estas personas?

A B C

Prueba 3 Interpretación de textos orales

Texto 7

17. ¿De qué aparato están hablando?

A   B   C

■ Parte 3

🎧 Escuchará dos veces un aviso en una estación de metro. Después marque la opción correcta.

18. Según la grabación, la estación de Universidad no tendrá servicio de metro durante tres meses.
    a) ☐ verdadero
    b) ☐ falso

19. En la grabación se dice que la estación de Congreso y la de Hospital general estarán comunicadas por un servicio de autobuses.
    a) ☐ verdadero
    b) ☐ falso

20. El aviso dice que los autobuses saldrán cada diez minutos.
    a) ☐ verdadero
    b) ☐ falso

■ Parte 4

🎧 Ahora va a escuchar una conversación por teléfono móvil entre dos personas. Escuche dos veces y después marque la respuesta correcta.

21. Pedro y su familia:
    a) ☐ van a cambiar de piso el próximo mes.
    b) ☐ ya se han comprado un piso.
    c) ☐ ahora viven en un piso de alquiler.

22. Luisa y su hermana:
    a) ☐ quieren decorar la terraza juntas.
    b) ☐ viven enfrente de una gasolinera.
    c) ☐ no viven en la misma ciudad.

Conciencia comunicativa Prueba 4

■ Parte 1

Lea estas expresiones y decida en qué situaciones las diría. Marque la opción correcta.

1. Deme un billete de ida y vuelta Barcelona-París.
Usted está en:
a) ☐ una estación de tren.
b) ☐ una estación de metro.
c) ☐ la taquilla del teatro.

2. Hola, quisiera un jarabe para la tos.
Usted está en:
a) ☐ un hospital.
b) ☐ una farmacia.
c) ☐ una droguería.

3. Esta carne está poco hecha y fría. La quiero más hecha.
Usted está hablando con:
a) ☐ el carnicero.
b) ☐ el camarero.
c) ☐ el dentista.

4. Me encanta el ambiente y esta música para bailar.
Usted está hablando de:
a) ☐ un teatro.
b) ☐ un monasterio.
c) ☐ una discoteca.

5. ¿A qué hora quedamos a las ocho o a las nueve?
Usted quiere:
a) ☐ pedir una entrevista de trabajo.
b) ☐ citarse con un amigo.
c) ☐ preguntar la hora.

■ Parte 2

A continuación verá diez frases. En cada una hay una palabra en **negrita** que es incorrecta. Debe sustituirla por alguna de las que aparecen en la lista que se encuentra en el cuadro de la derecha. Elija la opción correcta.

6. A mi hermana Carmen no **se** gusta subir a la montaña.
7. Alicia y Ángela han ido **para** vacaciones con sus padres.
8. Cuando llegué, mis amigos ya **eran** allí.
9. No nos queda **algo** de café. Hay que comprarlo.
10. Me encantaría viajar **en** todo el mundo.
11. Los ejercicios de gramática son **por** mañana.
12. ¿Sabe dónde **hay** la Sagrada Familia?
13. Este vino no me gusta. Prefiero **un** otro.
14. El piso es **bien** y grande pero está lejos del centro.
15. Trabajé en Estocolmo **desde** cuatro años.

a) estaban
b) nada
c) por
d) está
e) Ø
f) le
g) bueno
h) hace
i) de
j) para

Prueba 4   Conciencia comunicativa

Parte 3

Lea con atención el texto siguiente y complete los espacios en blanco. Para ello elija una de las tres opciones que se le proponen en el cuadro de la página siguiente.

Alejandro: Hola, Paula, ¡cuánto tiempo ____16____ verte! ____17____ muchos días que no te veía.
Paula: Sí, es verdad. Es que he estado de vacaciones en los Picos de Europa.
Alejandro: ¡Ah! Claro, por eso no nos hemos visto. No sabía que tenías vacaciones. ¿Y qué ____18____?
Paula: Pues muy bien, la verdad. ¿Tú has estado alguna vez en esta zona de España?
Alejandro: Pues no. Me han dicho que es muy ____19____ pero todavía no he podido ir. Quizá el próximo año. ¿Has podido ir con toda la familia?
Paula: Bueno, ya sabes que Manuel y yo siempre intentamos ____20____ dos semanas de vacaciones en verano ____21____ poder estar con nuestros hijos. Así que, nos fuimos el 1 de julio y volvimos el 15.
Alejandro: Fantástico. ¿Y qué tal el clima? ¿____22____ buen tiempo? Dicen que allí no hace tanto calor ____23____ en el sur.
Paula: Sí, chico, tuvimos un clima ideal. ____24____ llovido dos días antes de llegar nosotros y cuando llegamos todo estaba muy verde. Alquilamos una casa rural en un pueblo que se llama Posada de Valdeón y está en un valle en pleno centro de los Picos de Europa. Desde allí, hicimos varias excursiones, como la famosa Garganta del Río Cares que es un camino entre montañas muy altas y tiene unas ____25____ fantásticas. También estuvimos en los Lagos de Covadonga y pasamos dos días haciendo turismo por la Costa Cantábrica. Han sido unas vacaciones inolvidables.
Alejandro: Bueno, ____26____ que os lo habéis pasado muy bien. Seguro que vuestros hijos, Jaime y Alicia, han disfrutado mucho de estar en el campo.
Paula: La verdad es que todos lo necesitábamos. Mi marido y yo habíamos trabajado mucho últimamente y estábamos un poco cansados. Para los niños ha sido toda una aventura porque era la primera vez que estaban en esa zona. Alicia estaba muy contenta porque Jaime y ella pudieron ver algunos animales salvajes en las montañas. ¿Y tú? ¿Ya has hecho tus vacaciones?
Alejandro: Sí, yo fui a la Costa Brava para que Ángela, mi novia, la conociera porque nunca había estado y le había prometido llevarla este verano. Estuvimos en algunos pueblecitos muy pequeños y poco turísticos. También hicimos una excursión a las Islas Medas y comimos un pescado buenísimo. ____27____, que nos divertimos mucho.
Paula: Pues, me alegro mucho. ¿Oye?, ____28____ está tu novia por aquí o ha vuelto a Suiza.
Alejandro: No, aún está aquí porque ha encontrado trabajo y quiere quedarse a vivir en Barcelona.
Paula: ¿No me digas? Esa es una noticia excelente. ¿Por qué no venís un día a casa y nos la presentas? Seguro que a Jaime le darás una gran alegría.
Alejandro: Me parece una buena idea. Cuando ____29____ a casa hablaré con mi novia y os llamaremos para quedar este fin de semana.
Paula: Perfecto.
Alejandro: Bueno, y ahora me voy a trabajar porque ____30____ tengo que presentar un informe al jefe.
Paula: Sí, yo también me voy porque tengo una cita con un cliente.
Alejandro: ¡Hasta luego!
Paula: ¡Adiós!

Conciencia comunicativa **Prueba 4**

Opciones

16. a) sin
    b) con
    c) a

17. a) Desde
    b) Hace
    c) Hasta

18. a) tanto
    b) tan
    c) tal

19. a) bonita
    b) bien
    c) bueno

20. a) haber
    b) usar
    c) hacer

21. a) por
    b) para
    c) porque

22. a) Era
    b) Había
    c) Hacía

23. a) que
    b) como
    c) así

24. a) Había
    b) Hubo
    c) Ha

25. a) miradas
    b) vistas
    c) panoramas

26. a) pareció
    b) pareces
    c) parece

27. a) Como
    b) Pero
    c) En fin

28. a) ya no
    b) todavía
    c) ya

29. a) llego
    b) llegaré
    c) llegue

30. a) le
    b) me
    c) se

Prueba 5 Expresión oral

■ **Parte 1**

Usted tendrá una entrevista con el examinador en la que le harán preguntas de carácter personal. Deberá informar de su profesión, familia y aficiones.

■ **Parte 2**

Lea esta tarjeta y siga las instrucciones que le indica. Debe simular una conversación telefónica y mantener un diálogo con el examinador. Usted es el cliente y el examinador es el recepcionista del hotel.

> **Por teléfono**
>
> Usted está llamando a un hotel para reservar habitación para dos personas. Quiere pasar una semana en la Costa del Sol y disfrutar de la playa en España. Hable con el recepcionista del hotel.

■ **Parte 3**

Observe detenidamente la lámina. Describa cada una de las viñetas que está viendo y narre la historieta completa.

■ **Parte 4**

Explique al examinador sus gustos y preferencias en las rebajas.

256 ■ doscientos cincuenta y seis

Soluciones

Prueba 1 Interpretación de textos escritos

1. b	5. b	9. a	13. c	17. c
2. b	6. c	10. b	14. a	18. c
3. c	7. a	11. b	15. c	19. c
4. b	8. b	12. c	16. c	20. b

Prueba 2 Producción de textos escritos

Parte 1

CUESTIONARIO DE OPINIÓN DEL CAMPING LAS 3 PALMERAS

¡Su opinión nos importa mucho! ¡Ayúdenos a mejorar, por favor!

DATOS PERSONALES

Apellido/s: Kötter

Nombre: Peter

Edad: 25 años   Sexo: hombre

Estado civil: casado   Nacionalidad: alemana

Profesión/Estudios: periodista

Dirección: C/ Pintores, 2, 3 – 1

Código postal: 08024 Barcelona   Teléfono: 670 456 575

OPINIÓN PERSONAL SOBRE EL CAMPAMENTO

1. – La recepción: Las explicaciones sobre horarios y actividades muy bien.
2. – El servicio de nuestros empleados: Son muy amables y rápidos.
3. – La zona: Es tranquila, sin ruido, con muchos árboles y está cerca del mar.
4. – Las instalaciones:
    a) El bar/restaurante: Es grande, tiene buena comida y no se permite fumar.
    b) Las piscinas: Están muy limpias.
    c) Las pistas de tenis: Son nuevas. Me gustan mucho.
    d) Los aseos y las duchas: Es necesario hacer más. Hay mucha gente.
5. – Los instructores deportivos: Son personas muy dinámicas y simpáticas.
6. – La enfermería: Tiene todo lo necesario y está abierta 24 h. Excelente.

SUGERENCIAS: Sería bueno tener un nuevo campo de fútbol, más aseos y más duchas. Me gustaría que hubiera actividades nocturnas: baile, juegos, etc. Gracias por todo. He estado muy bien. Volveré.

Firma: Peter

Tarragona, 3 de agosto de 2007

Soluciones

■ **Parte 2**

Opción A:

> Laura,
>
> Me voy a urgencias al Hospital Clínico porque no me encuentro bien. Esta mañana he ido a clase de español y tenía fiebre. Por la tarde me he tomado una aspirina para el dolor de cabeza y me he quedado en la cama. Ahora tengo también dolor de garganta y tos. Es posible que sea gripe porque otros compañeros de clase están en la cama enfermos. Ya sabes que puedo tardar varias horas. No te preocupes. Luego te lo explico todo.
>
> Un abrazo,
> Rosa

Opción B:

> Querida familia:
>
> Estoy muy feliz. Tengo una gran noticia para contaros. He pasado dos semanas en Sierra Nevada, muy cerca de la ciudad de Granada. Allí he conocido a Pepe, mi príncipe azul. Es un chico andaluz muy simpático, inteligente y muy guapo. Es alto, moreno y con ojos verdes. ¡El hombre perfecto! Me he enamorado y, por eso, he decidido quedarme a vivir en Granada con él. Ya tenemos piso.
> ¿Cómo lo conocí? Pues estaba esquiando, bajaba rápido la montaña y un chico se puso en medio. No pasó nada grave pero me enfadé. Me invitó a un café y estuvimos hablando. Vivió en Frankfurt cuatro años y habla bien alemán. Va a ayudarme la próxima semana a buscar un trabajo como guía turística aquí.
> Espero que vengáis pronto. Después de cuatro meses en España os echo mucho de menos. Me gustaría que me visitarais. Podéis quedaros en casa.
>
> Besos y abrazos,
> Anna

Prueba 3 Interpretación de textos orales

1. a	6. a	11. a	16. a	21. b
2. b	7. b	12. b	17. a	22. c
3. c	8. a	13. c	18. a	
4. b	9. a	14. c	19. a	
5. c	10. b	15. b	20. b	

Soluciones

Prueba 4 Conciencia comunicativa

1. a	6. f	11. j	16. a	21. b	26. c
2. b	7. i	12. d	17. b	22. c	27. c
3. b	8. a	13. e	18. c	23. b	28. b
4. c	9. b	14. g	19. a	24. a	29. c
5. b	10. c	15. h	20. c	25. b	30. a

Prueba 5 Expresión oral

Parte 1

Responderá a preguntas personales: **Me llamo…**, **soy de…**, **trabajo en…**, etc.

Parte 2

Simulación de la situación. Recuerde que está hablando por teléfono. Usted es el cliente que necesita hacer la reserva y el examinador es el recepcionista.

> **Recepcionista:** Hotel Costa del Sol. ¡Buenos días! ¿En qué puedo ayudarle?
> **Estudiante:** Buenos días, quiero reservar una habitación para dos personas. A mi mujer y a mí nos gustaría pasar una semana en su hotel. Nos lo ha recomendado un amigo que estuvo el año pasado. Nos ha dicho que está frente a la playa y que es fantástico.
> **Recepcionista:** Perfecto. ¿Puede decirme las fechas concretas?
> **Estudiante:** Estaremos en su hotel del 12 al 19 de agosto. Ambos incluidos.
> **Recepcionista:** ¿Cómo desean la habitación?
> **Estudiante:** Con baño, cama de matrimonio y vistas al mar, por favor.
> **Recepcionista:** No hay problema. ¿A qué nombre hago la reserva?
> **Estudiante:** A nombre de Peter Jason. Llegaremos el día 12 al medio día.
> **Recepcionista:** Perfecto. Será un placer conocerles. Seguro que disfrutarán de su estancia.
> **Estudiante:** Gracias. ¡Adiós!

Parte 3

En la primera viñeta hay una pareja de turistas, Peter y Jana, que está mirando ropa de deporte en un escaparate de unos grandes almacenes. Es época de rebajas porque los carteles en el cristal así lo indican. Jana señala con el dedo la camiseta a rayas de la maniquí que también tiene un 50% de descuento en su etiqueta. Parece gustarle.

Soluciones

En la segunda viñeta la pareja está en el interior de los grandes almacenes en la sección de baño. Peter está mirando las toallas de playa que están dentro de un cajón grande. Hay muchas y de diferentes tipos. También están de rebajas, pero sólo tienen un 20%. Elige una toalla a rayas y Jana busca la camiseta que ha visto en el escaparate. Peter coge las dos cosas y las lleva en su brazo.

En la tercera viñeta la pareja está mirando bañadores con un 30% de descuento. Él elige un bañador tipo bermuda a cuadros. Mientras, Jana duda si compra un biquini liso o uno a rayas. Por eso, pide opinión a su marido para comprarlo. No sabe cuál elegir. Parece preguntar: ¿Cuál me compro, cariño?

En la cuarta, los turistas están en el probador. Ella sale con el biquini a rayas puesto y él la observa. Ella le pregunta si le gusta cómo le queda.

En la última, finalmente los turistas están en la caja para pagar sus compras. Peter paga con su tarjeta de crédito y la cajera le pide el pasaporte, como es la norma en España para pagar las compras. Peter se sorprende porque en su país sólo se firma y no se enseña el pasaporte. Podemos imaginar que lo enseña, paga y se van.

El examinador preguntará al estudiante algunos detalles más de las viñetas:

¿Cómo es el turista de la viñeta 1?
Él tiene pelo negro rizado, barba y bigote. Lleva gafas de sol, cámara de fotos colgada al cuello, una mochila en la espalda, una camisa lisa de manga corta, unas bermudas y zapatos.

¿Cómo es la cajera?
La cajera es: joven, guapa, morena, alta y delgada. Lleva vestido estampado de manga corta, pendientes, collar y pulsera.

Parte 4

Al final. El examinador preguntará al estudiante sus preferencias en las rebajas: ¿Vas a las rebajas? ¿Qué sueles comprar? ¿Te gastas mucho dinero en ellas?

Responderá a las preguntas del examinador sobre sus preferencias en las rebajas.
Por ejemplo: **Voy a las rebajas… Compro… Me gasto mucho dinero en…** , etc.

Transcripciones

Prueba 3 Interpretación de textos orales

Parte 1
CD 2 pistas 23-32

Va a escuchar la primera parte de diez diálogos cortos. Una persona está hablando con otra.

Diálogo 1
- Estoy cansada de tanto ruido.
  - a) Pues cierra la ventana.
  - b) Abre la puerta.
  - c) Ya te dije que no vendría.

Diálogo 2
- Buenas tardes, perdone, dentro de dos horas sale mi autobús. ¿Podría dejar mi maleta en algún sitio?
  - a) Que tengas buen viaje.
  - b) Póngala aquí. Yo la vigilo.
  - c) ¿Cómo la quiere: grande, mediana o pequeña?

Diálogo 3
- Pásame el agua, por favor.
  - a) No te preocupes, no pasa nada.
  - b) No, gracias, no me apetece.
  - c) Aquí la tienes.

Diálogo 4
- ¿Dónde dice que le duele?
  - a) Desde ayer por la mañana.
  - b) Aquí, en la pierna derecha.
  - c) Ahora vengo.

Diálogo 5
- No entiendo nada de lo que está escrito en esta noticia. ¿Tú lo entiendes?
  - a) Bueno, hasta mañana.
  - b) Yo tampoco la he oído.
  - c) No, debe estar en sueco.

Diálogo 6
- ¿Cómo es posible que el avión llegue con tanto retraso?
  - a) Habrá tenido algún problema.
  - b) Estará todavía en la autopista.
  - c) Algún pasajero habrá llegado pronto.

Diálogo 7
- ¿Cuánto cuestan los caracoles?
  - a) No nos quedan.
  - b) Cuatro euros el kilo.
  - c) Pague cuatro euros en la frutería.

Diálogo 8
- ¿Dónde iréis de viaje después de la boda?
  - a) Nos vamos al Caribe dos semanas.
  - b) Nosotros fuimos a Egipto.
  - c) Yo iba a Japón.

Diálogo 9
- ¿Dónde está el Puerto Deportivo?
  - a) Al este de la ciudad, junto al paseo marítimo.
  - b) Allí, son aquellos aviones.
  - c) Acaba de salir.

Diálogo 10
- ¿Qué te apetece tomar? Yo invito.
  - a) Tómate una cerveza.
  - b) Pues, una cerveza.
  - c) Vale, hoy pago yo.

Parte 2
CD 2 pistas 33-39

Va a escuchar siete diálogos breves. Oirá los textos dos veces. Después lea la pregunta que hay encima de los tres dibujos y elija la respuesta correcta.

Texto 1: diálogo 11
- Es un plato que se hace con arroz, verduras y marisco o pollo.
  - Y se toma caliente.

¿De qué plato está hablando?

Texto 2: diálogo 12
- ¿Quién es ese chico tan guapo?
  - ¿El rubio de pelo rizado y bigote? Es mi compañero de piso. ¿Quieres que te lo presente?

¿De qué persona están hablando?

Transcripciones

Texto 3: diálogo 13
- Me encanta practicar este deporte dos veces por semana. Ramón me acaba de regalar una raqueta nueva y unas pelotas.
- ¿Y juega contigo?

¿A qué deporte se refieren?

Texto 4: diálogo 14
- Yo lo prefiero así, porque estoy en contacto con la naturaleza, todo el día al aire libre y además conozco a mucha gente.
- Sí y es más barato.

¿Qué tipo de alojamiento prefieren?

Texto 5: diálogo 15
- En Casa Paco siempre pido pollo a la cazuela. Lo hacen riquísimo.
- Sí, yo también. Me encanta.

¿Con qué preparan el pollo?

Texto 6: diálogo 16
- A mi novio y a mí nos encanta ir los viernes por la noche. Ponen salsa y se puede bailar hasta muy tarde.
- Sí, pero yo prefiero ir los sábados porque hay menos gente.

¿Cómo se divierten estas personas?

Texto 7: diálogo 17
- Es el último modelo que ha salido al mercado. Puedes ver vídeos, escuchar música, oír la radio y grabar tu voz.
- Además es muy plano y pesa poco.

¿De qué aparato están hablando?

Lea las posibles respuestas y marque la que considere correcta. Oirá cada diálogo dos veces.

■ Parte 3   CD 2 pista 40

Escuchará dos veces un aviso en una estación de metro. Después marque la opción correcta.

> Atención, señores viajeros. A partir del próximo día uno de agosto, y hasta el treinta y uno de octubre, permanecerá cerrada la estación de metro de Universidad. La razón de este cierre es mejorar los servicios de acceso a esta estación y crear una conexión con la nueva estación del tren de alta velocidad. Se establecerá un servicio alternativo de autobuses para comunicar la estación anterior, que es la de Congreso y la estación siguiente, que es Hospital General. El servicio de autobuses será gratuito y pasará cada cinco minutos. La duración del viaje entre la estación de Congreso y la de Hospital General es de diez minutos aproximadamente. Rogamos disculpen las molestias.

■ Parte 4   CD 2 pista 41

Ahora va a escuchar una conversación por teléfono móvil. Escuche dos veces y después marque la respuesta correcta.

- Hola Luisa. ¿Qué tal?
- ¡Bien, Pedro! ¿Cómo estáis? ¿Ya os habéis trasladado?
- Pues sí, ya estamos aquí.
- ¿Ya habéis firmado? ¿Ya es vuestro el piso?

Transcripciones

- Sí, chica, sí. Por fin hemos firmado los documentos de compra y nos han dado las llaves. Ya es nuestro. Se acabó el alquiler.
- ¿Y es tan bonito como en las fotos?
- Sí, tienes que verlo. ¿Cuándo vienes?
- Cuando vosotros queráis, que estoy deseando verlo. Además me encantaría ayudaros a colocar cosas. Ya sabes que me encanta la decoración.
- ¿Por qué no te vienes este fin de semana? Puedes quedarte con nosotros en el cuarto de los invitados y la familia.
- Fantástico, no había hecho ningún plan para este fin de semana.
- Perfecto. ¿El sábado?
- Vale. ¡Oye!¿ Y cómo llego hasta vuestra casa?
- Coge un tren desde Tarragona hasta Barcelona que pase por la estación de Clot. Allí coge la línea roja del metro en dirección a Fondo. Bájate en Sagrera. Sal por la salida Meridiana. Verás una zapatería en la esquina. Al otro lado de la avenida hay una gasolinera. Sigue hasta la gasolinera y después gira a la derecha. A unos cien metros verás un mercado. Nosotros vivimos enfrente del mercado. ¿A qué hora llegarás?
- Pues, espera un momentito… Estoy mirando los horarios de trenes. Hay uno que sale de Tarragona a las cinco y llega a Barcelona a las seis y cuarto.
- Muy bien, pues estaremos esperándote en casa. Si tienes algún problema, llámanos.
- Claro. Venga, un beso y ¡hasta el sábado!
- ¡Hasta el fin de semana!

Baremo

Prueba 1
Interpretación de textos escritos

1 punto por pregunta
20 preguntas = 20 puntos

Prueba 2
Producción de textos escritos

7,5 puntos por texto
2 textos = 15 puntos

Para evaluar los textos escritos es necesario que usted tenga en cuenta diversos factores. Debe:
a) Ser claro y conciso.
b) Adecuarse al formato que se le pide.
c) Usar el vocabulario preciso.
d) Utilizar correctamente la gramática estudiada, especialmente los tiempos del indicativo completo y el presente e imperfecto de subjuntivo.
e) Comunicar bien la información que desea transmitir.

No se preocupe en exceso por la acentuación y la ortografía. La precisión la adquirirá más adelante con esfuerzo y tiempo.

Prueba 3
Interpretación de textos orales

1 punto por pregunta
22 preguntas = 22 puntos

Prueba 4
Conciencia comunicativa

1 punto por pregunta
30 preguntas = 30 puntos

Prueba 5
Expresión oral

Para evaluar esta prueba es necesario que tenga presente algunos aspectos. Debe:
a) Responder adecuadamente a lo que se le pregunta o solicita.
b) Ser claro y conciso. No dé vueltas sobre una misma idea y se repita.
c) Usar el vocabulario y la gramática de forma correcta.
d) Hablar de forma fluida.

No se preocupe por su acento o pronunciación, ya mejorará. Cuando cometa un error, rectifique y siga adelante. Errar es humano y algunos errores no harán que suspenda.

Calificación final

Superar este examen significa tener un buen dominio de las cuatro destrezas del español. Por tanto, para aprobar y tener un **APTO** es necesario obtener como mínimo un **70%** en cada una de las cinco pruebas del presente examen.
Si usted ha obtenido menos de un 50% en cada una de las pruebas, le sugerimos que revise las lecciones. ¡Siga estudiando y no se desanime!
Si usted tiene entre un 50% y un 60% en cada prueba, ha adquirido en este curso los conocimientos necesarios para comunicarse. ¡Muy Bien!
Si usted tiene entre un 70% y un 100% en cada prueba, usted ha aprobado el examen. ¡Felicidades! Usted acaba de comprobar que ha aprovechado el curso y que ha adquirido los conocimientos trabajado en este libro. Por tanto, tiene un nivel intermedio de español y puede presentarse a un examen oficial que acredite su nivel de competencia. Le sugerimos el DELE INICIAL (Diploma de Español de Nivel Inicial), que es el examen oficial que acreditará su nivel de español. Está avalado por el Instituto Cervantes y el Ministerio de Educación y Cultura de España. Puede serle de utilidad en el futuro para su vida profesional.